JN075047

教育原理を組みなおす

変革の時代をこえて

Haruhiko Matsushita
松下晴彦
Akihiro Ito
伊藤彰浩
Mina Hattori
服部美奈
編

名古屋大学出版会

教育原理を組みなおす

目　次

序　章

教育原理を組みなおす

はじめに

21 世紀の最初の四半世紀に私たちが経験したことは，これからの 21 世紀がいくつもの変革の時代に入っていくことを予期させるものであった。そして，私たちには，人類のさまざまな遺産を総括し，一方では，その負の遺産についてはこれを真摯に受け止めその修復に取り組むとともに，他方では，先行世代が築いた財産（知識や技術）についてはこれを継承し発展させ，21 世紀を生きる次世代に伝えていくという課題が課せられている。この大きな課題に対し，影響力の大きい教育アクター（国家や国際機関ほか）はどのように取り組もうとしているのか。そして私たち教育者は，教育システムの内外で，どのような視点と姿勢の下でこれらの課題に臨むべきなのか。この序章の前半（第 1 節）では，政府による未来社会の構想や教育政策を概観し，後半（第 2 節）では，その状況において教育を原理的に探究するための視点とその必要性を考えていく。最後に，本書を読み解くためのポイントについて解説する。

1　変革の時代と 21 世紀の課題

1)「持続可能な開発目標（SDGs）」

現在，世界各国がそれぞれに取り組んでいる課題に，2015 年の国連サミットで採択された「持続可能な開発のための 2030 アジェンダ」とその核となっている「持続可能な開発目標（SDGs)」がある。とくに「2030 アジェンダ」の副題には「私たちの世界を変革する（Transforming our world)」とあり，その基本コンセプトは「誰一人取り残さない（No One Left Behind)」である。これらの精神の背景には，20 世紀の大量生産・消費・廃棄にもとづく経済活動が深刻な地球環境問題を引き起こしてきたことや，グローバル化の帰結としてさまざまなタイプの格差や極端な貧困がもたらされたことへの大きな反省と課題認識がある。また SDGs の目標 4 には，「すべての人々に包摂的かつ公正な質の高い教育を提供し，生涯学習の機会を促進する」という教育目標が掲げられているが，もちろん教育の問題はこのような教育システムの保障の問題に留まるものではない。SDGs 全体が，地球環境への配慮と人間の活動全体についての教育の課題であり，また世代を超えて継承し取り組むべき課題である（第 16 章)。

2）先進各国の科学技術政策と人材育成

他方で，このようなグローバル・アジェンダに理解を示しつつも，先進諸国の関心は，引き続き国際政治とグローバル経済における国際競争力にあり，各国の「変革」の課題は国連サミットとはいくらか離れた別のところに設定されているようにみえる。その中心にあるのが，たとえば ICT（Information and Communication Technology，情報通信技術）の発展を見据えた科学技術政策と科学技術のイノベーションを担う人材育成の課題である。

21 世紀のこれまでの世界の教育政策の動向をみると，アメリカのオバマ政権下の STEM（Science, Technology, Engineering and Mathematics）教育（第 11 章コラム）をはじめ，中国の「大学における AI イノベーション計画」（教育省）や「次世代 AI 発展計画」（国務院)，ドイツの MINT（Mathematik, Informatik, Naturwissenschaft und Technik）教育や「小さな科学者の家財団（Stiftung Haus der kleinen Forscher)」にみられるように，各国の教育政策の中心は，自然科学や理工系人材の育成と確保に向けられてきた。日本の中等教育の SSH プログラムや，小学校での「プログラミング教育」の必履修化，高校の「情報 I」必履修化などもこの潮流にあり，とくに日本政府は，たとえば ICT や AI のプラットフォーム，ディープ・ラーニングの開発でアメリカや中国の後塵を拝したと認識し，理工系人材（とくにデータ・サイエンティスト）の育成が急務だと捉えている。このように，日本も含めた先進諸国においては，21 世紀の人々の生活全般を制御し，地球規模の影響力をもつ巨大化した科学技術イノベーションに投資と関心が向けられ，その成果の覇権をめぐって国家間の激しい競争が繰り広げられている。そしてその鍵を握るのが，科学技術のイノベーションと研究の担い手の育成だというわけである。

3）日本の科学技術政策

このような状況において，日本はどのようなビジョンの下，どのような方向に舵を取ろうとしているのか。その特徴は，グローバル・アジェンダに共感を表明しつつも，やはり科学技術のイノベーションを契機とする経済発展を第一義的な目標とする点にあり，その副次的成果として国民生活の変革や国民のウェルビーイングの実現があるというものである。

日本の科学技術政策を象徴するのが，Society 5.0 の構想である（第 5 章コラム）。これは，科学技術基本法にもとづく第 5 期基本計画（2016～20 年）において策定された政策である。この構想は，IoT，AI（人工知能），DX（デジタル・トランスフォメーション），ビッグデータ解析などの技術によって構築されるサイバー（仮想）空間とフィジカル（現実）空間との融合を実現し，この仕組みによって，経済の進化・発展を促進するとともに，他方では少子高齢化，地方の過疎化，GHG（Greenhouse Gas, 温室効果ガス）の削減などの社会問題をも解決する「人間中心の社会」を実現しようという計画である。

Society 5.0 の構想は，2021 年 3 月に閣議決定された第 6 期基本計画（第 12 章）でも継承されているが，第 6 期では，Society 5.0 の実現のための要件として次の 3 点を強調している。第一は，「持続可能で強靭な社会への変革」であり，2019 年末より発生した新型コロナウイルス感染症の拡大や自然災害のさなかに，ICT が十分に活かされなかった反省から，IT インフラとネットワーク環境の基盤整備を主張している。第二は，未来社会の設計と価値創造の源泉となる「知の創造」，すなわち，制度や倫理など社会的な課題に対応する，人文・社会科学を含めた「総合知」の構築である。第三は，Society 5.0 を支える人材育成システムの構築である。具体的には，初等中等教育の段階からの，情報リテラシーや好奇心にもとづく学びと探究力の育成，STEAM（Science, Technology, Engineering, Arts, Mathematics）教育，GIGA スクール構想の推進（第 9 章），教員の業務負担を軽減する「統合型校務支援システム」の導入，さらには大学や企業を含めた社会全体における学びを支える環境の整備である。とりわけ，大学や高等専門学校には，MOOCs（大規模公開オンライン講座 Massive Open Online Courses）を含めた多様なデジタルコンテンツの活用やリカレント教育プログラムの拡充，研究科を超えた学位プログラム制度や文理横断の教育の実現などが求められており，今後，高等教育の制度改革や再編の議論へと展開されるものと考えられる。

4）日本の教育政策の動向

Society 5.0 を支える人材育成システムのニーズとその要請は，これまでの教育政策に徐々に具体化されてきたといえよう。現行の新学習指導要領（2020 年度より全面実施）の特徴は，新しい時代に不可欠な「資質・能力」の育成，「カリキュラム・マネジメント」，「主体的・対話的で深い学び」（アクティブ・ラーニング）の 3 点を中核に，学校と社会の協働を重視する「社会に開かれた教育課程」の展開を提唱するという点にあった。また従来の「何をどのように教えるか」という教師サイドの観点から，「何を理解し，何ができるようになるか」という学習者サイドの観点への転換や，さらにカリキュラム・マネジメント――教育課程の PDCA（計画・実施・評価・改善）サイクルの確立と運用――という概念にもとづく授業改善と学校改善が提案されているのも大きな特徴である。とりわけ，学習者サイドの観点へのシフトには，国際比較教育調査――TIMSS（国際数学・理科教育動向調査）や PIRLS（国際読書力調査），PISA（OECD 学習到達度調査）など――における「国際標準」の能力に関する議論が大きく影響していると考えられる（第 5 章）。

また文部科学省は，2021 年 1 月に「「令和の日本型学校教育」の構築を目指して――全ての子供たちの可能性を引き出す，個別最適な学びと，協働的な学びの実現（答申）」（中央教育審議会，以下，中教審答申）を公表している。2021年の中教審答申の要点は，Society 5.0の到来と新型コロナウイルスの感染拡大のような先行き不透明な状況を「予測困難な時代」と位置づけ，このような急激に変化する時代において，「新学習指導要領の着実な実施」，「GIGAスクール構想の実現」，「学校における働き方改革の推進」によって「令和の日本型学校教育」の構築を目指すというものである。この答申では，「日本型学校教育」のこれまでの成果を評価し，コロナ禍で再認識された学校の役割を，「学習機会と学力の保障」「全人的な発達・成長の保障」「身体的・精神的な健康の保障（居場所・セーフティネット）」として捉え，これらを「日本型学校教育」の強みであったと評価している。他方，課題としては，社会構造の変化により，経済格差と教育機会格差に由来する学力差が顕在化したこと（第7章）や，本来家庭や地域でなすべきことが学校や教師の業務として持ち込まれ，その負担が増大していること，それに関連した教師の長時間勤務による疲弊の問題（第10章），生徒の学習意欲の低下，学習場面における情報化への対応の遅れ，子どもたちの多様化，人口減少による学校教育の維持と質の保障などを挙げている。「令和の日本型学校教育」は，これらの評価を踏まえて，義務教育や特別支援教育，外国人児童生徒の教育の改革（小学校高学年の教科担任制の導入など）を提言しており，経済政策や科学技術政策については，これを間接的に反映したものとなっている。

これに対して，2021年6月に提出された教育再生実行会議による「ポストコロナ期における新たな学びのあり方について（第十二次提言）」は，Society 5.0時代の未来社会の構築に向けた，より明確な教育改革を提案している。提言内容については，昨今の新型コロナウイルス感染症の影響を重要視し，ポストコロナ期の教育を「データ駆動型の教育」への転換として捉え，また高等教育の国際化や制度の柔軟化について，細部にわたって言及している点に特徴がある。初等中等教育については，コロナ禍において学校でのICT活用や家庭でのデバイス活用が不十分であったことを問題視し，今後，ICTの学習環境やデータ収集と活用，教員のICT活用指導力の向上が喫緊の課題であるとしている。また国際的な教育分野の指標に言及し，OECD（経済協力開発機構）の

「ラーニング・コンパス 2030」を引用しつつ，個人と集団のウェルビーイングを実現するための学習者主体の視点を強調した教育活動を展開すべきであると提言している。

日本の教育政策と教育改革は，これまで，内閣府から発せられるビジョンの大枠に沿いながら，中教審答申と教育再生実行会議の提言の内容を反映したかたちで進められてきている。これらの提言がどのように政策へ具体化されるのかを今後，注視していく必要がある。

2　教育者の課題

1）教育の機能と教育の目的

一般に，提言，政策文書，理論など，言説と呼ばれるものは，常に誰かにとってのものであり，またある目的をもっている。そこで，教育言説についても，教育は「誰にとって」「何の（目的の）ために」あるのかと問い続けることが大切である。またとくに，国際機関や国家を超えた組織，政府によって公表される文書においては，誰が，いつ，どのような資格で語っているかという点も重要である。

これまでのところ，上記の教育政策に関する政府からの文書や，世界銀行の「教育セクター戦略 2020」や OECD の「ラーニング・コンパス 2030」，EC 委員会の政策部門による教育提言など国家を超えた国際機関などから発出されてきた教育政策や教育プログラムは，科学技術を中心とした知識基盤社会を生き抜くための学習機会の保障および能力開発や，教育システムの強化と教師の専門性開発，教育目標に照らしたパフォーマンス測定やエビデンスにもとづく評価など，いずれも経営的なマネジメントの性質を帯びた同じような内容となっている。そして先進諸国のどの教育政策も，ほぼ同じ方向に舵を取っているものと考えられる。なぜ，このようなことが起きているのか。グローバル化により地球の隅々にまで資本主義経済が浸透したことがその要因なのだろうか。

その大きな要因は，おそらく，21 世紀において，教育政策の策定と実施のアクターが国家に限定されなくなり，国家を超えたさまざまなアクターがそれらに関与するようになったという点に求められる。私たちは，国家が教育政策のすべてを遂行すると仮定しがちであるが，実際の教育政策の内容となり，教育政策をつき動かすものについていえば，国家が支配的であった従来の教育政策や教育システムからの明確なシフトが現在起きている。つまり，知識の生産と分配についての新たな考え方や，教育へのアクセスの分配と保障といったさまざまな課題や評価の枠組みを包摂する多元的部門からなる（国際機関の教育担当部門，民間のシンクタンクなどによる）活動へとシフトしているのである。しかしながら，一方では，こうした組織による教育政策分析の対象は，相変わらず，国家によって策定され施行される政策とその効果である。しかも，各国レベルで起きていることが各種統計データの蓄積の基盤となり，そのデータ解析の結果が教育の国家間比較を促進することになる。こうして現代の教育政策はどこも類似したものとなり，他方で，効果測定と比較の観点から，国際的な規模での教育の測定文化が形成されてしまうのだと考えられる。そして，価値があるものが測定されるというよりも，測定されるものに価値があるという転倒が生じてしまうのである（第6章）。

ガート・ビースタもまた，世界で教育成果の測定への関心が高まっていることに注目しているが，その要因は教育の目的と手段との取り違えにあると捉え，そのことが表面化した現象を「教育の学習化（learnification）」と呼んでいる（ビースタ［2016］）。彼のいう学習化とは，教育を語るときに用いられてきた語彙を学習や学習者の語彙に置き換えてしまうことを指す。たしかに，近年の教育政策，教育理論は，学習者サイドに焦点をおいて語る傾向にある。日本では「個別最適な学び」と「協働的な学び」がカリキュラムを検討するときの鍵言葉であり，教師は，教授者というより，学びのファシリテーターに位置づけられるようになった。ここでの問題は，学習はプロセスや活動を指す概念であるが，本来それ以上のものではなく，教育政策や教育言説において，多くの場合，「誰にとっての」学習なのか，「何の目的で」何を学習すべきなのかが不明のまま，具体性をともなっていないことである。その結果，教育の目的についての問いは，学習のプロセスの効率性や効果に関する技術的な問いに置き換わっていくのである。

私たちの教育システムは，公的な資金によって運営される組織・制度であることから，社会のための特定の機能を果たすことが期待されている。その主な機能は，「資格化」と「社会化」，そして「主体化」である（ビースタ［2016］）。「資格化」は，個人に，知識や技能を身につけさせ，特定の職業のための訓練を提供することに具体化されている。教育政策の目標が経済発展におかれている場合，教育システムの果たす資格化の機能は，人材育成にあり，経済発展に貢献する度合いにおいて，その効果が評価されることになる。「社会化」は，個人の自律性を育み，個人を社会の秩序における行動様式や存在様式へと導き，特定の文化や伝統などの伝達や継承を図る機能である。最後の「主体化」は，主体になるプロセスであり，個性化とも呼ばれる。「主体化」とは，教育のプロセスにおいて，目の前にいる個人（学習者）が「かけがえのない存在」「独自性」「代替不可能な人間存在」（ハンナ・アーレント），あるいは存在そのものとして存在するというようなあり方で立ち現れることである。したがって，「社会化」の機能とは背反する傾向にある。「資格化」や「社会化」の教育機能に従うと，個人をその有用性——役に立つか立たないか，何かに貢献できるかどうか——で判断していくことになるが，「主体化」においては，教育者は，個人をその有用性においてみることはないし，成績が良い悪いにかかわらず，かけがえのない存在として感じることになる。そのような独自性と個体性をもって存在する個人にとって，教育が何のためにあるのかを問うこと，教育者は，このような問いを大切にしなければならない。

2）デモクラシーと教育の原理

以上に概観してきたように，人類の存亡に関わるような地球環境問題やリスク低減を目標として世界が取り組んでいるグローバル・アジェンダ，国家を単位とした経済発展と科学技術イノベーションを先導するための人材育成，予測困難な時代を生き抜くための学ぶ力の育成など，教育に期待される課題は大規模化しかつ重層化している。これらの教育課題を前に，教育者たちは何を起点に何を心がけたらよいのだろうか。換言すると，このような時代に，教育を原理的に考えていくとはどのようなことかという問題である。

今からおよそ100年前，いまだ科学技術という概念が一般化していなかった時代であったが，ジョン・デューイは科学と産業の発展とその結果生じた社会の変革について次のような見解をもっていた。

> 人々が絶えず行き来し，そのどこかで起きた変化を伝える経路がたくさんあるような社会は，その成員を教育して，各自が自らの力で変化に対応できるようにしなければならない。さもなければ，人々は変化の意味や関連を知らないまま，変化に翻弄され，変化に圧倒されてしまうだろう。その結果，混乱が生じ，その混乱の中で，少数者が，他の人々による盲目的で外部から指示される活動の成果を横領するということがおこる。
>
> （デューイ［1975］）

科学の力を信奉していたデューイは，自然のエネルギーを制御する科学技術の力によって，産業や商業が拡大し，それにともなって人々の移動や相互交信のめざましい発達があったとみていた。この変革のなかでこそ，人々の間で共有される関心が拡大し，多様な個人の能力が解放されるということが起こったのであり，このことはデモクラシーを特徴づけるものでもあった。しかし，変革は人々に豊かさをもたらし，既成社会の桎梏から人々を解放し，デモクラシーの到来を告げたかもしれないが，同時に，多くの人々はそれまでの生活基盤と慣習を喪失した。デューイの警告は，そのような状況下では，人々を「各自が自らの力で変化に対応できるように」教育しなくてはならないというものである。ここで「変化に対応できる」とは，たとえば，ICTを活用するというような単に新しいものに馴染んで対応するという意味ではなく，「変化の意味や関連」を知り，変化に対しそれを自ら統御する力を獲得するという意味である。科学と産業の発展がもたらす社会の変革に翻弄されるばかりで，少数者によって人々の活動の成果が横領されることがないように，自らの力で変革を統御し自らウェルビーイングを指向すること，デューイはここにデモクラシーと教育の課題をみていたのである。

デューイのいうデモクラシーは単に政治制度とか政治的な態度を指すのでは

ない。デモクラシーは人々の日常における生活態度の問題であり，人々の関心がどれほど広く共有され，また人々がどれほど多くの相互作用の関係にあるかにかかっている。他方，社会の仕組みが複雑化し，科学技術の専門分化が進むと，技術知や専門知はますます少数の人々の手に委ねられるようになっていく。この意味で，変革の時代に，技術知や専門知が少数の人々の手中に偏在することなく，人々がそれらの有用性を学び「自らの力で変化に対応できる」力を獲得することは，私たちにとってデモクラシーを実現するための教育の課題なのである（第12章）。

価値が多様化している時代に，教育政策や教育改革に向けて策定される提案は，意外にも短期的な需要の見込みや見通しにもとづいていることが多い。策定から実施までのプロセスに必ずしも教育を専門としない多くのアクターが関与していることもその一因であろう。民主的なプロセスとして，異なる関心が持ち寄られ相互作用が展開されることは，デモクラシーと教育の成長には不可欠である。しかし，教育は長期的なビジョンにもとづく次世代の育成である。よい教育とは何か，教育は「誰にとって」「何のために」あるのかという原理的な問いを発し続けることを忘れてはならない。

3　本書の構成と学習のポイント

本書は，序章および終章を除くと，第I部「変革の時代の教育へ」，第II部「変革のさなかにある教育」，第III部「変化の時代の先へ」，の3部から構成されている。いいかえると，教育の過去から学び，現在を分析し，未来を展望するという構成である。ただし，これらは厳密な区分ではなく，各章のテーマにおいて，現在と過去，現在から未来への論及は，適宜，展開されている。

第I部「変革の時代の教育へ」では，変革の時代において教育を探究するための基本的な知見を得ることを目指している。第1章では，教育についての考え方をたどりながら，学問としての教育学がどのようにして誕生したかを考察する。第2章では，前近代における子どもの生活世界の学びの形態を探究する。

第3章では，大人と子どもの関係史の視点から，子どもの発見，学校の誕生，教育する家族の誕生の経緯をそれぞれ概観する。第4章は道徳教育の主要な理論を概説しているが，西洋と東洋のそれぞれ特徴的な道徳思想を寛容の原理から再評価していくことを提案している。第5章は，日本の教育政策に影響を及ぼしてきた国際教育調査の動向についてその最前線までを包括的に紹介している。

第II部「変革のさなかにある教育」では，変革の時代に教育実践の場で進行している教育課題をつかむための視点と方法を考える。第6章では，知能や学力の測定など教育評価の問題を，統計学の歴史や評価の理論展開のなかに位置づけて考えていく。第7章では，学校教育は公正に機能しているのかどうかという問題を，メリトクラシーをはじめ社会学的な枠組みで考えていく。第8章では，学校教育批判と改革運動の展開を学校文化論や批判的教育学の系譜から考察する。第9章は，情報化社会における学校教育の問題を，ICTの整備や活用の観点から考察する。第10章では，教師の業務の現状を探究し，その最前線から教師労働の改善策を探っていく。

第III部「変化の時代の先へ」では，21世紀の教育の課題を読み解き，教育の「これから」を展望する。第11章では，最新の教育政策の動向を踏まえつつ，21世紀の学校教育で求められる学びのあり方を概説する。第12章は，科学技術がもたらす環境問題や社会問題を取りあげ，科学技術の発展に教育はどのように向き合っていくべきかを論じる。第13章では，学校教育と学校を含めた地域社会におけるケアと教育の実践のあり方を概観する。第14章では，性の多様性を見据え，今後の学校教育においてジェンダーにまつわる課題とどう向きあっていくべきかを考えていく。第15章は，教育における宗教教育の問題を，比較教育の視点もまじえて考察する。第16章では，さまざまな意味での共生の時代におけるグローバル市民の育成の問題を考察する。

各章には，Taking Sidesとコラム欄，「さらに探究を深めるための読書案内」を設けている。Taking Sidesでは，特定の主題について，同程度の正当性のある根拠をもつ異なる立場からの議論が紹介されている。各章の内容の理解を深めるためのヒントとして，また教育問題を考えるときの問題の立て方のモデルとして参考にしていただきたい。コラム欄では，各章の内容に関連しつつも，特殊な視点からの興味深いトピックを取りあげた。「読書案内」では，やはり各章の内容に関連して，さらに学習を進めるための参考文献をコメントとともに紹介している。本書は，教育学を学ぶ大学生や社会人，教育問題に関心のある方など，幅広くさまざまな読者層を対象にしている。21 世紀の変動の激しい時代にあって，これからの学校教育と教育一般の諸問題を理解し，探究を続けるための素材として，本書を活用していただければ幸いである。

（松下晴彦）

第 I 部

変革の時代の教育へ

第 1 章

教育学とはどのような学問か

——教育論から教育学へ

はじめに

人はそれぞれこの世に誕生し，自立し，社会的な「人間」へと生成していく。この緩やかな意味での「人間形成」は，時代や地域，文化，民族，身分，階級・階層，ジェンダーなどによってさまざまな形態をとり，またそのための活動には非意図的・無意識的な行為も含まれる。これに対して，「教育」は，それぞれの文化や社会において，新しい世代に対して，その成長を援助し，知識や技能，生き方を意図的かつ組織的に伝えていく営みである。つまり，非意図的な行為も包摂する「人間形成」と意図的な行為としての「教育」とはひとまず区別することができる。そして教育学という学問は，意図的な行為としての「教育」とその問題に関する知見およびその研究方法のことをさす。

教育は，学校教育のように誰もがそれを受けてきた経験をもつことから，きわめて自明な事象であり普遍的なことのように思われがちであるが，その意味は時代や地域，社会によって異なる。しかも，教育学が対象とする「教育」は，歴史性をもっており，西欧近代のいわゆる「子どもの発見」（第 3 章）以降，「子ども」（さらには「成長」「発達」「個性」など）をそれ自体価値をもつものとして捉えることによって出現した，意図的かつ組織的な働きかけである。「教育」は，近代以前にはなかったひとつの見方であり枠組みである。逆にいえば，教育学はこのような「教育」概念の上に成り立っているのであり，「教育」概念の出現と変遷を探究することが，学問としての教育学を理解するための鍵となる。

この章では，まず教育という言葉の意味や概念の変遷をたどり，「教育」の出現について歴史的に概観する。次に，近代における「教育」の心性（人々が子どもの教育や成長に対して抱く感情や態度）の誕生を背景に展開されたコメニウスやロック，ルソーらの教育論を概説し，「教育」を初めて学問の対象として捉えたカントおよびヘルバルトの教育学を取りあげる。最後に，教育学と教育科学の関係，多元化する教育学のあり方についての展望を提示する。

1　何が「教育」と呼ばれてきたのか

現在，私たちが理解する意味での「教育」は，明治期に education の翻訳語として使われはじめた語である。「教育」という言葉はそれ以前にも使用されてはいたが，その使用はごく一部の人に限られており，一般には「教化」という言葉が普及していた。「教化」にも2つの「教化」があった。石川謙によれば，まず，室町時代から「教化（けうげ）」が広く使われていたが，これは仏の教えによって人を善に転化させるという仏教用語に由来していた。その後，江戸期に入って儒教の影響が及ぶと次第に儒教用語としての「教化（けうくわ）」が広く用いられるようになったが，これは治者のための修養による善導という意味であった（石川［1938］）。これらの2つの「教化」はともに自己を対象とする自己修養の働きかけであり，自分が変わることによって周囲に影響を及ぼし，他者を変えていこうという行為である。このことは，「教育」が基本的に他者への働きかけであることと対照的である。

石川は，日本の教育史について，フィリップ・アリエスのような語り口で，「中世では児童を小さい大人として眺める傾向が強かった」のに対して，近世に入って，特別な配慮と保護を必要とするような「子ども期」へのまなざしが登場したことを指摘している（石川［1938］）。たとえば，中世の建築現場を描く絵画（『春日権現験記絵』14世紀初頭）には，墨壺で墨線を入れるのを手伝い，板切れや木屑を頭上に乗せて片づける子どもたちが描かれている（黒田

[1989])。彼らは「小さな大人」として扱われ，遊ぶように見習い仕事をしている。大人の生活圏や仕事の体系のなかに「小さな大人」として位置づけられていたのである。

ところが，中世から近世への移行期，15 世紀末以降に，新しい社会体制（武士の都市集住と農村の村請制（むらうけせい））が出現し，経済構造も大きく変わっていった。建築でいえば，大規模な城郭の建築は一定の工期を前提とし，もはや家族的な大工仕事では間に合わず，大規模な大工組織を必要とするようになり，これが徒弟制度の発達を促した。近世の絵画には，子どもたちにとって，それまでの遊びのような見習い仕事が労働へと変貌した様子が描かれている。年季奉公の少女の労働となった「子守り」や，店先の丁稚の姿などである。これらは，大人たちの職種が増え分業化された結果，子どもたちができる労働として現れたのである。

江戸の中期までに，子どものあり方は，「小さな大人」から「子ども期」の存在へ，また人材育成の対象へと変化した。この時代は，子ども向けの玩具が大いに発達した時代でもあるが，それは児童労働の展開や寺子屋の成立・普及と表裏一体の関係にあった。一部の知識人たちの間で，「教化」に代わって，「世の安寧のために」子どもの感化と再養育を目指す働きかけとしての「子ども教育」の理念や組織的な方法に対する関心が浮上したのである（石川[1938]）。アリエス流にいえば，子どもに「学問」と「よき習俗（見習い奉公）」とを同時に与えるために，大人の社会から子どもの領分を引き離す様式として，「教育」概念が浮上したということになる。

ただし，日本の場合，「教育」概念はその対象も使用も知識人に限定されたまま，一般的もしくは日常的な普及には至らなかった。さらにいえば，領主の嫡男や商家の子を離れて，「子ども一般」を対象とするような「教育」概念までは出現しなかったのである。他方で，庶民の世界（第 2 章）は，ムラ社会の一人前の育成を目標とする「産育と行事のカリキュラム」にもとづいて，「鍛える」「仕込む」「しつける」「人練る」「人成す」といった言葉で表現されるような土着の教育文化を形成していた。一般の子どもに向けた組織的かつ計画的な働きかけを含意する現在の「教育」に近い概念の出現は，やはり幕末維新期における西洋の education からの翻訳を待たなくてはならなかった。

2　education の意味の変遷

それでは，幕末維新期に日本が採用した education はどのような概念であったのか。ジャン＝ジャック・ルソーの有名な『エミール』(1762年）に，次のような一節がある。「「教育」(education）という言葉は，古代においては，今ではその意味ではつかわなくなっている別の意味，授乳という意味をもっていた。「産婆はひきだし（エデュキト・オブステトリクス），乳母は養い（エデュカト・ヌトリクス），指導者はしつけ（インスティトゥイト・パイダゴグス），教師は教える（ドケト・マギステル）」とヴァロ〔執筆者注：紀元前1世紀のローマの博学者〕も言っている。このように，養うこと，導くこと，教えることの3つは，養育者と指導者，教師が違うように，それぞれ違う目的をもっていた」(ルソー［1978］)。古代ローマでは，産婆（obsterix）が嬰児を引き出し（educit)，乳母（nutirix）が嬰児を養う（educat）といわれた。引き出す（educit）の原形は educere であり，養う（educat）の原形は educare であり，これらはそれぞれ別の動詞である。ルソーはここで，education の原義は「引き出す」と「養う」(保育と養育）であり，ヴァロの言葉の後半「指導者（poedagogus）は導く（instituit)」と「教師（magister）は教える（docet)」の方（指導と教育）は，education の原義にはなかったと指摘しているのである。ちなみに，ここでの「引き出す」は，嬰児を産道から引き出すのであり，近年，「教育」の語源としてしばしば指摘されるような子どもの能力や個性を引き出すという意味ではなかった。

それでは，education が今日の「教育」の意味を担うようになるのはいつ頃からであろうか。オックスフォード英語辞典（OED）によれば，education は16世紀頃，ラテン語の動詞 educere と educare，そして名詞 educatio を語源として誕生した。第一の原初的な意味は「子どもや若者，動物を養い，育てる過程」であった。第二に，OED は，17世紀から18世紀に現れた意味と用例を紹介し，「子ども・若者を育てあげていくプロセス，ある社会的立場にふさわしいマナーや習慣を身につけ，家業を受け継ぎ仕事に従事するところまで育てていくプロセス」と説明している。education は，家畜も含めた子どもの養育という素朴な意味から，子どもの将来の社会的立場（職業）を見据えた意図的な働きかけという意味に転換したのである。education は，この第二の意味を基礎として，第三に，学校や大学で行われる教授（instruction）や訓練（training）を意味するようになった。OED はこれを「生涯の職業準備のために，若者に与えられる組織的な教授や，学校教育，あるいは訓練」と説明している。一般的にこの意味で使用されるのは，産業革命後の 18 世紀から 19 世紀の前半以降である。ここに至って education は，子どもの将来を見据えた，それまでよりも組織的かつ計画的な職業準備としての教育という意味に転換したが，それはすなわち学校教育であった。これはやがて「学校に行かなければ教育を受けたことにならない」という意識の学校化（第 8 章）にまで発展していく。

子どもを単純に産み養う。そして小さな大人として，たとえば，石工の子どもは石工となり，漁師の子どもは漁師に育つ。ムラの共同体が閉じていて，世代交代が繰り返されるだけの社会であれば，education は，養育という自然の営みをさすだけで十分であった。子どもにとっての教師は親であり年長者であり，里山や川，田畑と海辺の生活世界がそのまま子どもの「学校」であった。しかし，社会や経済の構造が大きく変動し，労働が分業化し，ものや人が激しく行き交い，やがて階級・階層間の移動も可能な時代になると，日常の生活世界や年長者に代わって，学校と学校教師が，将来の生き方に向けて子どもを「教育」する主たる担い手となった。重要な点は，学校が「教育」の機能を担うだけでなく，さらに教育のニーズを作り出し，私たちの教育に対する精神のあり方（マインド・セット）（考え方）を規定しはじめたことである。

日本では幕末維新期，以上のような意味の転換を経た education に「教育」の訳語をあてた。前述のように，江戸中期以降，日本でも西欧と同様に，単なる産育ではなく，子どもの将来を見据えた育児法や配慮への関心が高まりつつあり，この意識的な働きかけを「教育」という言葉により表象しはじめていた。そこに education が輸入されたとき，「教化」「教導」「教諭」といった他の訳語候補を押しのけて「教育」が採用されたのである。

そして，education を「教育」と翻訳し，同時にこの概念に関連した近代の市民社会のアイデアや制度（国民皆学としての「学制」）が移入され，さらには旧来の共同体の衰弱と単婚家族の自立などが進むことにより，日本は近代の国民国家の建設へと大きく前進していったのである。近代国家の形成にとって，学制は徴兵制とともに欠くことのできない制度である。学制と徴兵制は，それまでの諸階級・諸生産様式に所属していた人々に，集団的規律と機能的なあり方を「教育」し，独立した「人間」をつくりあげていった。近代の集権的な法治国家間であれば，「教育」概念は相互に翻訳可能である。そのために，私たちは「教育」概念が歴史的変遷を経てきたこと，とくに近代の国民国家の形成とともに成立してきたことが理解しづらくなっているのである。

3　近代の教育論の展開

教育学が誕生したのは19世紀初頭の西欧諸国においてであるが，その伏線として数世紀にわたる育児論や教育論，教授論（ペダゴジー）の歴史がある。19世紀初頭とは，さきのOEDにある第二の意味が広まり，educationが単なる産育と養育にとどまらず「家業を受け継ぎ仕事に従事するところまで育てていくプロセス」，子どもの将来を見据えた意図的な働きかけを意味するものとして使われはじめた時期である。その背景には，17世紀から18世紀に西欧に起きた社会的・経済的な構造変化と，それにともなう「人づくりの思想」や「教育」の心性の転換があった。人々は，子ども固有の精神的時間と空間，中世人の知らなかった「子ども期」や「思春期」の存在を認め，教育者からの一方的な働きかけを万能とするのではなく，むしろ，教育者の指導の方が制約を受けるべきだと主張するようになった。これらは，近代の「教育」概念と教育学を形成する土壌となっていった。

1）コメニウスの教授学

ヨハン・アモス・コメニウスは，近代の教授学や教育学の祖とよばれる教育思想家であるが，三十年戦争を逃れた亡命生活のなかで，『大教授学』（1657

年）や『開かれた言葉の扉』,『世界図絵』などの著作を残した。『大教授学』のその長い表題は，次のような書き出しで始まる。

> あらゆる人に，あらゆる事柄を教授する・普遍的な方法を提示する大教授学，別名，いかなるキリスト教王国であれ，その集落，郡市，村落の全てにわたり，男女両性の全青少年が一人も無視されることなく，学問を教えられ，徳行を磨かれ，敬神の心を養われ，かくして青年期までの年月の間に，現世と来世との生命に属するあらゆる事柄を僅かな労力で，愉快に着実に教わることのできる学校を創設する，的確な熟考された方法。
>
> （コメニウス［1962］）

この『大教授学』には，社会の混乱と大地の荒廃のなかで，社会の変革を次世代に託さなくてはならないという緊迫した課題の解決を教育に賭けるコメニウスの情熱が現れている。「あらゆる人に，あらゆる事柄を教授する」とは，汎知学（パン・ソフィア），汎知教育の理念であるが，知を可視化・体系化し，それを理性的な人間が正しく理解し，事物を支配し，最後は神へと接近することがここでの教育の究極の目的とされた。依然として中世的な神の概念にもとづいているものの，人間による万物の支配と自然の合理主義的な克服というアイデアが現れはじめている。コメニウスの時代，大航海時代の航海術の進歩によって世界は丸く閉じられ，新世界からは大量の珍しい物資と情報がヨーロッパに持ち込まれていた。あらゆる知の体系化とその習得，そのための言語教育（『開かれた言葉の扉』），そして言葉と物とが一対一で対応しておりそれは眼に見えるものとして表象できること（『世界図絵』），すべては自然の理法に従っているはずであるから，自然界の樹木が生長するように，子どもにも生成発育に即した順序で修学期間と内容を設定できること，こうしたアイデアがコメニウスの教育計画の構想の中心にあった。

コメニウスは，学校での教育方法をグーテンベルクの印刷術になぞらえて「教育印刷術」と呼んでいた。これは，印刷術によって，聖書（神の言葉）が万人に届けられ，知識が万人のものとなるのと同様に，学校もまた万人のための方法や装置となるということを意味していた。他方で，万人のための方法として，印刷術と学校とが類比されたことは，すでに教育論の対象が，伝統的な拡大家族や徒弟制度における人格を介しての修養や見習いによる技術の習得といった形態を離床し，知が印刷された文字を媒介に不特定多数に向けて伝えられ，個人のなかで再創造されるものへと移りつつあったことを示している。

2）ロックの教育論

コメニウスは1641年に学校の設置のためにイギリスを訪問している。そのイギリスでは，共同体内分業の発達，独立自営農民の成長，農村マニュファクチュアの発展があり，ピューリタニズムの土着化により家父長制核家族が広まりつつあった。このような経済構造の転換と宗教的な要因から，近代の核家族に固有な心性（家族間の情愛的な絆と家族以外のものに対する冷淡な感情）が，新興ジェントリ層，専門職層，ヨーマン層の間に共有されていった。当時『育児書』や『しつけ書』がブームとなった背景にはこうした「教育」の心性の転換があるが，これらの書物の氾濫は，本来は人々の経験の共有において獲得され伝達されるべき勘やコツの情報が，普遍的な記号（文字）のなかに表象され伝えられる社会が到来したことを物語っている。

この時代のジョン・ロックの教育論は，子どもを「一枚の白紙あるいは蜜蠟（ワックス）」に喩えたことでよく知られているが，彼の教育論の特徴はむしろ市民社会に出現した核家族の「教育」の心性のあり方に焦点化して考察した点にある。彼の『政府二論』は，史上初の市民革命を支持する理論の役割を果たし，『人間知性論』は，ニュートン力学をはじめとする科学革命の認識論的な擁護という役割を果たした。これらに対し『教育についての考察』（1693年）では，市民社会の中産上層階級の子弟のための家庭教師による「紳士」教育論が展開されている。経験主義者としてのロックは，経験としての教育が人間形成に果たす役割を強調するが，教育の主たる課題は，人格をつくること（徳育）でありそのための習慣の形成だと主張する。ロックにとっての「教育」は上層市民に向けた私教育であった。公教育はというと，村落共同体の解体から出現した貧民子弟のための社会政策として提案されている。彼の『貧民のための労働学校計画』はイギリスの貧民救済事業に即応したものであり，この労働学校は，貧民の子弟を対象にした，織物や編み物などの手職の訓練を教育内容としていた。上層階級の子どものための私教育，または下層の子どものための政府による公教育という二層化した教育システムは，その後の市民社会の教育の展開を暗示していたともいえる。

イギリスに現れた教育論は大陸にわたり，百科全書派第二世代の啓蒙主義者たち，ディドロやダランベール，C・A・エルヴェシウス，またその周辺にいたルソーたちの間で論じられるようになると，私教育に加えて公教育のかたちも議論されるようになっていった。とくにエルヴェシウスは，人間の能力開発は教育環境の所産であり，優れた教育環境は善き人間を生み出すと考えていた。そして市民社会の階級分裂の問題については，ロックのように複線型の教育システムによって回避するのではなく，「教育は万人のためのもの」という理念の下，教育の制度改革と社会改革とを不離一体のものとして解決する方途を模索していた。この論点はのちの各国の改革論者に共有されていった。

3）ルソーの教育論

近代教育学の黎明期の主潮流にありながら，それらのパラダイムから抜け出したようなところにも位置していたのが，ルソーである。彼の『エミール』は，エミールという男の子をルソー自身が家庭教師として引き受け，彼が生まれてから結婚するまでを導いていくという物語である。全部で5編からなり，内容から乳児期，幼児期，少年期，青年前期，青年後期と分けることができる。ルソーは前半の3編を子どもの教育（存在するための教育），後半の2編を人間の教育（生きるための教育）と区分している。

ルソーのねらいは，ロックなどと違って，特定階級のための教育論ではなく，人間性の回復とそれを通しての社会改革に向けられていた。この著作はどのような意味で革新的であったのか。その理解のためには，ルソーの他の著作『社会契約論』や『人間不平等起源論』における議論とともに考える必要がある。ルソーは，啓蒙主義者たちとは異なり，人類が築き上げてきた文明社会や現実の市民社会には懐疑的であった。それどころか，人類は歴史とともに堕落し，真の人間本性は認識不可能なまでに疎外されてしまったと考える。しかしながら，個人は回復可能である。なぜなら，あらゆる子どもは自然状態の下で生まれてくるからである。問題は，人間本性を堕落させてしまうあらゆる文明や国家，社会からのリスクを回避しながら，人間本性の回復と改良を引き受ける教育技術をどのように用意するかである。ルソーは，『ポーランド統治論』などでは理想的な国家すなわち「祖国」に生きる市民教育の問題，つまり「公教育」の問題を取りあげていたが，『エミール』では，絶対的な存在としての「人間」の教育を問題とし，架空のエミール少年を対象とする「私教育（家庭教育)」を主題に設定している。というのも「公教育はもう存在しないし，存在することもできない。祖国のないところに市民はありえないから」である。ルソーにとって，理想的な政治国家「祖国」は存在しえないのであるから，「祖国」を欠いた国では「人間の教育」のみが可能であり，そのために個人を対象とする家庭教育が用意されたのである（ルソー［1978]）。

序文には有名な次のような記述がある。「人は子どもというものを知らない。子どもについて間違った観念をもっているので，議論を進めれば進めるほど迷路に入りこむ。……かれらは子どものうちに大人をもとめ，大人になる前に子どもがどういうものであるかを考えない」（ルソー［1978]）。ルソーの批判は，15世紀の人文主義から18世紀の古典近代期の啓蒙主義に至るまでの教育論や教授学に向けられており，子ども期へのまなざしをもちはじめた近代の「教育」の心性やそれにもとづく幾多の育児書に向けられた。それらの教育論がとっている方法，大人が子どもの理性に訴えて教え込み，子どもの能力を引き出そうというやり方では，子どもを堕落させてしまうだけだとルソーは告発する。というのも子どもは，理性の前に感覚と感性の世界に生きているからである。子どもは大人とは異なる独特な存在であり，自然の発達のなかにある。この自然の歩みは，感覚の段階から感覚的理性の段階を経て，知的理性の段階へと至る。第1編から第3編までは，文明社会の不徳や誤謬から護られながら，知識や説教を与えることもなく，自然の欲求と内的自然に従うよう子どもを促す「消極教育」が扱われる。たとえば，いたずらで窓ガラスを割ってしまったエミールに，その誤りを教えるのは窓から吹き込む冷たい風である。その後，「第二の誕生」と呼ばれる思春期と成人期に相当する第4編と第5編では，青年期の課題，人間の探究が目指される。とくに，他人との関わりにおいて道徳的関係を得ること，同胞との公民的関係を築くことが課題となっていく。『エミール』の後半では，一般的な道徳的個人はいかにして形成されるかが課題となり，有徳の人間形成には，善や正義を認識する知的理性だけではなく，これらを求める良心の涵養が重要とされる。というのも，良心は，人間の心の底にある生得的な原理かつ美徳であり，理性とは異なり，決して誤ることのない善悪の判定者だからである。

ルソーは，「人間」の形成について，次のように述べている。

> 自然の秩序のもとでは，人間はみな平等であって，その共通の天職は人間であることだ。……両親の身分に相応しいことをする前に，人間として生活するように自然は命じている。生きること，それが私の生徒に教えたいと思っている職業だ。……人生の善いこと悪いことに最もよく耐えられる者こそ，最もよく教育された者だと私は考える。　（ルソー［1978］）

ルソーのいう自然状態にある「人間」とは，既存の社会に対する批判原理であり，ひとつの虚構に過ぎなかった。しかし，これが社会状態のなかでの理想的な「人間」の可能性として捉えられると，ルソーの「人間」概念は政治思想において，これを媒介にした社会変革（市民革命）の可能性として継承されていったのである。

4）カントの教育学

近代のヨーロッパに出現した教育論と「教育」の心性は，イマニュエル・カントにおいて初めて「学問としての教育学」として論じられるようになった。カントが教職の任にあったケーニヒスベルク大学では，哲学部の正教授が輪番制で「学校実践に関する講義」を担当していた。カントも1776年から1786年に4回担当し，その講義録が弟子のリンクによって編集され『教育学』（1803年）として出版された。その内容を約言すると次のようにまとめることができる。

ⓐ**教育の目的**：カントは「人間とは教育されなければならない唯一の被造物

である」という。なぜなら，動物と違って人間は本能をもたず，理性によって行動プランを立てなくてはならないが，生まれ落ちた人間にはそれができず，他の人が代行しなくてはならないからである。その「教育」の目的は，人間性の自然的素質を調和的に発展させ，その使命を達成するように仕向けることにある。これは「人間性の完成」ともいいかえられている。

ⓑ**教育の技術（クンスト）**：教育は，大人世代が子ども世代の自然的素質に働きかけてその可能性を引き出し，発達させることを通して，結果として人間が人間自身を改善し完成させていくような改造の技術である。この意味で，その完成は個人もしくは一世代では不可能な課題であり，多くの世代を経なければならない。しかも教育の技術は機械的な反復ではなく，判断力にもとづいて反省された（合理的に計画された）技術でなければならない。つまり，教育の技術は学問へと転換されなければならないのである。

ⓒ**自由と強制**：カントの啓蒙哲学によれば，人間には，「自由な主体」（善意志に従って自律的に生きる主体）であること，いいかえれば道徳的な自由をもった主体であることが求められる。そこで，教育においても，いかにして子どもが「自由」を欲するようになるのか，そのように子どもを導くことができるかが重要な課題となる。カントはこれを「自由」と「強制」の関係として，次のように説明している。

> 私の生徒を自由という強制に耐えるように慣らしてやると同時に，自らの自由を正しく使用するように生徒自身を指導すべきである。……子どもに強制を加えても，それは子ども自身の自由を使用できるように指導するためであること……他者の配慮に依存しなくてもよいようになるためであることを，子どもに対して明確に示す必要がある。（カント［2001］）

たとえば，約束を守ること，順番を守ることなどのように，他人の意志を尊重しなければ自分の意志も尊重されないのだということは教え込む必要があるが，やがて，この外的な強制は内面化されて主体的な強制（規律の内面化）となり，自らの思考と判断によって自分の行動を抑制する段階へと至る。カントによれば，これは16歳頃であり，以降は道徳的強制の段階に移行する。カントのいう道徳的自由をもった主体は，近代の「教育」が描き出した理想的な人間像であるが，その形成のプロセスにおける「いかにして強制しながら自由を育成しうるのか」という問題は，今日でも問われ続けているアポリア（難題）である。

4　学問としての教育学とその多元化

1）教育学（ペダゴジー）の誕生

教育学をひとつの科学的な体系として提示したのは，ケーニヒスベルク大学にカントの後任として着任したヨハン・フリードリヒ・ヘルバルトであった。ヘルバルトは，学問の成立のためには，単に個々の意見や技術を語るだけでは不十分であり，「体系を支える概念もしくは原理とそれにもとづいて科学を構成する方法」が必要であると考えた。ただし，この場合の「科学」とは，表象心理学（知覚によって意識に現れる外界の像〔表象〕を実体的に捉える立場），実践哲学（倫理学），生理学などであった。ヘルバルトは『教育学講義要綱』（1835年）において，教育の目的を「道徳的品性」の育成におき，教育の方法については，表象心理学によって導かれると考えた。ヘルバルトの仮説は，子どもの心には表象の働きが実在しており，教師の指導によって一面的な興味の状態から多面的な興味の状態へと導くことができるというものであった。

この考え方は，各国で学校教育が制度化されていくなかで，ヘルバルト学派と呼ばれる人々によって，予備，提示，連合，組織，応用の5段階で構成される段階教授法としてマニュアル化され普及していった。たとえば，日本で初めて教育学が講じられたのは，1887年，東京帝国大学の外国人教師，E・ハウスクネヒトによるものであったが，その内容はヘルバルト派教育学であった。この講義を聴講し，のちに日本初の教育学者となった谷本富の手によって，ヘルバルト派教育学は，さらに学校現場に広められていった。ここには，国民国家の形成の時期に，ヘルバルト派教育学が一定の役割を果たしていた様子がみてとれる。国家を担う人材をどう育成するか，時間どおりに行動し規則正しい生活をする身体をいかにつくりあげるか，国家の構成員であることの自覚を育て

コラム

ナチュラル・ペダゴジー

現代の教育言説は，圧倒的に人間の有する「学ぶ」能力に強調点をおく傾向にある。ところが，人間の根源的な意味での「教える」能力に関しては，子どものかなり早い段階にこの能力が認められるという実験報告がある。

ハンガリーの心理学者のチブラとゲルゲリー（G. Csibra & G. Gergely）による実験である。1歳の子どもの目の前に，魅力的なものを2つ左右に置き，1人目の実験者が，子どもと眼を合わせてからそのうちのひとつに視線を向ける。すると子どもは「視線追従」をして実験者が向けたものに視線を向ける。次に2人目の実験者がやってきて，2つのものの選択で迷っている様子を見せると，子どもは1人目の実験者が視線を向けたものを指差して，こちらを選んだらというしぐさをする，というものである。さらに次の実験として，子どもにとって好き嫌いの違いがあるものを用意する。たとえば，子どもが青より赤が好きだという場合，青色のものと赤色のものを並べる。1人目の実験者がやってきて，子どもと眼を合わせてから，子どもが好きではない青色のものを見る。子どもは先ほどと同じように青い方に視線を追従する。そして，2人目の実験者が来てやはり同じように2つのものの間で選択を迷っている様子を見せる。さて今度は，子どもはどちらを指差すだろうか。

子どもは自分の好きな赤い方ではなく，1人目の実験者が見て子どもが視線追従した青い方を指す割合の方が圧倒的に多いという。これはおそらく，子どもが1人目の実験者が視線を使って注意を促したものの方を「選択されるべきもの」「価値があるもの」とみなし，それを第三者に教えようとしているのだと考えられる。自分自身の好みを相手に伝えるのではなく，それとは別次元の客観的な価値基準を，大人のふるまいから察し，それを他者に伝えよう（教えよう）としているのである。このように大人と子どもの自然なやりとりのなかで生じている「教育」の機能を，チブラとゲルゲリーは，「ナチュラル・ペダゴジー」と名づけた。

ナチュラル・ペダゴジー実験が示唆しているのは，人間の子どもはかなり早くから，他者から何かを教わる能力と同時に，他者に何かを伝えようとする能力も発揮できるということである。しかも重要な点は，そこで伝えられる情報が，個人の好き嫌いではなく，「よいもの」という規範的な知識として伝えられているという点である。これは，子どもの利己的な欲求のメッセージではなく，個人を超えた一般的な情報を，生まれて間もない子どもが互恵的に伝え合うことができているということを意味する。私たちは，子どもの学ぶ力の発達に関心を寄せがちであるが，学ぶ心の働きと同様に，教育する心の働きに，また両者の相補性にも着目してはどうだろうか。これが教育を成り立たせている心の働きの原点なのかもしれないからである。

るにはどうすべきか，こうした課題に応えていくのが近代の学校制度であったが，同時にこれらを教授していく教員の養成も重要な課題であった。ヘルバルト派教育学は，教員免許制度の基礎を担う重要な学問としてその要請に応えていったのである。

2）教育学（ペダゴジー）と教育科学

近代に誕生した教育学は，個人の自然的素質を引き出し，生得的属性を可能な限り完成させるという理念を掲げていた。ところが，19世紀末にエミール・デュルケームが登場し，そのような教育学とは対照的に，社会的事実——外部から個人の行動や考え方を規定していく集団の価値規範や行動・思考の様式——としての教育を実証的に研究する教育科学（シアンス・ド・レデュカシオン）（科学としての教育学）を提唱した。彼によれば，教育の目的は個人の利益というより，社会の存続にあり，そのためには，個人の自然な素質の発達というより，社会を維持し発展させるための子どもの「社会化」こそが重要なのである。「社会化」とは，社会の秩序や構造（価値規範，行動・思考様式）を身につけさせること，つまり子どもの内部にそれらを担う「社会的存在」をつくりだすことを意味する。こうして，デュルケームにとって，教育とは個々の子どもが将来に就くと予想される職業が要求する状態を意図的に生じさせ発達させることだということになる。これはさきにみたOEDが定義するeducationの第三の意味に近い。実際，私たちは，学校制度をはじめとする教育を，社会に対する機能（人材の養成や選抜の機能）の観点から理解し，解釈するようになっている。

デュルケームが指摘するように，教育自体に価値があることを前提とする教育学と，教育を社会に対する機能の観点から理解し，その客観的事実のみを対象とする教育科学とはひとまず区別することができる。しかし，教育学が他の経験諸科学と異なるのは，その実践への関わりである。アリストテレス的な分類に従えば，テオリア（観想・理論）に対するポイエシス（制作）の学という性質が強く，その基本的な主題は常に規範的行為にある。教育科学においても，教育はどうあるべきかという規範的な問いは不可避の前提として入り込んでくるはずである。他方，教育実践を導く教育学についても，社会の仕組みが複雑化すればするほど，それに応じた社会的事実や教育技術の知見と省察がともなっていなければならない。両者は相互補完的な関係にある。

おわりに

教育学は，社会の複雑化に従って，多様な領域へと分化する傾向にある。たとえば，ESD（Education for Sustainable Development）やSDGsのような総合的な問題群のなかでは，教育はさまざまな学問の研究対象となるとともに，教育学研究も隣接科学との協働から多元化する。教育学領域の分化と多元化は不可避であるが，しかし，そのことによってかえって，何が切実に必要とされているかがみえにくくなっていく。教育学としては，絶えず問題の立て方を整理し，統合的な概念の枠組みをつくっていく努力が求められる。

教育学の分化の様態は，問いの立て方の違いによって次のように整理することができる。第一に，教育とは何か（概念と価値の解明）に関わる領域（教育哲学，教育思想など）。第二に，教育はいかに行われてきたか（いるか）に関わる領域（教育社会学，教育史学，教育人類学，教育心理学など）。第三に，教育をどのように実践するかに関わる領域（教育行政学，教育方法学，学校教育学など）である。しかし，何がよい教育を構成するのか，この判断を支える経験は何か，その教育をどのように実践するかといったそれぞれの基本的な主題はどの領域においても変わらない。よい教育についての問いが消滅したようにみえるとき，あるいは規範的な問いが効率性や効果性についての技術的で管理的な別の問いに置き換えられてしまっているとき（ビースタ［2016］），私たちは，よい教育についての問い，とくに教育が何のために，誰のためにあるのか，という教育の目的についての問いを改めて取り戻す必要がある。　（松下晴彦）

【さらに探究を深めるための読書案内】

安藤寿康［2018］『なぜヒトは学ぶのか——教育を生物学的に考える』講談社現代新書。

人間はどこまで遺伝子の産物であるか，学力はどのように遺伝的かなど，行動遺伝学，進化心理学の立場による，教育問題へのユニークなアプローチを展開している。

中内敏夫［1998］『教育思想史』岩波書店。

社会史という研究分野から，古代から現代までの西洋と東洋の教育における思想史・精神史を分かりやすく概説している。

ガート・ビースタ［2016］『よい教育とはなにか――倫理・政治・民主主義』藤井啓之・玉木博章訳，白澤社。

現代の教育政策の動向を，教育の効果や効率に焦点化した成果主義として批判，また教育の倫理的・政治的・民主主義的次元への展望をアーレントやランシエールらの教育論を手がかりに議論している。

Taking Sides

教育は個人のためか社会のためか

教育は社会の維持と更新のためにあるという考え方がある。教育の目的は，その構成員である個人に，社会の存続のために必要な道徳的信念や慣行・感情・習慣の体系を身につけさせ，個人を社会的存在へと形成することにある。社会は，その構成員の間に類似性や同質性があって初めて安定的に存続できるのであるから，次世代の構成員となる子どもたちには，社会の規範や慣習を教え込むことが，教育の重要な責務となる。

この意味で，教育の内容や方法も，特定の社会に応じて異なり，社会に相対的なものとなる。つまり，教育システムは特定の集団や国の社会制度なのである。社会によっては，国家に尽くすような人格を育成する場合もあれば，自己の行為に選択の自由をもちその責任を担う自律的な個人を育成することもある。歴史的にも，たとえば，古代ローマの教育は，抽象的な人間をつくるのではなく，その時代の政治的，経済的，宗教的な制度に深く結びついた人材としてのローマ人をつくることを唯一の目的としていた。その後，教育は，社会的諸条件の変遷とともに，中世においては禁欲に，ルネッサンス期には人間性と自由主義に，17 世紀には文芸に，18 世紀以降は個人主義に焦点化してきたが，現代では科学に基盤をおいた人づくりを目指しているということになる。

他方，社会が個人のなかに，基本的な類似性や同質性を定着させる必要があるとはいっても，社会が発展していくためには，ある程度の多様性もまた必要である。そこで，教育は社会の発展のために，個人のなかにある程度の多様性や個性を育成しようとする。現代社会は，専門的な部門が分化しつづけ，人々がその分業において互いに異なることを行いながらも，社会全体としてはそれらが有機的に連帯しているという特徴をもっている。個人はその個性を活かしそれぞれの能力を伸ばすことができるしそれが期待されるが，逆に，そのことは，このような社会の分業と専門化によって可能となるのである。

こうした発想に対するのは，教育は個人のためにあるという考え方である。近代の啓蒙哲学，そして人権思想が教えているように，教育の目的は，子どものなかにある自然，すなわちその潜在的能力を最大限に引き出し，人間性を子どものなかに実現すること，それをできる限り完成の域までに高めることである。近代にみいだされた人間性は人類に普遍的で，教育の目的や理念はそこから演繹されるはずであり，その意味で，教育は社会的要因や偶発性に左右されず，どの地域，どの国，どの社会にも適用可能だと考えられる。また，社会が（全体主義や恐怖政治など）好ましくない方向へ向かっているときに，それを正すのは人間固有の理性の力である。社会の発展や進歩については，まずは個々人の創造力が発揮され，互いの関心を深め意見の相違を承認し，コミュニケーションが進展するといったプロセスの結果として実現される。個人を第一義的に考える教育では，個人の独自性や，代替不可能性が重要視されるのに対し，社会の存続を尊重する教育では，個人をその有用性において捉える傾向が強まっていく。社会の存続のための機能，たとえば人材育成の機能として教育が捉えられると，もっぱらその効率性や成果に関心が移ってしまい，個人も教育システムに依存するようになり，その自律的な思考と判断力が奪われることになる。個人はますます社会における機能（有用性）において評価されるが，自分がなぜ学ぶのか，何のために学ぶのかを自律的に問う力を失っていく。ここでは，人間の自己生成と存在（かけがえのない存在）という教育において最も重要な観点が軽んじられてしまうのである。

以上の，教育は社会のためにあるのか，あるいは個人のためにあるのかという問題を，ハンナ・アーレントは，大人がもつべき2つの責任と表現している。ひとつは，子どもがひとつの生命としてこの世界に誕生し，成長，発達するために，世界からの破壊的な影響が及ばないように保護し気遣っていくという責任であり，もうひとつは，世界の方も世代交代によって攻撃されたり存続が困難とならないようにこれを維持していく責任である。2つの責任はけっして一致しないし，実際，相互に対立する。私たちは，個々人のための教育が，そのまま社会のための教育であるような妥協点とか中間的な方策をみいだせばよいと楽観視しがちであるが，両者は原理的に異なる。人間社会は絶えず自ら更新することを必要としている。その更新は，新しい人間の到来（誕生）にかかっているが，その人間は社会の存続を危うくしかねない存在でもある。新参者を，生物学的に成長し発達する存在であるとともに，人間へと生成する存在者として受け入れていくこと，このことは，教育が人間社会の最も根幹にある重要課題を担っていることを改めて示すものである。

第 2 章

子ども・経験・共同体

――近代教育以前の人間形成

はじめに

現在，私たちが半ば当然の存在として認識している学校教育は，教育基本法や学校教育法，学習指導要領などにより，その目標・目的，仕組み，学習内容・方法などが定められている。こうしたいわゆる近代教育システムが始まったのは 150 年ほど前の明治時代であり，旧法の教育基本法が導入されてからは 70 年程度が経過している。

近代教育は，富国強兵や殖産興業をスローガンとする政策を通じ，近代国家としての体制を整えるための主要な手段のひとつであった。1872 年の学制公布から，1886 年の学校令，1890 年の教育勅語の発布など，政府が定めた教育目標の下，教育への国家統制は厳しくなり，1902 年 4 月には国定教科書制度が採用された。このような近代化の名において成立した公教育は，教育者が一定の均質な知識・情報を被教育者＝児童生徒に与えるという，ある種の権力関係を前提として成立している。教えるのは教師，教えられるのは児童生徒という図式である。このような図式に対して，たとえば，戦後の児童中心主義の教育観や，1998 年の学習指導要領に示された「総合的な学習の時間」は，「生きる力」を育成し，児童生徒が主体となることへの期待にもとづいた教育政策であった。しかし学力低下への懸念や対応の不十分さもあり，ねらいに対して十分な成果をあげるには至っていない。

他方，学校教育を取り巻く環境は厳しさを増し，問題点も多く指摘されている。不登校やいじめの増加，教育格差が社会問題になって久しいなか，学校教育は解決に向けた機能を果たしているのか。新たに「特別の教科」とされた道徳は児童生徒に受け入れられるのか。AI の時代をどう生きるのか，「学校現場のブラック化」が指摘されているなか教師の「働き方改革」をどのように進め，かつ児童生徒と向き合う時間をどのように確保するのかなど，枚挙に暇がない。

筆者が主たる研究地域としている中東地域（レバノン，シリア，トルコ）の学校教育と比べて，わが国の学校・教師はその担当範囲が広く，責任も重いものとなっている。中東地域の国々の教師は，管理職は児童生徒の生活指導を行うものの，学習指導に注力し，その責任と範囲は校内に限定されている。一方，わが国の教師の仕事は，学習・教科指導に加えて，生徒指導，学校行事，課外活動，児童生徒間の人間関係への配慮など多岐にわたり，学校周辺地域の問題・苦情さえも学校にもちこまれている。加えて，新しい学習指導要領（2017 年 3 月告示）には，アクティブ・ラーニング（「主体的・対話的で深い学び」）や ICT 教育の導入，「地域に開かれた学校」や「カリキュラムマネジメント」の推進などが規定されており，学校や教師の負担増大は明らかである。学校を取り巻く制度や仕組みが維持されながら，保護者や地域の「学校に任せる」的慣行が当然視されるなか，これらのテーマの実現は可能なのであろうか（第 10 章）。学校の位置づけや教育のあり方を組みなおす必要があるのではないか。

本章では，現行の学校教育を再構築する必要性を選択肢のひとつに置きつつ，近代教育以前の教育（学び）ならびにその方法と共同体との関係性のあり方を取りあげる。近代教育以前の教育機関が民衆の学びをいかに保障し，実践してきたのかを手がかりに，学校は何のためにあるのか，学ぶとはどのようなことなのかを整理し，現在の学校教育の課題と可能性について考察する。

1　江戸時代の民衆教育にみる人間形成

1）江戸期の学びと教育機関

近代教育が開始される明治時代以前の教育（学び）はどのような形態であっ

たのか。江戸時代には藩校・寺子屋（手習塾）・私塾などの教育機関が存在した。藩校は為政者である武士を対象とする教育機関であり，いわば，「支配エリート」養成を目指すものであって（沖田［2017］），儒学中心の教育を通じてそれにふさわしい文武の教養を身につけさせるべきものと考えられていた。日本初の藩校は，1669年に岡山藩主池田光政により設立された岡山学校といわれている。代表的な藩校として，日新館（会津藩），興譲館（米沢藩），明倫館（長州藩），弘道館（水戸藩），造士館（薩摩藩）などがある。江戸後期には小藩にも設けられ，全国で270校ほどの藩校が開設されていた。

他方，寺子屋では，僧侶や町人，浪人らが庶民の子どもたちに，読み・書き・計算などとともに，礼儀作法・しつけを指導し，子どもを「一人前にする」ことが期待された。江戸期には，商品経済の発展にともない，契約書や送り状の作成など庶民の生活に「読み・書き・計算」能力が欠かせなくなったという背景があり，寺子屋は社会の必要性とマッチした。江戸末期には，全国に1万3816軒の寺子屋があり，生徒を意味する寺子（筆子とも称される）は，男子59万2754名，女子14万8138名であった。経済活動の発展にともなう社会的ニーズに応じて，教育が一般庶民にまで施されていたため，当時の日本人の識字率は世界的にもきわめて高かったといわれている。

私塾も大きな役割を果たした。私塾は，幕府や藩などの制度によらず自由に開設され，また，藩校のように身分上の制約も少なく，多くは武士も庶民もともに学ぶ教育機関であった。儒学の咸宜園（廣瀬淡窓が主催），古義堂（伊藤仁斎），国学の鈴屋塾（本居宣長），蘭学の適塾（緒方洪庵），洋学の鳴滝塾（シーボルト），政治結社的な松下村塾（吉田松陰ほか）などで多様な教育が行われた。幕末の私塾は，近代学校の源流をなすものともいえ，明治期の私立学校の前身あるいは母体として重要な意義をもっていた。慶應義塾（福沢諭吉）もそのひとつであった。

以下では，江戸期の民衆教育機関であった寺子屋を詳しくみることで，近現代の教育について振りかえる契機としたい。

2) 民衆の学び舎としての寺子屋（手習塾）

寺子屋は江戸時代の民衆の学びの場として大きな役割を果たした。寺子屋の語源は，中世の寺院が俗家の子どもを預かり，寺子と呼んで教育したことにあるといわれる（高橋［2007］）。寺子屋には江戸幕府の影響が及ばず，読み書きに自信があれば，身分に関係なく比較的自由に開業できた。寺子屋師匠（教師）は，子どものしつけ，礼儀作法，「一人前」に育てることに厳しい目配りをしていた。その学習は，子どもの人数にかかわらず，一斉授業ではなく個別指導により行われた。また，机の配置などを工夫し，子ども同士で教え合うこともあった。寺子屋の学習形態は，一見すると効率が悪く手間と時間がかかるように思われるが，子ども一人ひとりの異なる個性と能力を育てるというねらいがあった。寺子屋での教育には，子どもたちの競争意識や向上心を高めるため，さまざまな工夫が施されていた。たとえば，毎月 1 回学習の成果を確認する「こさらい」や 1 年に 1 度の「おおさらい」，また，子どもたちを東西に分け，決められた文字を書き，行司役の師匠が判定する「角力書」や，線香が燃え尽きるまでどれだけ多くの文字を正確に書けるのかを競う「数習い」などの行事が行われていた（沖田［2017］）。地域住民に対しても，要望に応じて，「手本」（平仮名などの修得書）や往来物（教科書に相当）を作り提供するなど，信頼関係を築いていた。

江戸時代の儒学者・国学者なども寺子屋での教育に影響を与えた。たとえば，貝原益軒が著した『和俗童子訓』には，6〜7 歳からかなを読み書きさせること，往来物を活用すること，年齢に応じた内容を教えることが大切であり，最終的には『四書』『五経』など儒学の基礎を学ばせるべきと記されている（大石［2007］）。どの段階（年齢）に，どの内容（教科）を，どの順番で，どのように教える（学ぶ）のかが示されているという点では，現在のカリキュラムに相当する。また，貝原益軒は「予（あらかじめ）する教育」（幼い時より聖人の道を教えること）を強調し，それに応じて寺子屋では「素読」（書物の意味や内容は二の次とし，文字を音読すること）が奨励・実践され，子どもの模倣する力，すなわち無自覚のうちになされる聖人の教えへの習熟の過程を重視した仕組みが機能していた。

辻本雅史は，そこに「滲み込み型」の教育思想が表れているという。「滲み込み型」教育の特徴は，「教える者」と「教えられる者」とが対峙しない教育，自立的・自発的学習が可能になる教育，「模倣と習熟」による身体的な修得による教育である。また，「素読」を通じて身体化されたテクストは，それ自体で直ちに役に立つような知識ではないが，やがて実践的な体験を重ねるなかで，それらのさまざまな場面のうちに新たなリアリティをもって実感され，よみがえってくるという。いわば，具体的な実践の場において実感的にテクストの意味が理解され，人としての生き方のうちに具体化されるようになるのである。「読書百遍義自ずから見る」「門前の小僧習わぬ経を読む」ということわざが示す，繰り返し読書すること，環境が学びに影響を与えることの重要性が理解され，一定の学習効果を生んでいた。

辻本は，近代学校が普及する以前の時代において，日本人はいったいどのように学んでいたのか，という問題提起を前提に，江戸期教育をめぐる分析を行った。このような辻本の研究の背景には，ヨーロッパ近代に生まれたとされる教育学の枠組みや知の体系から外れるものが「封建的」として切り捨てられ，江戸期の教育などわが国の近代以前の学びに関心が払われてこなかったという彼自身の認識があった（辻本［2012］）。

3）寺子屋から近現代の学校教育を考える

辻本と同様に，江戸時代の学びのありように着目したのが高橋敏である。彼によれば，江戸の教育力の源泉は地域の教育力にあった（高橋［2007］）。各地に情熱をもった寺子屋の師匠がおり，読み書きとともに子どもに礼儀を教え，しつけを行った。「礼儀なき子どもは読み書きを学ぶ資格なし」が鉄則であった。高橋は実例として駿河国駿東郡吉久保村の寺子屋塾則を挙げている。「朝はお天道様，家のご先祖様を拝み，父母に挨拶の礼をして朝飯を食べ寺子屋へ出かけ，教場に入ると正座して畳に手をついて額をさげて心を静め深く礼をしてから席に着く」とある。学ぶとは，道徳心を身につけ，家族のみならずコミュニティの一員として認められるためのものという性格を有していた。

江戸時代，幕府は庶民の教育にほとんど関与せず，庶民は自分たちで教育を行うしかなかった。当時の寺子屋教育（読み・書き・計算）と非文字文化の伝達（礼儀作法・しつけ）が主たる教育内容であった。子どもを「一人前にする」教育は，文字文化と非文字文化が一体となることで円滑に機能していた。家族と共同体の子育て，寺子屋での読み・書き・計算の学習，若者組と呼ばれた集団での一人前への鍛錬，それぞれが相互に連携し，一貫した教育の課程を作りあげていたといえる。また，同じことを一斉に学ぶのではなく，それぞれが必要なことを必要なときに学ぶ，学びたいものを学びたいときに学ぶスタイルが定着していた。それは，寺子屋の学びに限らず，江戸時代の庶民教育は，生徒が決められた内容を教えられるのではなく，自ら必要性に応じて，そして模倣を通じて学んでいくという性格であったことを示している。

民俗学者の柳田国男は，これに関連して，近代教育の問題点を指摘している。近代以前，家や村や地域共同体には，ひとりの人間が誕生から人生の終焉を迎えるまで，さまざまな行事や祭りを通して「学び」を経験する「場」が存在した。子どもはある家の子どもであるばかりでなく，村の子どもでもあった。遊びや労働など生活を通して人は絶え間なく学んだが，近代の学校教育は「学び」を「教え」に変換し，教育を学校に閉じ込めてしまったと柳田は述べる。現代の学校教育においては，前述のとおり，アクティブ・ラーニング（「主体的・対話的で深い学び」）など，児童生徒の主体性を育むことが大きなテーマになっている。その点，西欧人による生活改良や教育制度が，近代学校教育の導入において，前近代教育の意義を軽視したことで，近代以前にみられた子どもの主体性が，画一的な西洋的教育によって失われているとして，柳田が教育の近代化について警鐘を鳴らしていた点は着目に値する。江戸の学びを振りかえることは，こうした近代教育について再考する契機となるだろう。

2 「教えることのない共同体」と近代化

筆者は「はじめに」で，近代教育はある種の権力関係を前提として成立し，教育機関において教えるのは教師，教えられるのは児童生徒という図式で成り

コラム

アクティブ・ラーニング

アクティブ・ラーニングは，2012 年の中央教育審議会答申でその用語が明記され，2017 年の学習指導要領改訂案にその考え方が示された。ただし，「アクティブ・ラーニングという言葉が非常に多義的で，概念が成熟しておらず，法令には使えない」という見解により，「主体的・対話的で深い学び」という言葉に置き換えられた。アクティブ・ラーニングは，学修者の能動的な学修への参加を取り入れた教授・学習法の総称と定義され，認知的・倫理的・社会的能力，教養・知識・経験などの汎用的能力の向上や育成を目指すものである。

では，アクティブ・ラーニングに教師はどのように向き合い，どのような工夫・方法が求められるのであろうか。まず，教室内の環境整備に目を向けたい。グループ・ワークのための自由スペースの確保，さまざまな設定に対応できる可動式の机・椅子，ホワイトボードやコンピュータの配置など，児童生徒がいつでもどのような形態でもコミュニケーションがとれ，情報を探索・共有することが可能なデザインが望ましい。また，主体的な学びを促すための「導入」や教材の工夫も重要で，問題解決学習，フィールドワーク，ジグソー学習などの手法・技法を学ばなければならない。授業では彼／彼女らの体験活動を重視し，事前学習（調べ学習）の促進，グループ間での意見・情報のやりとりなどを通じ，実りあるまとめと報告に結びつけたい。また，みのがせないのは，児童生徒に「楽しい」「自分でも学びたい」「もっと知りたい」と実感させる教師の熱意と指導力であり，これはアクティブ・ラーニングに欠かせない要素である。

ここまででお気づきの方があるかもしれない。上に示したものは，みなさんがこれまでに経験した「総合的な学習の時間」とその理念・方法が重なり合う。「総合的な学習の時間」は，自分で課題を立て，情報を集め，整理・分析して，まとめ・表現すること，学習に主体的・協働的に取り組むこと，互いのよさを生かしながら積極的に社会に参画する態度を養うことなどを目標としている，と学習指導要領に記されている。児童生徒の意欲・関心を重視し，彼／彼女らの問題解決学習を支援する「総合的な学習の時間」の学習形態は，アクティブ・ラーニングの形態をとっているともいえるのである。ただし，教科としての位置づけではないため教科書や指導書がなく，また，教師が教材研究などの時間が十分確保できないという状況もあるなか，実際には本来のねらいから外れた学習スタイルの存在が指摘され，「画一的」「遊ばせているだけ」との批判や学力低下論争が起こったことを肝に銘ずるべきである。

立っていると記した。しかし，すでに寺子屋を例に挙げたように，地域・時代によっては，その図式にとらわれない学びのあり方，そしてそれを支える共同体が存在していた。以下，別の事例を見ていく。

1）大原幽学と換え子教育

前述の高橋敏は『江戸の教育力』[2007] のなかで大原幽学を紹介している。大原幽学は，江戸時代，天保・嘉永・安政にかけての混乱した世相を背景に，長部村（現：千葉県旭市）を中心に，銚子市，佐原市，八日市場市などで，農民の教化と農村改革運動を指導し大きな功績を残した人物である。道徳と経済の調和を基本とした性学（せいがく）を説き，農民や医師，商家の経営を実践指導した。性学とは，欲に負けず人間の本性に従って生きる道をみつけだそうとする思想である。また，「先祖株組合」（現在の農業協同組合に相当）を設立し，組合員が一定の田地を出し合い，ここから生じる収益を積み立てて，農機具や生活用品の共同購入などを助け合う仕組みを作った。

大原幽学が提唱したのが「換え子教育」という方法である。それは，わが子を一定期間他家に預けて教育してもらう方法で，7 歳から 16 歳までの間の子どもを対象に，なるべく複数の家で教育するように推奨した。1 軒に 1，2 年ずつ預け，これを数年間続ける。格式やしきたりがそれぞれ違う家庭に子どもを託す教育であり，これを通じて社会人としての立ちふるまいや考え方を教わるというものである。この方法はまた，自分の子どもと同様に育てる，人さまの子どもの手本となる家庭を築くという親への教育（親学）も兼ねている。「換え子教育」の心得として，子どもを教育するのは重大な覚悟をもった手本となる家庭でなくてはならず，慎重で真剣な行動と深い愛情が求められた。

また，幽学は，「子を育てるに，食いたい，飲みたいと思う根性ばかりを育てては，人となりてよろしき了見の者にならない。子孫を滅ぼす基なれば，恐れ改めるべし。一旦これに染まりたる子どもは，善き者にするには困難である」と述べ，欲望に対する自制心の重要性を指摘する。さらに，江戸期にあって，幽学は庶民の女子教育を奨励し，女子教育のための七カ条の「女の心得」を残している（鈴木 [2015]）。しかし，幽学は幕府から弾圧され，自殺に追い込まれる。近代教育を導入する明治政府が樹立される11年前であった。

2）ヘヤー・インディアンの教育と文化

地域と時代を変えて，今度は北米に目を向けてみよう。極北の雪原に生きる狩猟民ヘヤー・インディアンの参与観察（1961～63年）を通して彼らの生活を紹介するのが，原ひろ子『子どもの文化人類学』[1979]である。同書によると，ヘヤー・インディアンには「教える」「教えられる」という文化がなく，自分で学習する，身につけるという意識が強いという。子どもたちは周りにある自然の材料から目的にかなう物を選択し，それを自分自身で切ったり，割ったり，削ったりしながら，ひとつの物を作りあげていく創造性を身につけ，それにともないナイフや斧やのこぎりなどの道具の操作の巧みさを育てていくという。

ヘヤー・インディアンには，子どもは日常生活に不可欠なものであり，日々の慰め，老後の助けとなるだけでなく，育児そのものが「楽しみ」であるという考えがあるという。自分の子どもが成長した後は，他人の赤ちゃんを譲り受け楽しみながら育てる。それゆえ，養子縁組が頻繁に行われるが，実子と養子との間に差別意識は存在しない。育児を楽しみと捉える背景には，子どものしつけをする責任が養育者にはないとされることにあるのではないか，と原はいう。子どもたちの将来は育て方によって決まるのではなく，その子自身が切り拓くものだと考えているのだ。この考えは，彼らが「教える」「教えられる」文化をもたないことと関係しているのかもしれない。彼らの文化の基盤には，「人間が人間に対して，指示・命令できるものではない」という大前提が横たわっている。ここでは，親といえども子どもに対して指示や命令したりすることはできないと考えられている。ただ，個々人が，すべてに対して自立し，決定権をもっているのかというとそうではなく，その主体は彼ら一人ひとりに取りつく守護霊だというのだ。

3）近代化と教育観の変化

ヘヤー・インディアンの社会や文化は近代化のなかでどのような変遷を遂げ

たのであろうか。原の参与観察は60年ほど前のものであり，その後の状況はうかがい知れないが，近代化に限らず，何らかの変化があっても不思議ではない。守護霊を最上位に置き生活を規定していく社会構造にはそもそも限界があるかもしれない。他者との関係性や近代化の産物である民主主義や学校との接合を考えた場合，「教える」「教えられる」という文化が存在しないとされる社会構造にも一定の影響があったのではないか。ある程度の譲歩，効率化や文化・技術を継承するシステムがないと，彼らの生命・生活に危機が及ぶ可能性もあるはずだ。大人・子どもを問わず，個々人が自立した決定権をもち，コミュニティを維持してきたシステムも，近代化の前には，特定の意図をもった人材育成システムが制度化された学校教育の仕組みなどへの変容を選択せざるを得なかったのではないだろうか。

近代化の内容と位置づけは論者によって多様である。ただ，一般に，近代化という概念は，「工業化」や「都市化」とほとんど同じ意味として用いられ，とくに発展途上国が，その社会変動の過程として基準および模範とすべき経済的，政治的，社会的，文化的なモデルとして取りあげられることが多かった。他方，わが国において，こうした発想が急速な西洋化に反発する勢力を生み出したことも事実である。とはいえ，近代化という用語や運動は，一般に経済的，政治的，社会的，文化的に「望ましい変化」として捉えられている。

江戸時代は，近代化以前の社会として位置づけられ，「封建的」であるとされた。ヨーロッパに生まれた近代教育の枠組みから外れる藩校や寺子屋といった機関や，幽学のような思想は，近代国家へ変貌を遂げる過程で，消滅していった。富国強兵・殖産興業など近代化のスローガンの下に学校教育が整備され，近代化にとって「望ましい人物」が輩出される仕組みが生成した。これが，教えるのは教師，教えられるのは児童生徒，という権力構造をともなった現代の教育につながっている。

3　非認知能力の獲得と学びに向かう力

1）非認知能力とは

近代化の下に発展した学校では，産業界が求める勤労者の輩出とその前提としての数値化された知的能力が重視された。しかし，多様性社会の実現が提唱されるなど急速に変化する社会への対応が求められるようになると，その社会を生き抜く力として，非認知能力が注目されはじめた。非認知能力の研究は，もともと社会学の分野において，労働市場における成功を予測する因子として登場した。ボウルズとギンタスは，認知能力に対置するかたちで，態度・動機づけ・パーソナリティといった非認知能力を社会的成功を予測する因子として導入した。教育研究において非認知能力が世界的に注目を集めることになったきっかけは，2000 年にノーベル経済学賞を受賞したジェームズ・ヘックマンが紹介した「ペリー就学前教育プログラム」であった。1960 年代，経済的に恵まれないアフリカ系アメリカ人の子どもを対象に実施した教育介入プログラムであり，ペリー就学前教育プログラムを受けた子どもは受けていない子どもに比べ，月収や持ち家率が高く，犯罪率や生活保護受給率が低いという結果が得られたという。一方，小学校・中学校以降の学力には大きな差はみられなかったため，両者の違いを生んだのは「学力以外の何か」である，という結論から「非認知能力」に注目が集まった。

では，非認知能力とはどのようなものなのか。認知能力が知能指数（IQ）などテストを通じて数値化した知的な能力であるのに対して（第 6 章），非認知能力は認知能力以外のものをさす。これには，自己主張，自己抑制，協調性，好奇心などが該当する。2015 年に公表された OECD レポートは，非認知能力を「社会情動的スキル」と総称し，「目標の達成」「他者との協働」「情動の制御」といった下位カテゴリーが示されている。

遠藤利彦は，非認知能力とは「目標や意欲，興味・関心をもち，粘り強く，仲間と協調して取り組む力や姿勢を中心」とする力であるとまとめている（遠藤［2017］）。この言葉から類推すると，最後までやり抜く力，目標に向かって頑張る力，自制・自律性，自己肯定感，他者への配慮，コミュニケーション能力，生涯にわたって学び続ける意思などが該当すると考えられる。非常に多義的な概念でもある。

協調・協働して新たな知識や成果を獲得するためには，他者の視点に立ち，他者への共感性をもち対応していくことが必要になる。また，難しい課題には，創意工夫し，粘り強く取り組むことが重要だ。さらに「社会情動的スキル」が注目される理由として，社会・学校における多様性への対応も指摘されている。言語，宗教のみならず，ジェンダーやライフスタイルなどに関してさまざまな違いがありうる中で，他者と折り合いをつけ，共生社会を実現し，充実した市民・学校生活を送るためには，他者への共感性や異なる文化・価値観への敬意，自己意識などがよりいっそう求められる。つまり，認知的なスキルだけではなく，非認知能力を育成することが，社会の変化を背景として求められているのである（第 III 部も参照のこと）。

前述した江戸期の寺子屋教育では，認知能力に相当する文字文化（読み・書き・計算）と非認知能力に相当する非文字文化（礼儀作法・しつけ）の両者を同等に重視しながら，子どもたちを「一人前にする」教育が行われていた。一方，「支配エリート」養成を担っていた藩校も同様の価値観を有していた。たとえば，会津藩日新館の年少者には，年長者にお辞儀をしなければならない，嘘言（うそ）をついてはいけない，弱い者をいじめてはいけないなどの「什の掟」という規範が働いていた。現在でもこの什の掟をもとにした「あいづっこ宣言」があり，会津地域の子どもたちには身近な存在であるという。

2）学習指導要領における非認知能力とその育成

2017 年に告示された新しい学習指導要領にも，「スタートカリキュラム」と「生きる力」に関連して，非認知能力に関する記述がある。「スタートカリキュラム」の根底には，いわゆる「小 1 プロブレム」がある。「小 1 プロブレム」とは，入学後の落ち着かない状態がいつまでも解消されず，教師の話を聞かない，指示通りに行動しない（できない），勝手に授業中に教室の中を立ち歩いたり教室から出て行ったりするなど，授業規律が成立しない状態へと悪化し，こうした状態が数カ月にわたって継続する状態をいう。

遊びや生活を通して総合的に学んでいく幼児期の教育課程と，各教科等の学習内容を系統的に学ぶ初等教育課程は，内容や進め方が大きく異なる。さらに，集団行動や校則などの決まりごとが加わるなど，入学したばかりの児童は大きな変化に遭遇する。そこで，入学当初は，幼児期の生活に近い活動と小学校の学び方を織りまぜながら，児童が主体的かつ安全に自己を発揮できる場面を意図的につくる取り組み（「スタートカリキュラム」）が推奨されている。具体的には小学校と幼・保との連携を推進し，たとえば生活科において育成される「自立し生活を豊かにするための資質・能力」を他教科等の学習においても生かすことが求められる。

「生きる力」の育成も非認知能力に関わる内容とされる。「生きる力」とは，予測困難な社会の変化に主体的に関わり，感性を豊かに働かせながら，どのような未来を創っていくのか，どのように社会や人生をよりよいものにしていくのかという目的を自ら考え，自らの可能性を発揮し，よりよい社会と幸福な人生の創り手となる力を身につけられる力をさす，と学習指導要領には明示されている（第5章）。

非認知能力を育てるには，子どもの自主性を大切にしつつ，幅広い観点からサポートする姿勢が重要である。また，大人（教育者）は子どもたちがいま，何に興味をもっているのかを適切に理解しなければならない。さまざまな活動のなかでみせる子どもたちの姿から，心の動きやその行動が生まれたそれまでの経緯，普段の生活，他の子どもたちとの関係性などを丁寧に読み取り，安全面に配慮しつつ，観察し続けることが大切である。非認知能力の育成は，幼児期だけに注意を向けていれば良いのではなく，生涯を通して人が発達していくプロセスを見通しながらサポートすることが大切である。意欲や態度・姿勢に関わる力は多様であり，外見上判定しづらい面があるため，学校全体で一人ひとりの状況把握を行うことが肝要である。

3）教育思想にみる非認知能力

非認知能力研究のベースになったヘックマンの教育介入プログラムや，

OECDの「社会情動的スキル」，そして「生きる力」は，現代の新しい教育思想なのであろうか。過去を振りかえると，非認知能力の育成のヒントとなる教育実践をいくつかみいだすことができる。

フランス革命後の混乱のなか，貧困層や民衆に焦点を当てたことで，「民衆教育の父」と称えられるヨハン・ペスタロッチは，子どもたちが貧困から抜け出すためには，教育を受け，経済的に自立することが必要であると説いた。そのため，教育とは働くための技術を身につけることだとされ，孤児院や農場などで彼の教育思想は実践された。また，彼は，すべての人間の人間性を発展させる「人間教育」こそが，本来の教育だと考えた。彼の教育実践は，当時初等教育で行われていた，教師が文字を教えたり聖書を覚えさせたりするような教育とは異なり，人格形成までを含めた教育を求めた。ペスタロッチらが提唱した直観教授とは，子どもの経験や自発性を重んじ，実物や絵画・模型・写真などを用いて，学習の促進を図る教授法である。

また，イタリア人の女医で，オルタナティブ教育の先駆者でもあるマリア・モンテッソーリは，「子どもには，自分を育てる力が備わっている」という「自己教育力」の存在を教育の前提にした。大人（教育者）は観察者に徹し，子どもの興味や達成感に干渉してはならず，環境を整備すれば，子どもたちは元来もつ学ぶ力によって，おのずと成長するという教育観である。最低限のルールだけがあって，何をどう学ぶかも子どもたちが決めるのが理想的な環境である。こうした環境において子どもは，自分で選んだ活動に満足いくまで繰り返し取り組みながら，さまざまな能力を獲得していき，生きるための大切な能力を得ていくというのだ。

一方，わが国では就学前教育を中心に，「ごっこ遊び」（お店屋さんごっこ，おままごとなど）を通して非認知能力の涵養が実践されてきた。「ごっこ遊び」とは，想像力を育み，それぞれの役割を演じ，ルールを守り，相手を思いやり，コミュニケーション力を身につけていく，「遊び」と模倣を介した実践的な活動である。保育者，保護者には①発達に沿ったねらい・見立ての確立②ごっこ遊びに必要な環境の整備③仲間に入れない幼児の誘導策等が求められるため，教育的な活動でもある。「ごっこ遊び」は大正時代にはその存在が確認されており，ヨハン・ペスタロッチやマリア・モンテッソーリの教育思想とともに，非認知能力育成の先駆けとみなすことも可能である。

おわりに

本章では，近代教育以前の教育機関が民衆の学びをいかに保障し，実践してきたのかを手がかりに，近代教育の特質とともに現在の学校教育に求められる諸課題をみてきた。また，それらに関連する教育思想家の教育観や実践に触れ，教育諸課題との関係性を示した。現在の学校では，不登校やいじめの増加，教育格差をはじめ，「教育現場のブラック化」も指摘されている。学習指導要領は大綱化を認めているものの，「学力低下」の声には敏感にならざるをえず，保護者や地域の「学校に任せる」的慣行が継続されるなか，学校・教師の負担は増すばかりである。これでは子どもたちの主体的な「学び」を中心に置いた教育活動は「絵に描いた餅」にならざるをえない。

その際，江戸期の教育は一考に値するであろう。庶民の教育（学び）を担っていた寺子屋では，必要なことを必要なときに学ぶ，学びたいものを学びたいときに学ぶスタイルが原則であり，教える人がいて学ぶのではなく，学びが中心にあって教える人がいるという形態であった。明治以降の近代教育が「教える側の論理」でできているのに対し，内容や教材が学習者の側の事情や意向によって決められていた江戸期の教育は「学ぶ側の立場」から構成されていたといえよう。当時と現代とでは教育機関を取り巻く環境や価値観，生活スタイルなどが大きく変化しているものの，江戸期の教育には一定の評価を与え，可能性をみいだすことができる。

他方，近代教育の特徴である「教える側の論理」とは異なる学びの文化として大原幽学が実践した「換え子教育」とヘヤー・インディアンの教育を参照した。とくにヘヤー・インディアンに「教える」「教えられる」という文化が存在しないという参与観察には特筆すべきものがある。ただし，コミュニティーに近代化の到来が予見され，その文化の維持には相当の困難が予想される。

また，学校教育に求められる課題のひとつとして，非認知能力の育成を取りあげた。それは，自己主張，自己抑制，協調性，好奇心など，認知能力以外をさす多義的な概念である。子どもを「一人前にする」ことを目的にした，「読み・書き・計算」と礼儀作法・しつけをセットにした寺子屋の「全人教育」は，非認知能力を培うための貴重なヒントになるはずである。また，ペスタロッチの「人間教育」「直観教授」やモンテッソーリの「自己教育力」などは，非認知能力の獲得につながる教育思想である。わが国でも就学前教育を中心に「ごっこ遊び」などで子どもたちの想像力や社会性などさまざまな能力を引き出す取り組みが行われてきた。

現在の学校教育がおかれた状況や新たな教育テーマへの対応には課題が山積している。そのなかにあって，江戸期の「人間教育」のあり方や先人の教育思想・実践が教材として参考になるだろう。これまでの教育的蓄積を再考する「温故知新」的探究が重要といえるのである。　(三尾真琴)

【さらに探究を深めるための読書案内】

サン・テグジュペリ［2006］『星の王子様』河野万里子訳，新潮文庫。

「おとなはだれでも，はじめは子どもだった。しかしそのことを忘れないでいるおとなは，いくらもいない」。教職を目指す方，すでに教壇に立っている方，心に刻んでほしい。

沖田行司［2007］『日本国民をつくった教育――寺子屋から GHQ の占領政策まで』ミネルヴァ書房。

前近代といわれる江戸時代の寺子屋・藩校・私塾には，何かワクワクさせる魅力がある。これからの学校を考える際のヒントにしてほしい。

苫野一徳［2013］『勉強するのは何のため――僕の「答え」のつくり方』日本評論社。

いろいろな見方があるが，学校とは「民主主義的共同体に参加するための場所である」といえるだろう。学校で学ぶ意義と可能性をもう一度考えるために。

Taking Sides

インクルーシブ教育は子どもの学びに寄与するか

インクルーシブ教育とは，一般に，人間の多様性の尊重等の強化，障がい者が精神的および身体的な能力等を発達させ，自由な社会に効果的に参加することを可能にするために，障がいのある者と障がいのない者が共に学ぶ仕組みとされている（『障害者の権利に関する条約』第24条）。その土台となったのが，1994年にUNESCOとスペイン政府によって開催された「特別ニーズ教育世界会議」であり，その場で採択されたサラマンカ宣言である。

わが国では，2007年，公立小・中学校を中心に，発達障害を新たな支援対象とした特別支援教育が導入された。2014年に障害者権利条約が批准され，2016年には障害者差別解消法が施行されるなど法整備も進められた。インクルーシブ教育は特別支援教育の中核であり，その目的は学修支援，合理的配慮，就学相談支援，特別支援学校のセンター的機能などを活用した「共に学ぶ」ことの推進にある。

インクルーシブ教育の実現に向けて主導的役割を果たしているのが文部科学省である。2013年度からインクルーシブ教育システム構築事業を開始し，その後，インクルーシブ教育システム推進事業，切れ目ない支援体制整備充実事業など名称変更をともないながら継続している。その内容は，特別な支援を必要とする子どもへの就学前から学齢期，社会参加までの切れ目のない支援体制整備，特別支援教育専門家等の配置，特別支援教育の体制整備の推進に自治体が要する経費の一部を補助するというものである。新学習指導要領（2017年）でも交流および共同学習（障がいのある児童生徒と障がいのない児童生徒が活動をともにすること）の一層の充実を図ることが規定されている。

他方，その政策・実施に対して，主に，インクルーシブ教育の①制度設計，②学びのあり方，③教育・学習環境に関し，批判，懸念の声があがっている。

まず①について，榊原洋一は，障がいの有無にかかわらず一緒に学ぶのがインクルーシブ教育の理念であるのに，法令上，特別支援学校が一般的な教育体制として組み入れられている（当然視されている）ことは名ばかりのインクルーシブ教育であるとして文科省を批判している（榊原洋一［2017］「日本のインクルーシブ教育は本物か？」『お茶の水女子大学子ども学研究紀要』第5巻）。

また，②学びのあり方に警鐘を鳴らしているのが，精神科医の杉山登志郎である。杉山は，通常学級での学習を求める保護者に対し，「自分がまったく参加できない会議，たとえば外国語のみによって話し合いが進行している会議に，45分間じっと着席して，時に発言を求められて困惑するといった状況をご想像いただきたい。これが一日数時間，毎日続くのである。このような状況に晒された子どもたちは，着席していながら外からの刺激を遮断し，ファンタジーへの没頭によって，さらには解離によって，自由に意識を対外へ飛ばす技術を磨くだけであろう」（杉山登志郎［2007］『発達障害の子どもたち』講談社）として，理念先行の取り組みでは実効性がともなわないと指摘する。また，辻井正次は，「親の希望で子どもの能力に合わない場所で教育を受けることは，子どもの自尊心を低下させ，なおかつ適応水準を下げ，二次障害を生み出す要因となる可能性を大きく持っている」と述べる（辻井正次［2004］『広汎性発達障害の子どもたち――高機能自閉症・アスペルガー症候群を知るために』ブレーン出版）。

さらに，学びの土台となる③教育環境や学級運営について疑問を呈する意見も存在する。現行の原則40名という学級単位でインクルーシブ教育が可能なのか，一定水準の学習レベルを維持することができるのか。インクルーシブ教育では合理的配慮が求められるが，多忙な教員にとって新たな負担にならないか。発達障害の特性をもった子どもたちがいじめられる割合は通常の3倍近くになることが報告されているが，いじめへの対応・対策は十分なのか，といった具体的な懸念である。

長年特別支援教育に携わってきた北村小夜は，障がいの有無にかかわらず，共に学ぶことを目指すインクルーシブ教育の意義を認めつつ，そのためには，子ども同士のコミュニケーションや意欲が必要不可欠と述べる（北村小夜［1987］『一緒がいいならなぜ分けた――特殊学級の中から』現代書館）。特別支援教育の現場では，期待だけでなく戸惑いの声もあがっている。

第3章

家族・学校・社会

——教育する家族の誕生

はじめに

人間形成の水路ともいえる教育は人類の歴史と同じぐらい古いとされている。教育は，社会の変化と時代の要請に応じて，「よい」とみなされる方向へと進路を変えながら，常に度重なる修正と再構築を繰り返し，ヒトを人ならしめる営為を続けてきた。その営為は，いうまでもなく「教える—学ぶ」という，教育者と被教育者，すなわち人間と人間の関係性の上に成り立っている。近代以降，その風景は，先行世代である「教師」が後続世代の「児童生徒」を「学校」で教えるという姿で描かれてきた。

まもなく21世紀も四半世紀を過ぎる現在，このようなイメージは激変しつつある。わが国が目指すべき未来社会の姿として提唱されたSociety 5.0（第5章コラム）における「次世代型学校の構想」では，教育的関係性はもはや人間のみのあいだにとどまることなく，IoTやAIなどの情報テクノロジーと人間との関係性を含む方向へと私たちの視点を移行させている（第9章）。

本章では，「教育的関係」の特質を俯瞰しつつ，その歴史的変遷をたどることによって，急激な変革にさらされている現代教育と学習環境を問いなおし，未来の教育に向けての課題を展望することとする。以下の第1節では，教える（大人）—学ぶ（子ども）関係性の原初的形態と，その歴史的変容について概説する。続く第2節では，古代から現代に至る教育における多様な関係性のあり方について考察し，最終節では，現代社会と教育が織りなす新たな課題を，家族と教育という視座から捉えなおすこととする。

1 〈子ども〉の発見と教育する家族の誕生

1) 子ども期の発見

子どもとはいかなる存在なのだろう。子どもとは，純粋無垢で可愛く，保護・教育を必要とする存在である，と当然視するような今日の子ども観は，古くから存在していたのだろうか。社会の変容にともない移りかわる子ども観の歴史を研究したフランスのアナール学派の一員であるフィリップ・アリエスは，著書『〈子供〉の誕生』において，「十世紀・十一世紀の人びとが子供期のイメージを持つには至っていなかった」と論じている。彼は，中世の芸術作品を緻密に観察しながら，伝統的な社会生活の底流に流れる人々の意識や感情(mentalité，心性）をさまざまな角度から探究している。彼によれば，少なくとも 17 世紀あたりまで，子どもは背丈のみが大人と異なる「小さな大人」とみなされており，身のまわりのことが自分ででき，他者となんとかコミュニケーションが取れるような年齢になると，「できる限り早い時期から……大人たちと一緒にされ，仕事や遊びを共にした」。死が日常茶飯事であり，生き延びることに必死だったある時代までの人々にとっては，「子供時代の思い出をもたせたり，子供の感受性にふれさせる時間も理由もなかった」と述べ，大人たちは子どもにまなざしを向ける余裕や，そのような意識すらもなかったとしている（アリエス［1980］)。

同様に，数多くの視覚資料を用いて子ども観の社会史を研究したアニタ・ショルシュは，「中世の共同体は，まるで家畜を扱うのと同じように，感情のこもらない実務的な方法で子どもたちを扱って」いたと述べて，「子どもはまるで消耗品」にすぎず，「女性たちも，赤ん坊の産み手であって，それ以上の存在ではほとんどないと見なされて」いたことを示した。つまり「いつでも，死んだ赤ん坊が生まれたところから，より多くの赤ん坊が生まれ」，子どもたちはなんと，「この宿命ゆえに，とりかえのきく存在」だったのである（ショルシュ［1992］)。

この2人の「子ども観」研究に共通することは，子どもを固有の存在として認めるというような，いわゆる現在の私たちが自明としている子ども観など，近代以前には存在しなかったとする点である。「小さな大人」は大人とともに，家族を超えた大共同体に入り込み，子どもは大人を手伝うことを通じて，その所作や会話から必要な知識や価値観を学習していた。おそらく，子どもにとって教育的に望ましくないような不道徳なことも，見聞きしていたに違いない。アリエスは，「中世の文明は古代人たちの教育（パイデイア）を完全に忘れ去っていた」と述べている。「子供の社会化は，家族によって保証されていたのでも，監督されていたのでもなかった」のであり，近代以前には子どもを大人社会と隔絶して，ある期間，意識的に教育するという発想などまったく存在しなかったのである。

2）子ども期の尊重

それではいつ頃，どのような出来事が背景となって，子どもは大人と区別されるようになり，「子ども期」というものが尊重されるようになっていったのだろうか。どのような要因が，大人と子どもという関係性をつくりだすようになったのだろうか。以下に，子ども観の変容とその要因を，「人口転換」「社会変動」そして「学校化」という3つの側面から概観してみよう。

①大人と子ども――多産多死から多産少死，そして少産少死へ

2020年代の私たちが直面したパンデミックと同様，人類はいままでさまざまな感染症と戦うだけでなく，飢饉そして戦争などを乗りこえて生き延びてきた。17世紀のフランスのある地方では，4歳までの死亡率が約40％，19歳までには約半数が死亡したというデータがある。2018年，日本の乳幼児（5歳未満）の死亡率は0.2％程度であり，この時代の子どもの死亡率がいかに高率であったかがうかがえる。子どもはたくさん生まれ，たくさん死んでいった。それは自然死だけにとどまらず，多産による困窮を防ぐための嬰児殺しや子捨ても常態化していた。ちなみに中近世のヨーロッパでは厳しい家父長制（パターナリズム）が敷かれており，父親による児童殺害は罪にはならなかったという。

近代に入り，医学の進歩や衛生および栄養状態などの改善によって，徐々に子どもの死亡率は低くなっていく。また，18 世紀以降は出産を自発的に減少させる傾向も現れ，出産にともなう母親の死亡リスクが低下していった。その結果，子どもは「大人から無視されて，取り換え，つまり生み直しがきく存在」ではなく，徐々に「かけがえのない重要な存在」となっていった。

アリエスは，「17 世紀あたりまでは子供を［絵画に］描くことが試みられたことはなかった」が，次第に貴族階級や富裕層において「子供期の束の間の姿を絵画芸術によって保存する」という慣習が生まれたと述べている。やがて，子どもの肖像画はきわめて一般的になり，19 世紀に入ると，どの家族も，大人になる前の可愛くて愛らしい，「幼い子ども」の姿を写真に残すようになる。そしてついにその視線は，子ども期を尊重するまなざしへと変化していったのだった。

②家族と子ども――伝統的家族から近代家族へ

中世から近世にかけての人々の生活は，親族以外の雑多な人々とともに生活する大共同体の内部で営まれていた。子どもたちは，血縁者以外の多種多様な大人たちが営む集合体にまじって，寝食をともにしつつ労働することを通じて大人になっていった。私生活と社会生活，また職業生活の区別もなく，私と公の境界も判然としていなかった。もちろん「個」というプライバシーもない。前近代社会において，人は，自分が生まれた集団のなかで「しがらみ」や「従属関係」に縛られながら生を完結させていったのである。ところが近代に入り工業化が進み，都市生活の進展が共同体を徐々に崩壊させていくと，次第に親族を中心に構成する独立した小集団の家族世帯が出現し，一般化していく。これらの小家族は，それまでとは異なる新たな住環境，つまり「家内領域と公共領域が分離された」（落合［1989］）空間，外部からの侵入を容易には許さないプライベートな空間を維持した私的住居に生活の場をもつようになる。

19 世紀を境として近代社会が急速に拡大していくにつれ，家族は，まずは都会において，個人の自由と愛情によって結ばれた夫婦とその間に生まれた子どもを中心とする形態へと変化していった。その結果，家族意識が生まれ，両親（とくに母親）とその子どもは密接な相互関係性をもつようになっていったのである。こうした「近代家族」の形成過程のなかで，大人はかけがえのないわが子に深い情愛を注ぎはじめ，子どもの成長を注意深く見守るようになっていく。子どもに対して無関心だった時代は遠のき，やがては「子ども期の尊重」という概念が広く一般社会にも広がっていったのである。

「近代家族」の成立には，前項で述べた「人口転換」と産業構造の変化にともなう「職住分離」，その結果としての「性別役割分業」という社会変動が深く関わっているのだが，この近代家族と教育に関する問題については，のちほどもう少し論考を加えていくこととしたい。

③学校と子ども――身体知から形式知へ

子どもの成長を暖かいまなざしで見守る近代家族の出現が「子ども期の尊重」へとつながる一方で，子どもを「純粋で無垢なもの」と捉えるきっかけをつくったのは学校であった。なぜならば，子どもたちは学校に行くことで，大人の猥雑さや不道徳な世界から距離をとることが可能になったからである。今日，私たちが自明としている子ども観，すなわち，子どもは大人社会の穢れや不正などから遠ざけるべきだとするような子ども観は，子どもを大人と分離して教育することから芽生えたのである。

産業革命後，急速に進展する近代社会に適応するために，新しい知識や新しい意識を身につけることが必要になる。全員が同じ情報を共有し，したがって同じ社会的，知的世界で暮らしていた伝統的社会とは異なり，近代社会では，世代間の文化継承を，身体知ではなく形式知の意図的・組織的そして体系的な伝達を通じて行う必要がある。新しい知識を獲得する基盤になるのは「読み書き算（3R's）」の能力である。ニール・ポストマンは，近代の子どもは「読むことを覚え，活字の世界に入り込むことによって，大人にならなければならなかった。それを成し遂げるためには学校が必要だった」と述べている（ポストマン［1995］）。学校は大人になる準備期間としての子ども期の存在を人々に自覚させた。つまり「家庭と学校とは一緒になって，大人たちの世界から子どもをひきあげさせた」のである。その後，制度化されていく学校教育は，発達段階別の学業を子どもに課すことによって，子ども期の特質を長く維持することを可能にした。ここで再びアリエスに戻ってみよう。彼は，近代社会の形成とともに子どもを大人の世界から分離し隔離していく過程を，次のように表現している。「人は，それを学校化とよんでいる」。

2　学校の誕生——見習修行から学校教育へ

子どもが，大人の「保護」や注意深い「配慮」に見守られながら，家族とともに過ごし，家庭内でケアされる存在となってからまだ日は浅い。現在，子どもの教育の中心をなすのは，当然ながら学校教育である。したがって，学校の成り立ちをたどることは，現在の学校を捉えなおす視座を得ることになると同時に，未来の学校を展望する方途にもなるといえよう。本節では，古代から現代に至る教育制度が変化していく過程を描き，各時代において欠くことのできない教育理念にも照射しつつ，子どもと大人をめぐる教育的関係の成り立ちとその変遷を追うこととする。

1）学校のはじまり——遊びと創造

文字文化の歴史は学校の歴史といわれている。学校の起源は，古代エジプトやメソポタミアの高度な文明によって生まれた象形文字やくさび型文字文化の誕生にさかのぼることができる。祭政一致の政治を行う古代エジプト国家の支配者は，被支配者層の余剰生産物を専有するため，神意の表現や租税および契約などの記録管理ができる有能な書記官の育成を必要とした。このように，学校の萌芽における教育目的はエリート養成である。学校は，文字を自由に操ることのできる人間が先生となり，エリート予備軍である支配者層の青年たちを生徒にして，文字の読み書きを伝授する場であった。そして次第に，実学的な幾何学や計算法などの職業教育も施されるようになっていく。

さて，周知のように学校 school の語源はギリシア語のスコレー，すなわち「閑暇」である。学校は「生産労働から解放されている状態」を起源としている。これは現代まで変わることなく続いている学校の基本的性質であり理念でもある。この閑暇について，人間の文化の根源には“遊び（ルードゥス）”があるとした歴史家のヨハン・ホイジンガは名著『ホモ・ルーデンス』においてこのように述べている。

> ギリシアの知識，ギリシアの科学は，けっして（我々の言う意味での）学校などで成長したのではなかった。それは，市民に対する有能で有益な職業教育の副産物としてかち得られたものではない。ギリシア人にとってそれは，自由時間，閑暇 σχολή（スコレー）の結実であり，自由人にとっては国家の義務，戦争，祭祀に要求されない時間はすべて自由時間であった。学校という言葉は全く珍しい前史をもったものである。（ホイジンガ［1973］）

閑暇は，労働することから解放されているギリシア市民の特権であった。ちなみにルードゥスはラテン語で，遊びと学校の両方を意味する言葉として使われていたという。学校は生きるための技術を学ぶ場ではなく，「よりよく生きる」ために学ぶ場として認識されるようになっていく。このよりよく，よりすぐれた人間になるために必要なギリシア的教養教育は「パイデイア」と呼ばれる。プラトンが『国家』において「洞窟の比喩」で展開したイデア論は，パイデイアの本質であり，同時に現在の学校教育にまで通底する教育理念でもある。

プラトンの教育思想は，高弟アリストテレスへと批判的に継承されていった。実証的経験主義の立場をとるアリストテレスは，学園リュケイオンで，歩廊を歩きながら青年たちに講義したとされ，その姿はラファエロの名画「アテナイの学堂」のなかにプラトンとともに鮮やかに描かれている。この絵は，2人の思想の違いを象徴しているだけではなく，この時代の教育は師と弟子との対話によって行われていたということを私たちに教えてくれている。

ギリシア民主政治の理念と学校は不可分である。学校が生まれた理念にまで歴史をさかのぼっていくと，文化と社会そして国家のこみいった関係性がうかがえよう。このようにして，学校は実学だけを学ぶ場ではなく，徐々にではあるが，人間形成のための思索の場となっていったのである。

2）学校の発展——徒弟制度から学校制度へ

いままでみてきたように，学校は長い間，一部の特権階級に独占されていた。

やがて中世になると，宗教が学校を専有するようになる。西洋ではもっぱらキリスト教であり，日本においては仏教である。修道院や寺院で行われていた教育は，一般的な教育ではない。それは宗教教育であり，その場所でしかみることができない手書きの聖書や経典を読むことを，第一目的とするものであった。前節でも論じたが，いまだ「教育される子ども」という概念が確立されていなかったこの時代の教育は，徹底して大人を対象に行われていた。驚くべきことに，この時代は黙読という習慣がなかったといわれている。教育は口頭法（読み手が声を上げ，他のものがそれに倣う）によって行われていた。「中世の読書は，書かれたものと読む行為が一体であり，より身体的な行為」（松下［2002］）だったのである。一方，子どもは，貧富を問わず7歳前後になると親方の下に弟子入りさせられ，大人とともに労働しながら必要な知識と技術を身につけていった。必要最低限の礼儀作法や読み書きの能力も，このような見習い修行による徒弟制度のなかで身につけていったのである。労働と学びは不可分だったといえよう（第2章）。では，いつ頃，なにが契機となって学校は子どもを受け入れるようになっていったのだろうか。

グーテンベルクの印刷機が発明され，母国語で書かれた聖書をはじめとするさまざまな書物が比較的容易に入手できるようになると，教育の世界も大きく揺らぎはじめる。ポストマンはこの変化を「新しい記号環境」と呼び，これが「世界を新しい情報と抽象的な体験でいっぱいにした」と述べている（ポストマン［1995］）。このような社会の出現により，17世紀以降，中世の口頭主義による暗記に重点をおくラテン語中心の教育は次第に廃れていった。

機を同じくして，「教育学の祖」と呼ばれるコメニウスの教育思想が，学校の存在を社会に定着させていくことになる。コメニウスの教育思想はパン・ソフィア（汎知学）と呼ばれているのだが，彼は「あらゆる人に，あらゆる事柄を教授する・普遍的な方法」があるとし，それを『大教授学』のなかで説いた（第1章）。この「だれにでも・どのようなことでも・だれでも教えることができる」方法とは，すなわち，知識と技能の階層をつくりあげることであり，大人が子どもの発達段階に着目して教育を行うことを意味している。このようにして，大人が，子どもの発達段階に沿って，同じ教材内容を同じ順序と方法で，複数名の子どもに教えるという，近代学校の原型ができあがっていった。しかし，それは同時に，一対一の関係性のなかで容易に「おりることができない」徒弟制度から，一対多という，互いにいつでも「おりることができる」関係性（松下［2002］）を結ぶ学校制度へと，子どもを閉じ込めていくことになっていったのである。

3）学校と国家——子どもと教師の思想史

コメニウスの思想は，その後，さまざまな教育思想となって世界中に分岐していく。17世紀後半から18世紀のヨーロッパは市民革命の渦中にあり，教育についての考え方もこうした社会情勢を背景に大きく変わることになる。

イギリスの哲学者ロックは経験論にもとづいて生得観念を否定し，人間の諸能力は身分や出自ではなく教育によるものだとして，合理的な近代的教育観を確立していった（『教育に関する考察』）。ロックは子どもを「未成熟な人間」とみなすことによって，結果，この時代の人々に対して大人および国家による教育の必要性を強く認識させるに至ることとなったのである。

ロックが人為的かつ後天的な教育の重要性を強調した一方で，ルソーは教育の古典的名著『エミール』のなかでこのように述べている。

> 「植物は栽培によって，人間は教育によってつくられる」「読む子どもは考えない。読むだけだ。かれは知識を身につけないで，言葉を学ぶ」

ルソーは，大人の強引ともいえる強制的な教育の弊害を指摘した。教育者による子どもの自然的発達の阻害を排したのである。『エミール』はその当時のブルジョワ階級を大いに啓蒙することとなり，結果として近代的な子ども観を定着させていく要因のひとつになった。この書が「子どもの発見の書」として名高い所以である。ルソーの思想は，フランス革命以後，コンドルセらに受け継がれていき，子どもへの教育権は親（父）の自然権であるとして，その自然権を保証するのが国家の義務だとする公教育論を生み出すことにつながっていく。

このルソーの教育思想に大きく影響を受けたヨハン・ペスタロッチは，下層

コラム

アーキテクチャ

「助教制」という教授法がある。産業革命後，学校教育の効率化が求められ，大量の子どもを監視し規律化することが必要とされたことから生まれた教育方法で，一斉教育の原型とされる。功利主義を唱えた哲学者ジェレミー・ベンサムは，この助教制と一望監視施設（パノプティコン）という自身が考案した建造物とを組み合わせて「クレストメイシア」学校を構想した。パノプティコンとは，最小限の人数で大量の囚人を管理する刑務所の建築様式である。中心の塔を取り囲むようにして独房が配置され，監視者はこの塔からいつでも好きな独房を覗くことができるが，囚人から監視塔はみえないという構造をもつ。ここで重要なことは，監視されているという事実ではない。いつ監視されるか分からない可能性は，常時監視されているという不安意識を生み，結果，収容者は自ら秩序を乱さなくなるという点にある。

ポスト構造主義の哲学者ミシェル・フーコーは，このパノプティコンについて，権力者の視線の内面化が，知らぬ間に自らを監視する視線に変わるという「規律訓練型」システムと称し，近代社会や学校はこのシステムの上に成り立つことを批判した。

教育が激変する現在，規律訓練による自己監視型の近代学校システムは終焉を迎え，代わって，情報社会の規制様式として注視されるのが「アーキテクチャ（architecture：建築や設計の意）」である。具体例として「マクドナルドの椅子」がよく挙げられる。硬い椅子を設置し，顧客に不快感をもたせずに早く退席させ，結果，客席回転率を上げるというもので，「マクドナルド型環境管理」と呼ばれる。教育の空間もその枠外ではない。AIによる個人の学習履歴の把握は，やがては将来の進路まで誘導していくことになりはしないだろうか。

このようなアーキテクチャは，自己を監視する内面性を必要としない。考えなくても行動できる社会は，それなりに平和で，多様性をより承認できよう。しかし，すべてのリスクを自動回避する環境設計が常態化すれば，「考えて行動する」ことを忘れた人間を育成することになりはしないだろうか。私たちは未来の社会環境を見据え，教育への確かな展望と哲学をもつ必要性に迫られている。

民衆への教育拡大に生涯をかけて取り組んだ。彼は名著『隠者の夕暮れ』（1780年）において，人間の「家庭的関係は最初のかつまた最も優れた自然の関係だ」と述べ，教育の淵源を家庭に求めたのである。ペスタロッチは国家と学校教育が一体となって民衆教育を行うという教育観に立ち，初等教育における基礎陶冶の重要性を主張したのだった。

このような思想の流れの先に現れたのが，ドイツの思想家フリードリヒ・フレーベルである。彼は就学前教育の必要性を説き，幼稚園の創設者として知られているが，学校と家庭の結びつきをそれまで以上に重視した思想家でもあった。教育学者ボルノウは，フレーベルの早期教育の理念について次のように述べている。

> 子どものまわりにまず擁護的領域を設立することが正しいことは多くのことから証明される。なぜならば，こうした擁護の領域内においてのみ，子どもの諸力を十全に発達させることができる……これこそがフレーベルの幼稚園（垣や柵で囲まれた場所――そのなかで子どもは静かに成長することができる――）の優れた思想なのである。（ボルノウ［1973］）

フレーベルは，それまで養護の対象としてしかみられなかった就学前の幼児期に対して，その教育可能性を開いていったのである。その後，20世紀にかけて幼稚園は，とくに米国で急速に普及していくこととなる。

これまで，子どもに対する教育観は「子ども観」の成立，すなわち近代市民社会の形成プロセスのなかで誕生したということを述べてきた。時代の移ろいとともに，学校教育もまた，「個」として生まれた人間の能力を十全に引き出すことを目指す「発達への助成的介入」という見方を主流とするようになる。しかしながら，個人のもつ能力を教育によって引き出すという考え方は，その後，大きな課題をはらむようになっていく。19世紀以降の資本主義の急速な拡大は，市場原理の下で，他者よりもよりよく生きたい，より豊かになりたいという人間の根源的な願いにもとづく競争と選別の意識を，教育の場にも急速にもちこむことになっていくこととなったのである。

3　「教育する家族」の変遷

1)「教育する家族」の誕生

本節で扱う対象である「教育する家族」とは，大正期の日本の都市部で生活する新中間層の間に誕生した，「親こそが子どもの教育の責任者であるという観念を持ち，子どもを濃密な教育視線の下で養育する」という強い教育意志をもった近代家族の形態をさす（広田［1999］）。この新中間層は，親自身，地縁・血縁を排して，自らの努力と能力によって学業達成することにより社会的地位を獲得しなければならない時代を経験しており，子どもにもよりよい教育を与えることによって，彼らがよりよい地位を得ることを期待した。

「教育する家族」が誕生する土壌には，父親が職住分離の俸給生活者（サラリーマン）となり，母親が専業主婦となって家政を任されるという，近代家族像における「性別役割分業」の要素が多分に含まれていると解釈されている。時間的にも経済的にも余裕があり，また自らも高い教養を持つ母親たちは，競ってわが子によりよい教育を与えようと考え始めたのだった。その教育関心は徐々に学校教育へと向けられ，親たちは学校への適応を目指して熱心に子育てをするようになっていく。家庭教育は学校教育の方針に沿って行われることとなり，学校での良い生徒と家庭での良い子の姿勢（イメージ）は同型化していった。

「教育する家族」の教育意識は，3つの相反する方向性を含んだものであった。その方向性とは，子どもを教育以前の無垢なものとして賛美し尊重する「童心主義」，それゆえに早くからしつけや道徳教育を施してきちんとした人格や規律を身につけさせようとする，いわば子どもらしさを否定する側面を持つ「厳格主義」，そして知識習得に力点を置いた「学歴主義」の3つである（広田［1999］）。大正から昭和にかけての新中間層の母親は，どれかを達成することで満足せず，3項すべてを叶えるわが子を求めた。すなわち，子どもらしくのびのびと育ってはいるが，大人のように礼儀正しく，しかも学業達成順位も上位であるというような「パーフェクト・チャイルド」を育てることに，教育努力と投資を惜しまず費やすようになっていったのである。この相互に対立・矛盾する教育意識は，その後も消えることなく戦後の復興期を経て高度経済成長期へともちこされていった。その結果，20世紀後半の日本社会は，家族・子ども・学校をめぐって，数多くの課題を抱えることになっていく。

2)「教育する家族」のゆくえと課題

近代非身分制社会における学歴主義の背景には，「貧しさからの脱却」という強い動機があった。学歴競争は，親より出世してよりよい暮らしができるという希望に支えられていたといえよう。いいかえれば，教育する家族は学校を信頼し，ゆえに学校は輝いていたのである。「子どもをよりよく育てたい」という親の願い，すなわち大人の願いは，子どもによりよい教育を与えることで社会的上昇を期待し，そのために子どもの数を制限するという「教育的マルサス主義」（中内・小野［2004］）となって日本の社会に浸透していった。マルサス主義とは，「資本主義の下での労働者の貧困は，社会制度ではなく人口法則にもとづく」として，過剰人口の脅威を唱える思想をさす。

しかしやがて高度成長期を迎え，いわゆる「一億総中流化」といわれるような時代が訪れると，学校と家庭との関係性が変化しはじめることになる。学校はかつて得ていたような，社会や家族からの信頼を次第に失っていく。1970年代後半，わが国の高校進学率が90％を超えたあたりから，学校の進路指導は成績による「出口指導」と化し，学歴競争における敗者宣告の場になっていった。すでに，都市部の富裕層を中心とした「教育する家族」像は日本全体に広がっており，「〈教育〉は万人の万人に対する戦いの様相を呈する」（中内・小野［2004］）こととなってしまったのである。学習塾や早期教育による習い事の隆盛や，低年齢の子どもの公立校以外への進学を意味する「お受験」という言葉も，この頃から頻繁にささやかれるようになった。

このような進学率の上昇は「子ども期」を長期化させるとともに，親子関係をより濃密なものにしていったと考えられる。ここに「教育しすぎる家族」が登場する一方で，広がる経済格差のなか「教育家族になれない家族」も出現するという両極を生み出すことになっていく。現在，子どもへの過干渉や家庭内暴力，母親の自罰的ともいえる育児不安・育児放棄，幼児虐待・教育虐待などの問題は，まさに，近代家族の幻影を肥大化させた末に積みあがった，負の遺産であるといえよう。

おわりに

これまで概観してきたように，人類は途方もなく長い歳月をかけて子どもを発見し，家族制度と学校制度の双方が一体となって「子ども期」を尊重する近代社会をつくりあげてきた。少なく生んでよりよく育てることは，人類の永年の願いであった。しかしながら，この少産優育の思想は，女性の社会進出や価値観の多様化が進むわが国をはじめ，「一人っ子政策」を進めた中国などにおいても，急速な少子化などのさまざまな問題を生じさせることとなった。一方で，世界を巻き込むコロナ・ショックは，子どもを家庭内に閉じ込めてしまっている。かつてブリューゲルが「子どもの遊び」で描いたような情景は，いまや地球上から消え去ろうとしているのではないだろうか。

未来に向けて，学校は大人と子どもとの暖かい教育的関係性の上にだけ成り立つものではなくなるであろう。なぜならば，両者の間にはAIをはじめ情報機器の媒介が必然となるばかりでなく，その地平には，両者で共有する時空間すらも必要としないような，まったく新しい教育スタイルが繰り広げられることが予測されるからである。この新たなスタイルは，学校が児童労働をなくす役割をこれまで以上に果たすと同時に，結果として，世界にいまだ1億数千万人はいるとされる児童労働者を救いだす方途として生かされていくべきであろう。教育を受けられないあるいは受けないことによって生じる負の連鎖を，人々の願いどおり断ち切ることへと結びつけていかなければならないのである。

将来，人類がどのような教育的関係性をつくりだしていくとしても，教育は過去を振りかえってその姿を正し，未来を拓く子どもたちの発達と成長をこれからも保証し続けていかなければならない。学校は「子どもの発見」よりも古い。学校は家族と同様，おそらくこれからも社会に存在し続け，姿を消してしまうことはないだろう。しかし，未来の学校には「子どもはもういない」かもしれない。

（塚原利理）

【さらに探究を深めるための読書案内】

エミール・ゾラ［1970］『居酒屋』古賀照一訳，新潮文庫。

続編『ナナ』とともに，社会・環境・遺伝がもたらす家族の生成と崩壊の過程を，痛々しいほど明晰に描いた一冊。ゾラ自ら「もっとも道徳的な作品」と称した名著。

セリーヌ・ラファエル［2017］『父の逸脱――ピアノレッスンという拷問』林昌宏訳，新泉社。

名家ゆえに隠蔽される教育虐待を，被虐待者である少女の視点から描写したメモワール。父権絶対主義の不文律のもと，教育が暴力と化していく様子が映像を見るかのように伝わる良書。

ロジェ・カイヨワ［1990］『遊びと人間』多田道太郎・塚崎幹夫訳，講談社学術文庫。

遊びと文化の発達の関係を，多角的な視点で分析した遊戯論の名著。創造力を育成する教育のあり方について，ヒントが満載。理系文系を問わず一読の価値あり。

Taking Sides

学校はしつけの場なのか

子どもは大人になる前の保護期間なくして社会にほうり出してはならない，という近代教育観についてはすでに本章で述べた。近代以前には，このような教育の役割を村落共同体が受けもち，子どもは大人の模倣をしながら一人前になっていった。大人が意図的に規範を示し，子どもがそれに倣って習慣化していくという教育スタイルは，昔から「しつける」と呼ばれている。「しつけ」とは，もともと縫い目を正しく揃える，あるいは田畑に正しく植え付けすることを意味し，「仕付く（馴れる，身についている，の意）」という動詞の連用形が変化して「身についた礼儀作法」を示すようになったとされている。

教育学でしばしば引用されるのが，柳田国男のしつけについての言及である。柳田は，当時の学校教育と対比させて「あたりまえのことは少しも教えずに，あたりまえでないことを言い，戒めまたはさとすのはしつけの法則だった」と述べている（柳田國男［1970］「教育の原始性」〔『定本柳田國男集 第 29 巻』筑摩書房〕）。あいさつなど慣習的なことをしつけるならば，家庭教育だけに限ることも可能であろう。しかし，分かりきってはいるが，世界の仕組みと科学の論理を子どもに対して体系的に教え理解させるのは，家庭教育だけでは不可能である。だからこそ，親は教師と学校を信頼し，家庭で行う教育のある部分を学校教育に委託することになったのであった。教師が意図的に世界の「あたりまえ」を解説口述して教え，子どもが家庭に戻り意識的に反復する。これが家庭学習である。その学習成果を，教師が評定するという「教授—学習」のサイクルに学校教育の本質をみるならば，しつけは学校教育にはそぐわず，それは家庭教育を中心とした学校外で行われるものであるといえよう。なぜならば，親が学校に委託する教育とは，狭義の意味での教育，すなわち教科学習を中心とした知的教育に限定されるからだ。このように，学校教育の役割は知的教育だとするならば，冒頭に示された「問い」の答えは“No”……つまり，しつけの場ではない。

他方，フランスの社会学者デュルケームが唱えた「方法的社会化」という考え方がある。彼は「教育とは，社会生活においてまだ成熟していない世代に対して成人世代によって行使される作用である。教育の目的は子どもに対して全体としての政治社会が，また子どもがとくに予定されている特殊的環境が要求する一定の肉体的，知的および道徳状態を子どもの中に発展させ，発達させることにある」（エミール・デュルケーム［1976］『教育と社会学』佐々木交賢訳，誠信書房）と主張した。教育の目的は子ども個人を社会に適応させることであり，また，この社会化こそが世代間に横たわる断絶をもつなぎうるものだと考えたのである。デュルケームは，教育は個々人の発達を助成することに加え，各々が所属する集団（国家）が持ち続けてきた慣習や通念，理想などを体系的・組織的に子どもに習得させる必要があると主張し，学校における道徳教育の必要性をも説いたのだった。しかも，デュルケームは道徳教育を強制的で他律的なものとしてではなく，自分で考えた上でその社会の規律に従うという「意志の自律性」を育成するものだと捉えた。この考え方に立つならば，学校教育は，個人の能力を発芽させ発達させるだけのものではない。社会に既存の慣習を教えることを含む道徳教育や特別活動なども行うことによって，子どもの社会化を図ることが重要視されよう。したがって「問い」への答えは“Yes”……しつけの場でもある。

宗教による社会規範や価値観の強制から解放されている現代において，「問い」に含まれている「個と社会」の問題については，この二極を家庭教育と学校教育の交差する視点からどのように俯瞰するか，という点に議論が集約されよう。日本の古典芸能の伝承では，いまでも父性による厳しいしつけが基本である。しかし，子どもの意志を無視して親が過度に強要する学習や，行き過ぎたしつけは教育虐待・児童虐待につながる。「親だからこそ」の行為は，親子の密接さゆえにしつけと教育が重なるグレーゾーンをつくってしまう。一方，極論だが，家庭の教育力が低下しているからといって，家庭環境に問題があるすべての子どもを国家の手に委ね，一律に学校でしつけと教育を行えばよいというのも，民主主義の理念に反する。

冒頭の「問い」は，人間の「教える―学ぶ」という行為を，親子関係や地域共同体などの原初的な関係性の地点にまで戻って捉えなおしていく契機を，私たちに与えてくれているのではないだろうか。

第 **4** 章

道徳教育の歴史と展望

——寛容なあり方を目指して

はじめに

本章では，これまでの道徳教育のあり方をさまざまな道徳哲学や道徳理論の観点から整理した上で，変革の時代の道徳教育を展望する。第 1 節では，善き生き方を考究した思想家のうち，ギリシア時代のアリストテレス，仏教の始祖釈尊，儒教のなかでも性善説を唱えた孟子の思想を取りあげるとともに，聖書などに語られる物語，近代における規範倫理学のカント，功利主義のベンサムとミルなどによる道徳の捉え方などを概観する。第 2 節では，さきの大戦期における軍国主義的道徳が戦後反省され，教師が道徳的価値観を教えること自体をためらう時代を経た後，2015 年に道徳が教科化されたことに象徴されるように，学校教育のなかで道徳教育が再び重視されるに至る日本の道徳教育の歴史をたどる。第 3 節では，伝統的価値観を教えることを目標に据える道徳教育理論と，児童生徒が自らの価値観を解明することを目的とする道徳教育理論の特徴などを比較しながら，両者の現代日本の道徳教育とのつながりを整理する。第 4 節では，自他の尊厳を認め合う寛容な人間のあり方を展望する。

1　道徳思想の多様性——古代から近代へ

ヨーロッパの歴史をギリシアにまでさかのぼると，哲学者アリストテレスは，善を善くあること（being-well），善くあることにおいて善く行為する状態と捉えた。彼は，諸徳を特徴づけるために，過度と不足の中間すなわち「中庸」の観念を使った。たとえば，勇気は無謀と臆病の間にあり，正義は不正を行うことと不正を破ることの間にあり，気前のよさは浪費とけちの間にある。これらの善は状況から分離して考えることはできないものであり，中心的な徳であるフロネーシス（思慮）をもつことによって，個々の場合にどのように判断力を行使するかを心得ることができる。思慮は知性的な徳であり，これがなければさきに述べた諸徳はひとつも行使できないことになる。この道徳観は，インドの原始仏教における釈尊の「中道」の考え方にも似通っている。釈尊は，苦からどう逃れることができるか模索した結果，当時の運命論や快楽主義などとは異なり，苦行と楽といった偏りのいずれにも執着しない生き方でしか人間の苦しみはなくならないと考えた。そして，その生き方の継続によって得られる智慧こそが，正しい判断や行為を導くものであると考えた。

中国の儒学思想，とくに性善説を唱える孔子や孟子の潮流においては，人間の本性は善とされる。ここでいう善は，他者との関わりにおいて，他者の不幸を見過ごせないことを意味する（ジュリアン［2002］）。孟子の道徳においては，判断力の行使の代わりに，他者のために動かざるを得ないといった忍びざる感情すなわち「惻隠の情」を根底的な経験として想定し，それを押し拡げることを「仁」とする。たとえば，いまにも井戸に落ちようとしている子どもを目の当たりにすれば，ここで何を義務として行うべきかという判断を行使する以前に，誰もが助けようと手を差し伸べる行為をせざるをえないだろう。

範囲を日本に限定しても，古代にまでさかのぼれば，言葉と行為とが一致している「まこと」を重視し，罪＝穢れを取り除く必要があるとする道徳観，中世には善因楽果や悪因苦果の道徳観や，型を重んじる道徳観，近世には儒教的な孝行や謙譲の徳，日々の職業にひたむきに励む道徳観などから，現代の日本の道徳観に通じるものをみつけだすことができる。とりわけ，それぞれの歴史や文化には特有の物語があり，そのなかに善き生き方とは何かが表現されている場合が多い。わが国において，それに当てはまるのは，古事記や日本書紀，神話や仏典の物語，あるいは各地に伝わる昔ばなしなどであろう。たとえば，隣の爺型と呼ばれる花咲か爺さんやこぶ取り爺さんといった勧善懲悪型の昔ばなしは，自らの利害損得を顧みず利他的な行為をする人は必ずやお天道様が見守っており，結果としてそのような人々が幸せに生きることが約束されることを物語る。このような物語は，利他的な生き方を励まし後押しする役割をもっているともいえるだろう。

ヨーロッパにおいては聖書の物語が人々の道徳観に影響力をもつ。たとえば次に示す「ルカによる福音」のなかの放蕩息子の話から，私たちはどのような善き生き方を読み取ることができるだろうか。この物語には，放蕩息子の弟と真面目な兄が登場する。放蕩息子の弟がお金を使い果たして父親のもとに帰ってくると，父親は息子に再会できたことを祝福し，この息子にごちそうをふるまうよう準備を進める。放蕩息子が自らの罪を懺悔したとはいえ，父親による弟への好待遇を目の当たりにした兄は，これまで自分は真面目に過ごしてきたのになぜ自分よりも不真面目な弟に対して父はそのように親切にするのかと，我慢できず怒りはじめる。

この話には，父親に比喩的に表現される神の寛大な救いと，兄に象徴される人間の非寛容性，そして弟に象徴されるように好き勝手に生きた結果，自らの罪を懺悔する人間の生き様が描かれている。このようにひとつの物語のなかに，人間の罪や懺悔や非寛容性，さらに大いなるものの寛容性や救いなどが描かれ，私たちはこのなかからどのように生きるべきかのヒントを得ることができる。反省や寛容性といった観念それ自体を物語や日常生活の文脈から切り取って抽象的・一般的に捉えようとする場合には，なかなか理解が深まらなかったことが，物語によって氷解することが多々ある。しかし近代哲学において，このように具体的に善き生き方を伝える仕方とは別に，抽象的な自己を想定して善を考えるという新しい方法が現れた。

それは近代ヨーロッパの哲学において生まれた，自律的道徳主体を物語や文脈から切り離して捉えるという方法である。そこでは，その内面において，善なる良心が欲望に不断に問いかける，という自己のモデルが想定された。17世紀の科学革命と価値の相対主義化を経た18世紀には，これまでの神の座に取って代わり，道徳の新しい合理的・非宗教的な基礎をみつける必要があったからである（マッキンタイア［1993］）。たとえば，哲学者カントの義務論における道徳の格率である定言命法においては，「常に真実を語れ」「常に約束を守れ」「困っている人には親切にせよ」「自殺をするな」といった，無条件に善いとされる法則に従うことが善意思として尊重される。すなわち，動機によって正邪が判断される。一方，19世紀のジェレミー・ベンサムとジョン・スチュアート・ミルの功利主義においては，帰結によって正邪が判断される。たとえば，ベンサムの功利主義においては，動機とは快楽に引きつけられることと苦痛を嫌悪することであるとされ，最大量の快楽を求め，苦痛を不在にすることが道徳の原理となる。彼の功利主義では，快楽も苦痛も感覚だが，数や強さや持続の点のみにおいて異なるものとみなされる。功利主義の後継者ミルは『功利主義』において高次の快楽と低次の快楽の区別をし，『自由論』（1859年）とその他の著作では，人間の創造力の拡張に幸福の増大を結びつけ，さまざまな快楽と幸福を測る質の尺度が存在する，とした点でベンサムとは論調を異にした。

以上のように，ヨーロッパでは近代以降，哲学や倫理学において人間を神学の世界観から切り離して科学的かつ分析的に解釈することを通して，道徳の一般性や普遍性を希求していった。したがって，近代は自律的道徳主体のメカニズムの発見の時代ともいえる。近代以前の人々は，善き生き方を具体的な場における具体的な行為として捉えていた徳倫理学の時代に生きていた。それに対して近代以降の人々は，義務論や功利主義など，自律的道徳主体を想定することを通して道徳の一般性や普遍性を追究するようになったのである。

2　日本の道徳教育の歴史——明治から現代へ

現代日本の「特別の教科 道徳」（以下，道徳科）の教科書では，道徳を学ぶ意味は次のように説明される。すなわち，人生において問題が生じ，それを発見したとき，どのようにすればよいかを判断し行動するという道筋において，よりよい行動ができるように判断を支える心を考えることが道徳を学ぶ意義である。そして，さまざまな見方や考え方に支えられた判断にこそ物事の見通しや解決策が含まれている。この説明からも，道徳的判断の育成を重視した道徳教育へと，現代日本の道徳科が大きく舵を切っていることが分かる。

しかしながら，戦前や戦中は同じ日本であっても現代とは異なる目標や方法による道徳教育が実施されていた。ここでは，わが国の道徳教育の歴史を近代教育制度が始まった明治期から簡単に概観してみたい。1872 年に小学教則における「修身口授」（修身科）の時間が開始されたことは，近代教育開始時点から道徳教育が存在したことを示している。1890 年には教育勅語が発布され，これにもとづく道徳教育が実施された。1945 年に修身科は停止され，戦後は学校の教育活動全体を通して道徳教育を実施することになる。

1958 年にはそれまでの全面主義から，全面・特設主義に移行した。すなわち「道徳の時間」の特設である。2002 年には文部科学省作成の「心のノート」が配布され，学校だけでなく家庭や地域社会でも活用することが目指された。2014 年には「心のノート」の全面改訂版として情報モラルやいじめに関する特設ページを設けた「私たちの道徳」の配布が開始される。そしてついに 2015 年にそれまでの「道徳の時間」が教科化され，教科書を用いて評価も実施する道徳教育へと移行した。

学校の教育課程における領域のひとつとして「道徳の時間」が教科化された背景には，道徳教育そのものを忌避しがちな風潮や，他教科と比べて軽んじられていること，形式的な指導が続けられていることなどの課題があった。道徳教育そのものを忌避しがちな風潮は，戦時期の修身科が軍国主義的道徳を教授するものであったことの反省によるところが大きい。その反省は，教育勅語に対する批判として象徴的に表れる。教育勅語には，親孝行，兄弟仲良く，修養，社会貢献，非常事態には国の平和と安全に奉仕することなどの徳目が示されていたからである。ただ，戦後，教育勅語に代わるものが必要であるという見解や，戦時期の道徳教育の妥当性が必ずしもすべて失われているわけではないとする見解があったことも事実である。

修身科は教科書を用いて徳目を教える内容であったものの，現代の道徳科教科書と比較するとその形式は大きく異なる。現代の道徳科教科書のように，他者や自分の内面との対話を促すワークシートが用意されているわけではなく，模範となる人物の言行の紹介が多い。また，戦後，全面・特設主義となってからは，道徳の授業には，読み物資料のなかの登場人物の心情を考え，それをもとに自らの生活を振りかえる形式の道徳授業が一般的であった。このように，歴史的にみれば，学校における道徳教育は戦前から戦後，そして現在に至るまで，一律の目的や形態で進められてきたわけではないことが分かる。

そして現代の日本の初等中等教育における道徳教育のなかでも，とくに小中学校には，道徳教育の要として週に 1 単位時間の「道徳科」が割りあてられている。文部科学省によれば，その目標は道徳性を養うことであり，道徳性は，道徳的判断力，道徳的心情，道徳的実践意欲と態度によって構成される。第一の道徳的判断力とは，それぞれの場面において善悪を判断する能力，第二の道徳的心情とは，道徳的価値の大切さを感じ取り，善を行うことを喜び悪を憎む感情，第三の道徳的実践意欲と態度とは，道徳的判断力や道徳的心情によって価値があるとされる行動をとろうとする傾向性を意味する。道徳性は「生きる力」のなかでも「豊かな心」のみならず，「確かな学力」や「健やかな体」の基盤ともなる重要なものとして位置づけられている。このように道徳科は，学校教育における道徳教育の要として，道徳教育を補充，深化，統合する役割を求められており，扇の要のように道徳教育の要所を押さえて中心で留めるものと比喩的に説明される（文部科学省［2017］）。

ただし，道徳が教科化されたことにより児童生徒に対して教員による評価の実施が必要になったものの，児童生徒に道徳性が養われたか否かは容易に判断できるものではないという難しさが道徳教育にはある。道徳の評価は客観的な理解の対象ではなく共感的に理解されるべきものであり，個人内評価として数値ではなく記述によって評価を実施することが求められるのである。もちろんそれは，他者と比較する相対評価ではなく，指導改善や学習意欲の向上に生かす評価でなければならないとされる。

さて，道徳の教科化への移行に関する議論の発端は，いじめ問題への対応であり，教科化の背景には，道徳科を通して，互いに尊重し多様な価値観の存在を認識しながら困難な問題に主体的に対処できる児童生徒を育成することが目指された，という経緯があった。しかし立ち止まって考えてみると，現代の日本の道徳教育に求められることは，就学期の児童生徒のいじめ問題の予防だけにとどまらない。たとえば，国民全体の自殺者数は年間 2 万人を超える。これは大変深刻な問題である。自分の話を聞いてもらうだけでも自分の存在を認められた感覚や希望が得られた，と話す人もいるように，自殺予防の電話相談からは，自分の存在意義を確かめたい，あるいは自信をもって生きたいと強く願う人々が，就学期を終えても多数存在していることがうかがえる。このような人々の気持ちが救われる道徳教育もまた，今後求められてくるといえよう。

3　日本の道徳教育の理解——アメリカの道徳理論からの視点

ところで，道徳を語る場合に当たり前のように使われる善，悪という言葉であるが，そもそも，一体何が善で何が悪であるのだろうか。また，善と悪は二分して捉えることができるものなのだろうか。そして，節制，勇気，礼儀，寛容，畏敬の念といった道徳的価値とは何であるのか。このようなことについて考えてみると，それらが地域や文化，あるいは時代の違いに応じて異なる姿をとっているであろうことは容易に推測できる。したがって，すべての善行為が普遍的であるわけではないことは明白である。

このように，道徳教育については深く考えるほど難しく感じられることが多い。そこで現代日本の道徳教育を整理して理解する一視点を提供するため，キャラクター・エデュケーション（character education），価値解明論（values clarification），およびモラルディレンマ・ディスカッションを以下に紹介したい。これらはいずれもアメリカを発祥とするものであるが，現代日本の道徳教育を理解するにあたり，いずれも示唆的である。第一のキャラクター・エデュケーションとは，その地域の文化や社会で認められている既存の価値を教えるための理論であり，第二の価値解明論は各自の価値形成を促すもの，第三のモラルディレンマ・ディスカッションは各自の道徳的認知発達を促すことを目的とするものである。キャラクター・エデュケーションは現代日本の道徳教育において価値項目一覧が掲げられていることの背景となる理念を理解するのに適しており，残りの 2 つは現代日本の道徳教育で目指される道徳的判断力の育成のための教育方法を理解するのに適している。

まず，現代日本の道徳教育の目標を概観すると，わが国の教育基本法第 1 条「教育の目的」では人格の完成が目指され，同法第 2 条「教育の目標」には，道徳心を培うこと，個人の価値の尊重，自主および自律の精神を養うこと，勤労を重んずる態度，正義と責任，男女の平等，自他の敬愛と協力を重んずること，公共の精神，生命を尊び，自然を大切にし，伝統や文化，わが国と郷土を愛すること，他国の尊重，国際社会の平和と発展に寄与する態度の養成が教育の目標として記されている。これを読めば，道徳教育によって育成が目指される人間像の概要を理解することができる。さらに詳細な内容については，正直，親切，礼儀，規則の尊重，家族愛，国際親善，生命の尊さなどの道徳教育の価値項目一覧が，「A 主として自分自身に関すること」，「B 主として人との関わりに関すること」，「C 主として集団や社会との関わりに関すること」，「D 主として生命や自然，崇高なものとの関わりに関すること」の 4 つの視点で分類，整理され，学習指導要領第 3 章「特別の教科 道徳」に掲げられている。

徳性の涵養を重視するアメリカのキャラクター・エデュケーションにもとづく道徳教育が，尊重，責任，節制，忍耐，親和といった一連の諸徳のリストを提供する点は，日本の学習指導要領が道徳教育の価値項目一覧を掲げている点と似た理念をもつといえる。キャラクター・エデュケーションは，アメリカで 1980 年代終盤から隆盛になった道徳教育の伝統的立場であり，道徳的価値の獲得を通じた，道徳的に優れた人間の育成を目的とする。たとえ価値相対主義の社会であったとしても，獲得するべき価値観念を掲げることは，その社会に共通の道徳的基盤を認めることであり，このことは学校で道徳教育を推進するのに不可欠であるという前提が，キャラクター・エデュケーションの立場にはある（リコーナ [1997]）。そしてその立場は，わが国の道徳教育にも当てはまるということである。

教科化された道徳科では，教科書を使いながら，多様な価値観に向き合い，道徳的な課題を一人ひとりの児童生徒が自分自身の問題として捉え，考え，議論することが求められる。この目的遂行のためには，次に紹介する価値解明論やモラルディレンマ・ディスカッションが教育方法として示唆的である。価値解明論における教師の仕事は，発問やワークシートを通して自身の価値観を明瞭にする方法を各児童生徒に学ばせることである。教師は各児童生徒の価値観に影響を与えてはならない。ただし，この方法は，ある価値が他の価値よりもよいとか悪いといったことを提示しないことから，道徳的相対主義と批判されることがある。それは，価値に関して社会で共有される信念が，社会を団結させる接着剤になるという考え方をもつ立場からの批判である。また，生徒に対して健全な価値形成のための援助が必要であるという点を見落としているという点に批判が集まることもある。一方で，価値解明論において，重きをおいた価値にもとづく行為を求める点は，肯定的に評価されることもある。

価値解明論のように既存の価値観を教え込まない教授法の基礎となる理論に，アメリカの心理学者ローレンス・コールバーグによる道徳性の認知発達理論がある。この理論は道徳的思考や判断に焦点を当てるものであり，ここでは道徳的真理が競合していることが前提となる。彼の提唱したモラルディレンマ・ディスカッションは，道徳的ディレンマを教室での道徳的討論の推進に用いるものである。この実践は，その焦点が道徳的内容にあるのではなく，その思考技能にあるという点で批判されることがある。一方でそれは，児童生徒の各々が道徳思想家であることに注目している点で肯定的に評価されることもある。

道徳性の認知発達理論において，子どもの道徳のあり方は，前慣習的レベルの第1・第2段階，慣習的レベルの第3・第4段階，後慣習的レベルの第5・第6段階で構成され，順に，第1段階の他律的な道徳性，第2段階の個人主義的・道具的道徳性，第3段階の対人間の期待・関係性・同調性，第4段階の社会システムの道徳性，第5段階の社会契約や全体の公益の道徳性，さらに第6段階の普遍的な倫理的原則という段階をさす。この第6段階に想定されるような，各人にとっての普遍的真理が仮にあったとしても，人類共通の普遍的真理があるわけではないということに道徳科の授業に臨む教師は留意する必要がある。すなわち，道徳科の授業におけるモラルディレンマ・ディスカッションを通して各児童生徒がそれぞれの道徳的認知発達段階における最適解を導き出し

コラム

脳科学と道徳

社会心理学理論のひとつにモラルファンデーションというものがあり，これは根源的な倫理観の要素を意味する。これによれば，私たちの倫理的規範は５つの倫理基盤に帰属する。それらは，傷つけないこと，公平性，内集団への忠誠，権威への敬意，神聖さ・純粋さである。傷つけないこととは，思いやりや共感といった道徳的感情，公平性とは差別があってはいけないという価値観，内集団への忠誠とは自分の属する集団における義務を全うすることを大切に思う気持ち，権威への敬意とは自分の職務を全うする責任感や権限のある立場を尊重する態度，神聖さ・純粋さとは欲望の節制を優先される価値とするものである。以上のいずれを重要と考えるかには個人差があるが，その個人差の原因が脳の構造にあることが明らかになっている。義務などへの拘束を重視する人は梁下回と島皮質前部が大きく，個人の尊厳を守る倫理観の強い人は背内側前頭前野が大きく楔前部が小さい傾向がある。脳の MRI 画像を見ると，その人がどのような倫理的価値観を重視するか予測が可能となるのである（金井良太［2013］『脳に刻まれたモラルの起源——人はなぜ善を求めるのか』岩波書店）。

また，脳内でドーパミン神経，ノルアドレナリン神経，セロトニン神経が相互に影響し合うことによって，あらゆる情動が形成される。たとえば，腹側被蓋野にあるドーパミン神経は報酬を求めて活性化する。報酬とは，学校での良い成績や試合に勝つこと，有頂天の気分などである。青班核のノルアドレナリン神経は，外部からの不快なストレスが負荷されたときに興奮し，怒りの表情や声を発生させ，緊張や不安の心理状態を形成する。縫線核セロトニン神経は，呼吸や歩行のリズム運動を雑念を排して実行することによって活性化され，直感力や共感を増強させ，自律神経のバランスを整える（有田秀穂［2012］「貪瞋痴の脳生理学」〔井上ウィマラほか編『仏教心理学キーワード事典』春秋社〕）。このようにみていくと，道徳教育を実施したから道徳性が身についたとは簡単にはいえないことが分かる。もはや道徳教育は，宗教，倫理学，哲学，心理学を超えた学問的拡がりの中でさまざまな知を総合して考えるべき時期を迎えている。

たとしても，教室全体の共通のそれをつくりあげることはそもそも不可能であり，目指されてはいないということである。

この道徳性の認知発達理論においては，各人はすべて道徳的なものの考え方では同じ発達段階を経由するが，進む早さについてはそれぞれであるとされる。その早さを決定するものは，各児童生徒を取り巻く道徳的環境であり，この環境の重要な場面として，道徳的対話がある。この対話は，道徳的問題をめぐる相互交流を指し，とくに周りにいる道徳性発達のより高い段階の人々との交わりが重要となる。この前提に立つならば，道徳的ディレンマについて，教室という限られた場のみならず，家庭や地域社会においても子どもが大人とともに日常的に語り合うことが重要となる。とくに家族は子どもが出会う最初の道徳教育家として期待される。以上，第3節では，学校教育において道徳的価値項目一覧を掲げる理念と，児童生徒による各自の価値解明や議論による道徳的認知発達の促進の意義と課題を，アメリカの道徳教育の諸理論を通して考察した。

4　自律的道徳主体をこえて

本章ではここまで，歴史上のさまざまな道徳観やわが国の道徳教育の歴史，そしてアメリカの道徳理論からみた日本の道徳教育の理解について述べてきたが，本節では今後の道徳と道徳教育の展望を論じたい。現代日本は，たとえ物質的には恵まれていても，他者に対して非寛容な世の中であるとしばしば問題視されている。たとえば，人種，ジェンダー，貧富の差などのさまざまな差別問題の背後にあるものは，自分だけの正義や，自分の属する共同体や上司だけへの忠誠などである。そこで忘れ去られているのは，違いの奥にある，あるいは違いを超えた人間としての平等性であり，良心や仏性と呼ばれる個々人の尊厳ではないだろうか。

今後，複雑化，多様化のますます進む現代社会において目指されるべきより善い生き方の必要条件は，近代の自律的道徳主体をメタ認知（自分で自分の心の動きを監視・制御する）することであろう。それは，自らの道徳観だけを正しいとする見方とは真逆のものである。具体的には，特定の地域や共同体の道徳観のみに縛られるのではなく，他地域や他文化における道徳観を寛大に受け容れながら，それでいて，その人らしい感性を保って生きていくことである。私たちはグローバルな時代に生きているとはいえ，各共同体のなかで生きている限り，各地域に根付く習俗や規範をすべて無視して暮らしていくことは難しい。アリストテレスが主張するように，個人は「ポリス的動物」としてのみ理解可能であるし，哲学者の和辻哲郎も，人間を個人としてではなく，社会性や共同体性を担う存在として捉えている（和辻［2007］）。

もし仮に自己の属する共同体や属そうとする共同体が他からみて明らかに非寛容であったりする場合や，特定の共同体の道徳規範を守ることがそのまま別の共同体の道徳規範に背いてしまう場合は，何を羅針盤として生きればよいのだろうか。その場合，自己は自律的道徳主体として自身の良心に照らし合わせて，その時点での最良と考えられる判断を行い，それにもとづき行為をするほかない。それでもなお，その判断や行為が最良ではなかったと反省され，社会から芳しい評価を得ない場合もあるだろう。私たちは，何が正しい判断であるかを考え続けると同時に，正しいと考えられる判断や行為を素直に行うことのできる自己を形成する必要がある。なぜなら，知らず知らずのうちに，正義を装った利己心や欲望によって正しいと考えた判断が邪魔されることがしばしばあるからである。そのような利己心や欲望に惑わされないようにするための有効な方法として，たとえばマインドフルネス（mindfulness）の実践がある。近年では，瞑想から仏教的文脈を排したマインドフルネスが脳科学や心理学の分野などから注目されている。この効果として，たとえば，付和雷同ではなくなること，集中力の増大，ストレス低減効果，過度の怒りや攻撃行動を中長期的に制御することなどが知られている。

これからの時代に目指される生き方は，各人が所属する共同体の慣習を理解しながらも多面的・多角的に考え，他者と議論を交わして理解しあうことに加え，自身の判断や行為によって知らず知らずのうちに他者を傷つけていることがあるという事実を内省し，心の奥の怒りや不安や不信感を露わにせず，他者への思いやりや寛容性へとそれらを転換していく生き方といえる。加えて，何を行うか，すなわち doing だけに着目するのではなく，自身がどのように在るかといった being に着目し自己鍛錬していくことが求められる。東大寺に縁の深い大乗経典『華厳経』に登場する善財童子のように，出会う人が子どもであっても身分の低い者であっても見下すことなく，それぞれの人たちの話を聴いて学び続ける謙虚な姿勢に，現代に生きる私たちが思いをいたす意義は少なからずある。

以上に述べてきた自己のあり方を，道徳科の教科書のなかの読み物教材を通して考えてみたい。道徳科においては，教材における登場人物の道徳的変化という山をみつけ，発問をつくり，児童生徒の反応を予想することが授業をつくる上で大事といわれている（横山［2007］）。登場人物の道徳的変化を，文部科学省作の「言葉の向こうに」という教材を例にみていこう。この教材の主人公「私」は，サッカーチームのファンサイトで仲間たちと試合の感動を共有することを日々楽しみにしている女子生徒である。しかし，そのサイトにのめり込みすぎたためスマートフォンの使用時間の約束を守ることができず，さらには応援するチームの選手への悪口に対して必死に反論しそれがエスカレートしてしまう。彼女がもうサイトを見たくないと思ったとき「匿名だからこそ，あなたが書いた言葉の向こうの人々の顔を思い浮かべてみて」という投稿を読み，はっとする。そして画面から目を離し，部屋の窓を開けて思い切り外の空気を吸うという内容である（文部科学省［2012］）。この教材の山は，いうまでもなく，主人公が最後の投稿を読んではっとした場面にある。

この主人公のはっとする前と後とのあり方を比べてみたい。前者は他者からの悪口に対して真正面から争い，気に病み，狼狽，苦悩する自己である。はっとした後の自己は，他者の主張に対する怒りから解放された自由なあり方となり，その心境はスマートフォンの画面から屋外に目を転じることができたという視線の変化に比喩的に表わされている。ここで，はっとするという主人公のあり方とは，宗教哲学者の上田閑照が論じるところの「開かれた私」のあり方に近い。このあり方を日常の場面で象徴しているのが，おじぎである（上田［2000］）。おじぎとはいったん頭を深々と下げ，そこからもう一度頭を上げるという行為であり，この一連のしぐさを通して，人間として平等に他者とつながる地平に立つことができる。相手と自分とが同じ地平でつながっているという平等性を意識できないと，感情的な対立や自己卑下，あるいはその反対に自信過剰におちいって他者と対立してしまう。一方で，自己と他者とが根底において同じ地平でつながっていることを認識することにより，真に他者の尊厳を尊重することができる。このあり方は，対人間だけでなく対動物であっても植物であっても同様である。

「言葉の向こうに」のなかで主人公がたった一人のファンの投稿によって自己のあり方を変えたように，道徳科の教材の多くには，周りから学び，思い切って自己のあり方や生き方を変える登場人物の姿が多様に描かれる。そして読み手はそのような登場人物の素直な心に感銘を受ける。他方で，必死に自己実現を目指し生きていく上で落とし穴となるのが，私だけが正しいと思い込む自信過剰である。それは一歩間違えば他者を責め，不満を募らせ，結果的に自分をも正しい自分ではなくしてしまう。「私が」正しいという自己意識からいったん離れるプロセスを経ることで，他者の尊厳を認識し，他者と真に出会うことができる。これは，自律的道徳主体をメタ認知することの意義である。現代の日本の道徳教育が決して他者に対する非寛容性を生むものにならないよう，自己の正義はえてして他者に対する剣となってしまうことを肝に銘じ，近代的な自律的道徳主体をも超えた目をもつ自己のあり方を探究し続けるべきである。

おわりに

ヨーロッパのギリシア時代から近代西洋に至る道徳の捉え方，日本古来の道徳観や戦前・戦後を通して変化し続けてきた道徳教育の方法など，幅広い道徳の語られ方や道徳教育について過去から学ぶことには大きな意義がある。しかし，善い生き方とは何かという自身の生き方の根幹に関わる問いについてさえ，じっくり腰を据えて考える時間をとること自体，忙しい現代人にとっては難しい。そのような私たちにとって，日々の差し迫った倫理的課題に対する最善の判断の積み重ねへの努力こそが，より善い生き方を探究し続けるためにできることである。

各人に求められるのは，共同体の道徳と自律的道徳主体としての良心，いずれも尊重しながら，より善い生き方を具体的個別的に問い続けていくことであろう。成熟した現代社会においても非寛容性が各所で指摘されているという事実は，裏を返せば，それだけ多様な生き方や価値観を認める世の中になることへの期待が増していることの表れでもある。このような寛容性を求める時代であるからこそ，自らの生き方を常に内省しながら，他者から素直に学び続ける姿勢の意義を見直さなければならない。（岩瀬真寿美）

【さらに探究を深めるための読書案内】

アラスデア・マッキンタイア［1993］『美徳なき時代』篠﨑榮訳，みすず書房。

習俗・規範として道徳を捉える仕方と自律的人格として道徳を捉える仕方を，歴史的な比較という視点から考えるのに適した書である。

トーマス・リコーナ［1997］『リコーナ博士のこころの教育論——〈尊重〉と〈責任〉を育む学校環境の創造』三浦正訳，慶應義塾大学出版会。

アメリカにおける道徳衰退の実情と，道徳的なクラスルームづくりのための具体的な教師のあり方や方法を知ることのできる書である。

上田閑照［2000］『私とは何か』岩波書店。

社会や国家といった「世界」を超え包む「開け」という二重性を通して，人間のあり方の歪みの乗りこえ方を探究することができる書である。

Taking Sides

道徳は教えられるか

そもそも道徳は人から人へと教えることができるものなのであろうか。この問題は，そもそも学校教育において，あるいは家庭や地域において道徳教育を実施する必要があると考えることそのものの根拠を揺るがす重要な問いである。

教育学者の村井実は，道徳教育を受けた人間の方がより多く道徳的であるという考え方に懐疑的である（村井実［1967］『道徳は教えられるか』国土社）。とはいえ，村井は「道」と「徳」とをまず分け，道徳をいかにして教えることができるかを説明する。道徳の「道」を道徳の知的な側面，「徳」を習慣的に体得した品性と捉え，まず「道」の教育には，原理・原則，行為の条件や方法，行為の選択の知識などがあるとする。このうち，原理・原則を教えることに偏ってしまえば，戦前の修身のような徳育となる。一方で，行為の条件や方法だけの教育では，原理・原則がないため不安定さにおびやかされる。次に「徳」の教育とは，情操や道徳的意志の訓練であるという。そして，道徳教育の必要条件は「道」の教育であるという。このように，知的に道徳を教え，それを習慣化させるという道徳教育観は，「道徳は教えられる」という立場の根拠となるだろう。

道徳は教えられないとする立場のひとつに，進化人間行動学からみた考え方がある（中井孝章［2019］『進化論的アップデート——道徳は教えられるか』日本教育研究センター）。この立場においては，道徳的直感にもとづいて道徳的判断を下すことはできても，道徳的判断の根拠や理由について説明することは道徳的判断とは関係のないまったく異なる営みであるとされ，それを根拠として「道徳は教えられない」とする。たとえばお年寄りに席を譲るとき，人間は何らかの理由を考える以前に実行に移しているのだという。つまり，道徳的直感にもとづいて道徳的判断を瞬時に行っているのであり，これは，進化心理学的には，人間が生存と繁殖という究極の目的との関係で進化させた対人関係モジュール（部分）であるという。

道徳的直感とは，生まれてこのかた身についた能力であり，複雑で難しい状況は別にして，ある状況においては自然に稼働するものであるという。人には道徳モジュールがあり，道徳モジュールの計算結果は瞬時に出力される。そして，この道徳モジュールと，道徳的判断を下した根拠を説明するモジュールとが相互に接続されていないため，道徳的判断の根拠は事後的にでっち上げた説明になってしまうのだという。以上のように，モジュール理論から中井は「道徳は教えられない」理由を説明するが，孟子の道徳観，すなわち理性で考える前に道徳的に行為せざるをえないのが人間であるという捉え方や，西田幾多郎の純粋経験の立場もまた，道徳的判断の根拠を考えてから行為するという道徳観ではないという点で「道徳は教えられない」立場の根拠となる可能性をもつ。

ただし，以上述べてきた立場のどちらでも，道徳教育における感化の要素が考慮されていないことに気づかれるだろう。感化とは考え方や行動に影響を与えて，自然にそれを変えさせることである。あくまで言葉や理論で道徳を教えようとすれば，さきの議論は成り立つかもしれないが，感覚的には，私たちは他者から感化されたという経験をもっているのではないだろうか。それは，言葉や理論，理屈を超えた次元で，他者の生き方を目の当たりにしたり，他者と同じ空間の中で，その生き方に感銘を受け，自分の生き方までもが変わってしまうという経験である。

古来，親の背を見て子は育つという諺があるように，道徳教育は言葉や理論，理屈とは異なる次元で成り立つという立場も考えられる。たとえば，江戸時代後期の僧侶である良寛和尚が家に泊まっただけで，その家の人たちが和睦し和気が家に満ち，良寛が帰った後もそれが変わらなかったというエピソードのように，道徳教育はこの「化する」ことに他ならないという考え方もありうるのではないだろうか。この立場において，道徳教育とは，道徳的原理や原則を言葉を通して教えたり，道徳的判断をもとに議論することを通して道徳の認知能力を高める教育ではなく，そこに在るというだけで周りを「化する」他者によりなされるものであり，その意味において「道徳は教えられる」ことになる。あるいは「道徳は教えられない」けれども感化することは可能である，という答えもありうるだろう。

第 5 章

教育成果のユニバーサル・デザイン

はじめに

2008 年学習指導要領誕生時，日本教育界の関心事は PISA（Programme for International Student Assessment，OECD 学習到達度調査）ショックから立ちなおることにあった。国際教育成果調査では OECD 加盟国およびアジア諸国のトップクラスを走り抜けてきた日本が，2006 年 PISA では読解力 15 位，数学的リテラシー 10 位，科学的リテラシー 6 位（57 カ国・地域中）という驚きの結果となった。読解力，記述式問題，知識・技能を活用する問題に課題ありとみなされ，2008 年学習指導要領改訂に向けては，思考力・判断力・表現力を育むことが目標となり，英語の習得語彙数増加，数学・国語の学習時間増加，古典学習の充実など，脱ゆとりのカリキュラム構築が試みられた。

その際，反省事項として，1996 年の第 15 期中央教育審議会第 1 次答申において提案された「生きる力」という概念への共通認識が十分に醸成されていなかったことが指摘された。これを受け，文部科学省は，学校・保護者との間に「生きる力」の共通認識を芽生えさせようと，関係各所に『生きる力』と題するパンフレットを配布した。そこには，次のように書かれている。「知識基盤社会においては「課題を見出し解決する力，知識・技能の更新のために生涯にわたる学習，他者や社会，自然や環境と共に生きること」など変化に対応するための能力が求められる」。「このような時代を担う子供たちに必要なのが生きる力」であり，「生きる力」とは，「OECD が定義した主要能力（コンピテンシー）を先取りした考え方」であると。

日本においてPISAは大きなインパクトを与えたが，他国はどうだろうか。PISA以降の世界の教育はどのような動きをみせているのか。そもそも，PISAは国際比較可能な教育成果調査なのだろうか。OECDが定義した主要能力（コンピテンシー）は，国や文化，各国教育政策を超えて共有可能なユニバーサル・デザインなのだろうか。この章では，教育成果理論と教育評価の国際的動向，および学習到達度調査国際比較の意義について学ぼう。

1　DeSeCoのコンピテンシー概念

1）PISAの誕生とねらい

PISA立案は，学力低下問題を抱えるアメリカがOECDに提示した要求から始まった。教育投資と教育成果の関係性を明らかにして，自国の教育システム・政策の有効性を検証したい，検証のためには教育成果に関する国際比較データが必要であるとの要求である。

国際的な教育成果調査といえば，IEA（国際教育到達度評価学会）によるTIMSS（Trends in International Mathematical and Science Study，国際数学・理科教育動向調査）が1995年から実施されていた。この調査は，算数・数学，理科の到達度を測ることを目的としており，オーソドックスな理科や算数・数学のテスト形式をとっている。OECDは，教育成果の一側面のみを測定しているTIMSSは完璧な学習到達度調査とはいえないとし，教科に限定されない，教育成果全体を把握できるような独自の指標開発を目指した。

1997年に新しい教育成果調査の名称がPISAと定められると，1997年から2003年にかけてDeSeCo（Definition and Selection of Competencies : Theoretical and Conceptual Foundation）計画が実施された。DeSeCoでは，PISAがどのような能力を測定するのか，測定指標をどのように定めるのかについて議論を行い，教科横断型能力やモチベーションなどの側面を含めた新しい教育成果概念を生み出した。この議論は，その後の教育成果議論の根底となる重要な位置づけにある。

2）新しい教育成果概念

新しい教育成果概念を一言で言い表すと「コンピテンス」である。コンピテンスとはもともと発達心理学の用語で，「有能感」と訳される。個人が経験・学習を通して獲得した能力をさすが，特定の状況下において発揮される能力，および自分の有能さを発揮しようとする動機づけという2つの側面からなる。

DeSeCoでは，経済学，心理学，哲学，社会学，人類学の専門家をまじえてコンピテンス概念を整理し，次の4つの特徴の下で再定義した。①心理的な動きではなく，個体差の説明が可能であるような行為（パフォーマンス）として外に現れたもの。②状況から独立させて捉えられたものではなく，学校や職場などその時々の状況のなかで構成されたもの。③課題達成のために自分のもつ能力のうちから有効な要素を選択できる能力，および自分の能力で課題達成が可能かどうかを判断するメタ・コンピテンシーを含む。④自信や自己効力感などのモチベーションを含む（倉田［2017］）。

すなわち，ここで定義されたコンピテンスとは，特定の状況のなかで行動・行為として現れるもので，あることを自分の力で達成できるか否かを判断する力や，自信などの心理的成熟を含むものである。しかし，コンピテンスは抽象的な概念であり，具体的な行動特性は示されていない。具体的行動特性を示したものはコンピテンスの下位概念となるコンピテンシーである。DeSeCoは上に述べた4つのコンピテンス特性にもとづいて，具体的なコンピテンシー，いわゆるキー・コンピテンシーを以下の3カテゴリーにまとめた（倉田［2017］）。

①相互作用的道具活用力（言語，シンボル，テキストを相互作用的に活用する能力／知識や情報を相互作用的に活用する能力／技術を相互作用的に活用する能力）

②自律的活動力（大きな展望のなかで活動する／人生計画や個人的プロジェクトを設計し実行する／自らの権利，利害，限界やニーズを表明する）

③異質な集団での交流力（他人とよい関係を作る／協力し，チームで働く／

争いを処理し，解決する）

2　PISA の測定手法と日本の調査結果

1）PISA 型リテラシー

しかし，上記のキー・コンピテンシーのうち，②「自律的活動力」と③「異質な集団での交流力」を到達度調査として紙面で実施し，国際的比較を通してレベル判別することは困難である。そこで，紙面調査で実施可能な①「相互作用的道具活用力」を PISA で扱うコンピテンシーとし，読解力，数学的リテラシー，科学的リテラシーの 3 領域の調査を実施することになった。「相互作用的道具活用力」は PISA 型リテラシーと呼ばれる。

PISA では，学校のカリキュラムをどの程度習得しているかではなく，知識や経験をもとに，自らの将来の生活に関する課題を積極的に考え，知識や技能を活用することができるかを評価する。教科で扱われる知識の習得を超えた部分まで評価しようとするものであり，各国の教育課程に依拠しない問題が出題される。「将来の生活に関する課題を積極的に考える」能力という点では，たしかに文部科学省の「生きる力」に近いが，生きる力が想定しているよりも具体的な能力を，実生活のさまざまな場面で直面する課題にどの程度活用できるかを評価する側面が強い。それでは，過去に出題された問題を参照しながら PISA 型リテラシーを理解しよう。ここでは，2012 年調査「数学的リテラシー」の問題例をみてみる（表 5-1）。なお，PISA は，15 歳児を対象として，2000 年から 3 年おきに実施されている。調査参加国は，2000 年には 32 カ国（OECD 加盟 28 カ国，非加盟国 4 カ国）であったが，2018 年には 79 カ国・地域（OECD 加盟 37 カ国，非加盟国 42 カ国・地域）となった。2018 年調査対象者は約 60 万人である。

医療という具体的な場面で乗除法を活用することを求める問題であり，「点滴の滴下速度に関する問 1」では，計算によって導かれる情報を記述すること

表 **5-1**　PISA2012 年問題例

<table>
<tr><td>点滴の滴下速度
点滴は，水分や薬剤を患者に投与するのに用いられます。看護師は点滴速度 D，つまり点滴を 1 分間に何滴落とすかを計算しなければなりません。
その場合，D＝dv/60n という計算式を用います。
d は 1 ミリリットル（mL）あたり何滴かを示すドロップ・ファクター
v は点滴する量
n は点滴に必要な時間（時）</td></tr>
<tr><td>点滴の滴下速度に関する問 1</td></tr>
<tr><td>看護師は，点滴時間を 2 倍にしたいと考えています。
d と v の値は変えないで n の値を 2 倍にすると，D はどのように変わるか正確に書いてください。</td></tr>
<tr><td>点滴の滴下速度に関する問 2</td></tr>
<tr><td>看護師は，点滴速度 D から点滴量 v を計算することも必要です。
滴下速度が 1 分あたり 50 滴の点滴を，3 時間患者に投与する必要があります。ドロップ・ファクターは 1 mL あたり 25 滴です。
点滴量は何 mL になるでしょうか。</td></tr>
</table>

出典）国立教育政策研究所［2013］。

を求める。点滴の滴下速度を求める計算式は，通常学校カリキュラムにおける既習事項ではない初見の公式である。この問題では，既習の基本事項を新しい状況に適応させ，数字から情報を読み取らなければならない。実生活のさまざまな場面で直面する課題に自身の能力をどの程度活用できるかを評価しようとする調査であることがわかるだろう。そして，この例題を見て気づく読者もいるのではないだろうか。高等学校理科（主に化学）の試験（模試や入試）で，初見の状況が提示され，既習事項を応用させる問題に出会ったことがあると。高等学校理科の目標のひとつとして，学習指導要領では「見方・考え方を働かせ」ることが挙げられているが，まさにそれが PISA 型リテラシーと交差する点である。2008 年学習指導要領以降，PISA 型リテラシーは日本の教育目標のなかにもしっかりと根付いているのである。

2）日本の課題

2018 年までに 7 回実施された PISA において，日本はとくに「読解力」で順位変動が著しいが，各年の調査を通して OECD 平均を上回る成果を出し，教育成果はおおむね良好との判断が出されている。しかし，日本より上位の国は固定しており，上位国との比較にもとづいて課題が明らかにされている。まず，思考力・判断力・表現力などを問う読解や記述式問題，知識・技能の活用に課題がみられた。次に，読解力で成績分布が拡大しており，その要因が家庭での学習時間などの学習意欲，学習習慣，生活習慣にあると指摘された（文部科学省［2009］)。とりわけ，2018年読解力調査結果からは，次のことが明らかになった。ここで読解力とは，「自らの目標を達成し，自らの知識と可能性を発達させ，社会に参加するために，テキストを理解し，利用し，評価し，熟考し，これに取り組むこと」と定義されている。しかし，情報源を推測して情報を探しだすこと，情報の質と信ぴょう性を評価し自分ならどう対処するか考えること，根拠を示して説明すること，実験結果を分析して解釈・考察し説明したりすること，すなわち，キー・コンピテンシーとして挙げられている「知識や情報を相互作用的に活用する能力」の調査において，日本の生徒の正答率はOECD平均より低くなっているのである（国立教育政策研究所［2019b］)。

3　PISA以降の諸外国の教育動向

1）PISAに翻弄されているとみるか否か

日本は，PISAの結果を受けた2008年学習指導要領を機に，コンピテンシーを構成する要素である思考力・判断力・表現力および学習意欲を調和的に育むことをねらいとして掲げた。観察・実験，レポートの作成，論述など知識・技能の活用を図る学習活動を充実させるとともに，これらの学習活動の基盤となる言語活動にも重点をおいた。

こうした状況に際して，日本はPISAに翻弄されすぎている，と批判できるだろうか。たしかに，順位に翻弄されることへの批判は正当である。しかし，PISAの背景にある教育成果理論はどうであろうか。

AIの急速な進化が人間の存在意義を揺るがすかもしれない，加速的な社会変化にともない学校知の有用性が著しく低下するかもしれないなど，不確定な未来予想が発せられる時代，また，自然環境や資源の有限性に直面しつつ持続可能な社会づくりを実現していくことが地球規模の課題とされる時代，すなわちVUCA（Volatility, Uncertainty, Complexity, Ambiguity）といわれる現代にあって，コンピテンシーの育成は喫緊の世界的課題ではないだろうか。2017年学習指導要領に向けた中央教育審議会の議論では，VUCAな時代の子どもたちに求められるのは，「解き方があらかじめ定まった問題を効率的に解いたり，定められた手続きを効率的にこなしたりすること」のみではなく，「直面する様々な変化を柔軟に受け止め，感性を豊かに働かせながら，どのような未来を創っていくのか，どのように社会や人生をよりよいものにしていくのかを考え，主体的に学び続けて自ら能力を引き出し，自分なりに試行錯誤したり，多様な他者と共同したりして，新たな価値を生み出していくこと」であると指摘された(中央教育審議会［2016］)。VUCAな時代に備えて日本の学校教育が育成する資質能力は，まさにDeSeCoのキー・コンピテンシーに合致しているといえよう。

日本のみならず教育先進諸国は，VUCAな社会を見据えてコンピテンシーを中心に教育成果を捉えなおし，学校教育を通して育むべき資質・能力目標を再検討し，それに見合ったカリキュラムへと転換しつつある。表5-2では，諸外国の教育改革において設定されている資質・能力目標を比較対照させた。具体的スキルと各スキルへのアプローチは，各国の状況に応じて異なっているものの，コンピテンシーを中心とした教育課程改革の潮流が分かるであろう。たとえば，ドイツには日本の学習指導要領に相当する国家カリキュラムが存在しなかったが，PISAショックを契機として連邦レベルで教育スタンダードを導入し，目標に沿った評価・質保証の枠組みを構築しつつある。

知識そのものからコンピテンシーへと目標が転換するにともない，教育課程は大きく変容する。教育方法は，“teaching”から“learning”，すなわち講義法からアクティブ・ラーニングへ，教育評価は，テスト評価からパフォーマンス評価など多様な評価方法へと。日本および世界の教育課程は，そのマネジメント手法を模索する段階にある。

表 5-2　諸外国の資質・能力目標

国・団体	資質・能力	具体的スキル等
DeSeCo	キー・コンピテンシー	①相互作用的道具活用力，②自律的活動力，③異質な集団での交流力
ドイツ	コンピテンシー	①事象コンピテンシー，②方法コンピテンシー，③自己コンピテンシー，④社会コンピテンシー
フィンランド	コンピテンシー	①思考と学びにつながる学習，②文化的能力・相互作用・自己表現，③自己管理・日常生活の管理，④マルチリテラシー，⑤ ICT コンピテンシー，⑥働くための能力と起業家精神，⑦社会参加・関与・持続可能な未来の構築思考力・学ぶことを学ぶ
アメリカ	21 世紀型スキル	①学習とイノベーションスキル，②情報・メディア・テクノロジースキル，③生活とキャリアスキル
オーストラリア	汎用的能力	①リテラシー，②ニューメラシー，③ICT 技能，④批判的・創造的思考力，⑤倫理的理解，⑥異文化間理解，⑦個人的・社会的能力
シンガポール	21 世紀型コンピテンシー	①市民リテラシー・国際感覚・異文化スキル，②批判的・革新的思考力，③コミュニケーション・協力・情報スキル
日本	「何ができるようになるか」	①学びに向かう人間性等，②知識・技能，③思考力・判断力・表現力等

出典）高口［2015］より作成。

2）コンピテンシー先進国の教育課程

表 5-2 に掲げた国のうち，フィンランドとシンガポールはコンピテンシー育成に早くから取り組んだ国である。2006 年 PISA においては，フィンランドが科学的リテラシー 1 位，数学的リテラシーと読解力で 2 位になり，2015 年 PISA においては，シンガポールが科学的リテラシー，数学的リテラシー，読解力のすべてで 1 位となった。コンピテンシーを中心に据えた教育課程の成果が表れているということができる。そこで，フィンランドとシンガポールの教育改革と教育課程をのぞいてみよう。

①フィンランド

コンピテンシー育成を基本とした教育目標・教育課程へと転換したのは，

1994 年の全国教育課程基準施行からである。2001 年には基礎教育段階における国家目標がコンピテンシーとして提示された。その内容は「人として・社会の一員としての成長」,「生きるために必要な知識とスキル」,「教育の平等の推進と生涯学習の基礎づくり」,である。2004 年全国教育課程基準では,言語活動の重視,芸術系教科の重視,さらに教科横断的テーマ学習の導入が定められた（高口［2015］）。教科横断的テーマ学習は,日本の総合的な学習（探求）の時間にあたり,教科の枠を超えたテーマに関して主体的学びを行う。2006 年 PISA では,フィンランドは科学的リテラシーの 3 領域,「科学的な疑問を認識すること」,「科学的証拠を用いること」,「現象を科学的に説明すること」のすべてにおいて平均点が高かったが,とりわけ「現象を科学的に説明すること」では,上位 5％に位置する生徒の得点が最も高くなった（三菱総合研究所人間・生活研究本部［2015］）。スキルや言語活動を重視する教育が結実していると考えられる。

しかし,フィンランドの特徴として最も注目すべきことは順位や得点ではない。いずれの領域においても,習熟度レベルが低い生徒の割合が低く,習熟度レベルが高い生徒の割合が高いことにある。また,生徒の経済・社会・文化的背景が学業到達度にあまり影響していないことも他国との明らかな違いである（三菱総合研究所人間・生活研究本部［2015］）。その要因は,フィンランドの教育政策の主要な柱である公平性の担保にあると考えられる。公平性とは,ジェンダー,出自,民族や宗教の違いを原因とするいかなる不利も生じないような状態をさす。学業到達度の公平性に資する施策のひとつに,1996 年に開発された「フィンランド学び学習力尺度」（ヤック-シーヴォネン／ニエミ［2008］）がある。フィンランドでは,この尺度を用いてジェンダー,学校の言語,両親の学歴,地域間格差,学校間格差による教育成果の格差を調査し,格差を解消すべく教育政策に活用している（ヤック-シーヴォネン／ニエミ［2008］）。表 5-3 から分かる通り,「学び学習力」はコンピテンスからなるものである。コンピテンスの格差を解消する取り組みが PISA の成果に表れているといえる。

②シンガポール

自治政府確立が 1959 年,シンガポールは新しい都市国家である。華人,マレー系,インド系など多様な民族構成からなるがゆえに,国家アイデンティテ

表 5-3　フィンランドの学び学習力

学び学習力		
思慮深いチャレンジ精神に支えられつつ，学習活動において認知面や感情面をコントロールすることにより，未知の課題に喜んで取り組む力		
環境関連信念	**自己関連信念**	**学習コンピテンス**
・社会への見方 ・学習支援者への見方	・学習動機 ・行動コントロール信念 ・学力に関する自己評価 ・出された課題の受け止め方 ・自己評価 ・将来への指向	・学習領域 ・推論領域 ・学習のマネジメント ・感情面の自己統制

出典）ヤック－シーヴォネン／ニエミ［2008］。

ィ確立に向けた教育施策を重視してきた。中央が決定した施策が迅速に反映される管理システムは，統一カリキュラムから教員養成にまで及ぶ。教育省，学校，研究機関の連携が取れており，理念を実践に結びつけるシステムが構築されていることは，2009 年から参加した PISA での好成績の一因と考えられる。

1997 年からは「思考する学校・学ぶ国家」を，2004 年には「少なく教え，多くを学ぶ」を改革目標として掲げて，知識そのものの学習から資質・能力の習得へとシフトさせる教育改革を経てきた（高口［2015］）。2010 年に提示された「21 世紀型のコンピテンシーと生徒のアウトカムに関するフレームワーク」は，コンピテンシー育成の具現化モデルとして示唆に富んでいる（図 5-1 参照)。シンガポールが目指す人材像は，「自信のある個人」，「自己学習者」，「活動的な貢献者」，「良識ある市民」の 4 つのキーワードで表されている。そのような人材像に必要とされる 21 世紀型コンピテンシーとは，「市民リテラシー・国際感覚・異文化スキル」，「批判的・革新的思考」，「コミュニケーション・協力・情報スキル」である。このコンピテンシーは，単なるスキルではなく，「尊敬，責任，誠実，支援と共感，強靭さと調和」という個人の資質（コア・バリュー)，「セルフマネジメント，社会への関心，関係性の管理，責任ある意思決定，自己認識」という社会的・情緒的コンピテンシーを含む概念である。

21 世紀型コンピテンシー育成に向けた特色あるプログラムは「アカデミック・カリキュラム（教科学習)」，「正課並行活動」，「バリュー・イン・アクシ

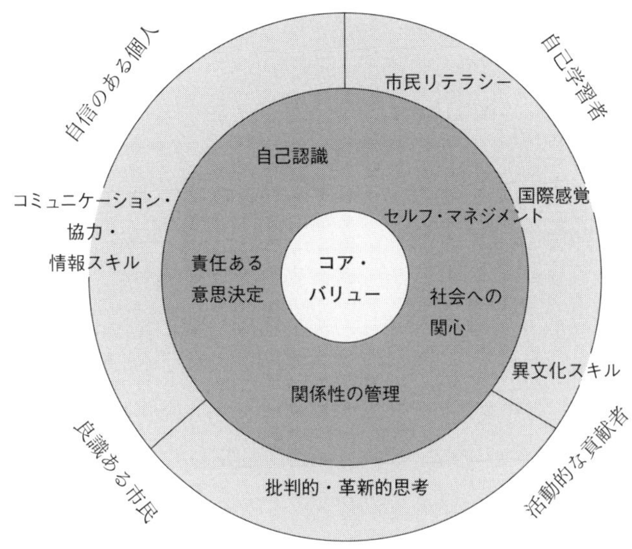

図 5-1　シンガポールの 21 世紀型コンピテンシー

出典）三菱総合研究所［2015］。

ョン」,「アプライド・ラーニング・プログラム」であり，プログラムが教科および教科外の活動を包括する学校教育全体に及んでいることがわかる。「アカデミック・カリキュラム」では，たとえば理科ではデータの理解，実験，推論活動が，社会では異なるものの見方を得るために事実を吟味する活動が積極的に取り入れられる。「正課並行活動」は，音楽や芸術，スポーツ，クラブ活動などを通じて生徒の関心や才能を育てる活動で，社会的・情緒的コンピテンシーやリーダーシップ，チームワーク，課題解決力などの育成に資すると考えられている。「バリュー・イン・アクション」はボランティアなどのサービス・ラーニングである。「アプライド・ラーニング・プログラム」は教科横断的学習である。ビジネス・起業，デザイン，エンジニアリング，環境科学，健康サービス，ジャーナリズムなどのプロジェクト学習を通じて，思考力，創造力，環境への適応力を高めるのみならず，学習意義理解，学習動機づけの向上を促すとされる（三菱総合研究所人間・生活研究本部［2015］）。

2015年PISAにおいては，主要3領域の他に「協同問題解決能力」調査が実施された。「共通理解の構築・維持」，「問題解決に対する適切な行動」，「チーム組織の構築・維持」に関する調査であるが，ここにおいても，シンガポールが獲得した平均点は最も高く，「正課並行活動」や「アプライド・ラーニング・プログラム」などの成果が表れていると考えられる。

また，PISA質問紙調査の「数学における興味・関心や楽しみ」，「数学における道具的動機付け」，「数学における自己効力感」などにおいて高い数値が出ている点もシンガポールの特色である。経済成長を意識して小学校上級学年の数学と理科は教科専門教員が担当するなど，理数教育に重点化してきたこと，そのため児童生徒，保護者の間でも数学や理科への関心が高いなどの要因によるものであろう（三菱総合研究所人間・生活研究本部［2015］）。

4　評価指標から学習方向性へ

1)「実現したい未来」に向かうラーニング・コンパス

PISAが初めて実施されて以降，社会の変化が進行するなかで，キー・コンピテンシーのみなおしが必要と考えられるようになった。そこで，2015年にスタートしたのがOECDのEducation 2030プロジェクトである。このプロジェクトでは，まず，DeSeCo計画の問題点が明らかにされた。その問題点とは第一に，研究者による学際的議論を経たものの，学校関係者の関与が欠如していたため，学校教育現場において活用する「学習方向性」という観点が欠如した指標となった点である。第二に，議論参加者が欧米の研究者に偏っており，各国の実情を反映することのない指標となってしまった点である。

これらの問題点をうけ，コンピテンシーをめぐる議論は，主に3つの点で方向転換がなされた。第一に，中国などOECD非加盟国・地域に対してプロジェクトの門戸を開き，研究者だけではなく，教師・学校ネットワーク，学生・生徒グループとの意見交換をも行うなど多様な参加者との議論を踏まえて方向性を定めたことである（白井［2020］）。

第二に，「社会のために」教育がどうあるべきかという視点が捨て去られたことである。どのような社会をつくりあげるのか，人が「実現したい未来」を議論するという視点で計画が進められたのである。そして，実現したい未来について異なった見解があるとしても，ウェルビーイング（究極的に人々が心身ともに幸せな状態）は共有されるゴールであるとの共通認識に至った（白井[2020]）。さて，個人および集団のウェルビーイングに責任を負う主体を育むためにはどのような教育が必要となるのか，その学習方向性を示すものとして，「ラーニング・コンパス 2030」という学習枠組みが提唱された。ラーニング・コンパス（学びの羅針盤）という表現が選ばれたのは，児童生徒が指導を受けたり，教師からの指示を待つだけではなく，未知の状況においても自分たちの進むべき方向をみつけ，自分たちを「舵取り」していくための学習が必要だと考えられたからである。

第三に，知識の重要性を強調した点である。コンピテンシーが主要概念となって以来，知識は，スキルと対照的に捉えられ，軽んじられる傾向にあった。知識については AI に依存すればいいではないか，くらいの誤解も生じている。ラーニング・コンパスでは，DeSeCo が定義したキー・コンピテンシーを「新たな価値を創造する力」，「対立やディレンマに対処する力」，「責任ある行動をとる力」として再構築し，これら 3 つのコンピテンシーを「変革を起こす力のあるコンピテンシー」と総称することにした。「変革を起こす力のあるコンピテンシー」は，「知識，スキル，態度および価値観」が絡み合って生じるものと考えられており，「知識」概念も改めて整理しなおされた（白井［2020]）。

知識とは「教科の知識」や「教科横断的な知識」のみならず，「エピステミック（認識論的）な知識」と「手続き的知識」を含む概念として捉えられた。「エピステミックな知識」とは，「各教科」の学問原理をどう捉えるのかという視点や，学科に横たわる学術的な考え方・手続きに関する知識である。このような知識は，生徒が学習した知識を実際の課題と結びつけて考える上で有用となる。「手続き的知識」とは，実生活上の課題を特定したり，解決したりするための「各教科に共通する」思考パターンである。知識は，スキル・態度および価値観育成のベースであり，かつ知識もスキル，態度および価値観にともなって成長するものであると考えるのが最新の見方である。

2）エージェンシー――責任ある主体

ラーニング・コンパスの中核概念はエージェンシーである。エージェンシーは，心理学では「行為主体」を意味する。ラーニング・コンパスにおいては「変革を起こすために目標を設定し，ふり返りながら責任ある行動をとる能力」として定義づけられている（白井［2020］）。

エージェンシーは「私たちが実現したい未来」を実際に実現するために必要な能力である。教師から指示されたことをこなす受け身の存在には「実現したい」未来は存在しない。エージェンシーをもった主体は，「実現したい」未来を自分で考えて目標を設定し，自分がやるべきことを知り，変化を実現するために行動に移す。エージェンシーは，世界に影響を与える能力である。自分が設定した目標は世界に影響を及ぼすのであるから，設定する目標は，実現したい自分の欲求ではない。そういう意味において「社会に責任を負う」ことを自覚しなければならない。エージェンシーには「責任」がともなう。

生徒のエージェンシーは，親，仲間，教師，コミュニティなど周囲との関係性のなかで育まれる。生徒が，親，仲間，教師，コミュニティと相互に教えたり学んだりする過程を経て，周囲と目標を共有して意思決定を行い，協働する関係となると，生徒のエージェンシーは共同エージェンシーへと成長する。

エージェンシーを育成するためには，教師と生徒の関係性，授業のあり方も変わっていくであろう。授業においては，教師が生徒とともに考えつくりあげるというプロセスが重要となってくる。生徒は，何のために学ぶのかという目的意識と自分の学びを自分で決めるという当事者意識をもつことになるであろう。

DeSeCo および PISA に始まる評価指標としてのコンピテンシーは，学習方向性としてのコンピテンシーへと，概念自体が成長を遂げた。学習方向性としてのコンピテンシー論の中では，知識そのものの位置づけや教育課程のイメージ，生徒の学びの姿が明確にされている。人は社会の客体ではなくして，人こそが社会をつくりだす主体である。その思いの上にコンピテンシーがある。

おわりに

人間が主体となり社会のウェルビーイングを導くためのコンピテンシーは，世界が共有する教育目標である。いや待て……「人間が真に幸せな社会とそのための教育」は，べつに新奇な考えではないのではないか。ルソーは善意にあふれた社会を築く人間の育成について考え（第 1 章），ペスタロッチは人間に内在する素質を開花させ，社会で活用するための教育方法について考えた（第 2 章）。また，デューイは個性と社会的資質を同時に身につける教育方法を考えていた（第 11 章）。コンピテンシーは，教育の基本原理から何ら逸脱してはいないと，考えられまいか。最新の教育成果理論は，教育学のグレート・ワークのなかですでに説かれていることである。

さて，ここまで理解したら，その教育目標が実現可能なのか，コンピテンシーそのものに問題はないのかについてさまざまな角度から検証してほしい。自由な検証のために，2 つの疑問を提起しよう。

教育の原理と社会・経済の原理は異なっており，教育は結局のところ社会に翻弄されるのではないか，それが最初の疑問である。社会・経済は人間の意志とは無関係に自立的に進化している。その証拠に，狩猟社会から農耕社会，そして工業社会，情報化社会へと，社会は内在するエネルギーを糧に自発性をもって次の段階へと進行している。人の意志をして，情報化社会の次に農耕社会を再来させることは不可能であろう。さて，情報化社会が次に生み出すのは，超スマート社会（Society 5.0）であるという（本章コラム）。そして，結局は超スマート社会に向かって人間には何が必要なのかという社会ありきの議論が生じつつある。教育の原理と経済・社会の原理との対話が課題となってくるのではないか。

2 つ目は，コンピテンシーは真に教育成果のユニバーサル・デザインとなりうるのか，という疑問である。各国は，コンピテンシー概念を共有し，どうやら同じ方向に進む必要性を感じているようである。着実に改革を進めている国もある。しかし，それは，欧米とアジア数カ国の教育先進国に限られた話であ

コラム

Society 5.0

「私たちが実現したい未来」において人間が共有するゴールである「ウェルビーイング」は，個人レベルのウェルビーイングと社会レベルのウェルビーイングが交差するなかで持続的に成り立つ。個人のウェルビーイングは，OECD の指標によると「仕事，所得，住居，ワークライフバランス，生活の安全，主観的幸福，健康状態，市民参加，環境の質，教育，コミュニティ」の 11 項目を含んでいる。なお，国連の SDGs17 指標も，OECD11 指標に対応させることができる。

さて「私たちが実現したい未来」は人間が責任をもって描き，実現していくものであるが，本文においても述べたように，人間社会はそれ自体が生命力をもっているかの如く自立した発展を遂げているようにもみえる。この感覚は，Society 5.0 という概念が提唱されて以来強くなっている。Society 5.0 とは，科学技術基本計画第 5 期計画（2016〜20 年）のキャッチフレーズとして登場した，日本が提唱する未来社会のコンセプトである。

日本では，少子高齢化によって労働力が減少していく。人的リソースが限界に達すれば日本の経済発展は頭打ちとなる。日本は人口減少によって世界の経済発展から取り残されるかもしれない。なんとかして世界における日本経済の位置づけを守り続けなければならない。さて，人材不足を補うものとして期待されているのが AI やロボットである。IoT によりサイバー空間（仮想空間）とフィジカル空間（現実空間）を連携させ，すべての物や情報，人をひとつにつなぐ Society 5.0「超スマート社会」。Society 4.0 において人が担ってきた部分も AI やロボットが代替するので，人材不足を解消できるとともに，量・質ともに無駄を省き，作業の最適化・効率化を図ることができる。人は，より高度な付加価値的業務を担うことができる。

しかし，この構想は，ウェルビーイングという点では新たな問題を生じさせないだろうか。人間存在への問いかけ，危機管理，AI へのアクセスという点での格差，政府や AI に対する信頼など。「私たちが実現したい未来」と Society 5.0 は交わっているのだろうか。超スマート社会は，社会・経済の論理で独り歩きしているのではないだろうか。

り，それ以外の多数の国・社会が含まれていないことを忘れてはならない。本文において用いてきた「社会」という語は，近代化（欧米化）に成功した社会のみを前提としている。多様な文化や宗教の視点が欠落した社会を前提としてコンピテンシーを論じ，その先に個人と集団のウェルビーイングを見通すことができるだろうか。近代化を成し遂げた社会を主流とし，他が否応なく主流に向かわざるをえなくなるような，そして，その過程で多様な文化や宗教が犠牲となるような，主体性を見失った国や社会が出てきてしまうとも危惧されるのである。（石倉瑞恵）

【さらに探究を深めるための読書案内】

荒川弘［2011〜2020］『銀の匙 Silver Spoon』少年サンデーコミックス。

中高一貫私立校の学力競争から逃れて農業高校に進学した主人公が，畜産・酪農を復興させるために学友や教師，地元農家と協働して奮闘する。答えはひとつだけではないことを学び，自分の特技（いわゆる学力）を活かす道を切り開く。コンピテンシーを理解するには，これ。

白井俊［2020］『OECD Education 2030プロジェクトが描く教育の未来――エージェンシー，資質・能力とカリキュラム』ミネルヴァ書房。

コンピテンシーにまつわる議論，Education 2030 をより深く学ぶために。2030 年に求められる「知識，スキル，態度および価値観」，「変革を起こす力のあるコンピテンシー」について理解を深めた後に，カリキュラム編成における課題について考えよう。

日立東大ラボ編［2018］『Society 5.0 人間中心の超スマート社会』日本経済新聞出版社。

Society 5.0 は具体的にどのような社会なのか，五神東大元総長と中西日立製作所会長との対談をまとめた一冊。コラムで提起したウェルビーイング問題も最後に取りあげられているので，Society 5.0 時代の「幸福への課題」について考えを深めてみよう。

Taking Sides

PISAによる国際比較は有意義か

コンピテンシーを用いた学習到達度調査，その国際比較は有意義だと考えるか，あるいは有意義ではないと考えるか，根拠もあわせて考えてみよう。

PISAの意義は「数学的リテラシー」，「科学的リテラシー」，「読解力」という3つのリテラシーに関する国ごとの平均点を出し，順位付けをすることにのみあるわけではない。自国の教育の弱みを把握するために役立つのである。「読解力」ならば，「情報を探し出す」，「理解する」，「評価し，熟考する」というスキル別の調査となっており，結果から教育課程改善への具体的な手がかりを得られるのである。また，PISAでは「学校質問調査」（学校の学習環境に関する質問調査）と「生徒質問調査」（生徒の背景や習慣に関する質問調査）を併せて行い，この2つの調査結果と学習到達度調査結果との相関を明らかにしている。「学校質問調査」には「教師に起因する学級雰囲気」，部活動やボランティアなどの「学校の活動」などに関する項目が，「生徒質問調査」には「社会経済文化的背景に関する質問」項目や「学習時間や読書習慣」などの項目が含まれる。本文でフィンランドとシンガポールのPISAの結果を紹介したが，「社会・文化的背景が学力に影響する度合いが低い」（フィンランド），「数学における興味・関心や楽しみ等の数値が高い」（シンガポール）点が明らかになっているのは，学校質問調査，生徒質問調査と学習到達度調査との相関分析による。日本の「読解力」および生徒質問調査「読書活動」の相関分析（2018年）では，日本の特徴はOECD平均との比較において，コミックやフィクションを読む生徒の割合が多く，新聞，フィクション，ノンフィクション，コミックのいずれも，よく読む生徒の読解力の得点が高い点にあることがわかった。なるほど，コミックも読解力の向上に寄与するならば，図書室にコミック『銀の匙』（読書案内参照）を入れようか，という検討材料になるのではないか。

とはいえ，PISAの結果が公表されると，おのずと自国より上位に位置する国に関心が向かう。しかし，78カ国が参加した2018年PISAでは，たとえば読解力に着目すると平均得点がOECD平均よりも低い国・地域は45にも上る。年々PISAに参加する国・地域は増えているが，新たに参入する国・地域はOECD平均よりも低い結果を出す国・地域が多い。上位層も固定しているが，下位層も固定している。2018

年PISAの70位以下をみてみると，インドネシア，レバノン，サウジアラビア，モロッコ，コソボ，パナマ，ドミニカ共和国，フィリピンなど，イスラーム教徒が多数を占める国やイスラーム国家，小国や発展途上国が挙がっている。PISA型リテラシー，およびコンピテンシーが，西欧先進諸国の指標にすぎないがゆえの結果である。「おわりに」でも触れたように，コンピテンシーは，西欧的公平性が保たれた教育先進国において重要になる概念である。コンピテンシーとは何らかのコミュニティにおいて他者と関わることを前提としているが，「何らかのコミュニティ」は西欧的価値観にもとづくコミュニティを想定している。イスラーム諸国，小国，途上国のコミュニティは，それぞれに西欧コミュニティとは異なった性質をもっている。非西欧コミュニティのひとつとしてサウジアラビアを例にとってみると，女性は近親者の付き添いなしに出歩いたり，家族以外の男性と話したりすることが許されていないのみならず，公教育における体育も禁止されている。このようなイスラーム諸国において，チーム組織内の問題解決に際する女性の適切な行動は，PISAが適切と考える行動と異なっているであろうことは想像に難くない。女性に対する制限（保護）が厳しいイスラーム・コミュニティを，ジェンダーによる教育格差修正を政策に掲げているフィンランド，あるいは男女の協働を前提とした「正課並行活動」や「バリュー・イン・アクション」を通して情緒的・社会的コンピテンシーを育成しているシンガポールと同じ座標で比較することはナンセンスなのである。

PISAによる順位付けという安易な国際比較は，西欧コミュニティをノーマルとみなし，イスラーム諸国，小国コミュニティをアブノーマルとして排除する構図を生み出す恐れがある。そうなれば，人類のウェルビーイングなど机上の空論だ。のみならず，コミュニティの性質そのものが異なるPISA下位国にとっては，調査結果が教育改善への指標・手がかりになるとは限らないのである。

第 II 部

変革のさなかにある教育

第6章

測定の科学と教育評価

――誰が何のために測るのか

はじめに

シャーロック・ホームズの名前を聞いたことのある読者も多いだろう。映画やテレビなどで最も多く映像化された小説の主人公だ。イギリスの作家コナン・ドイルが創作した，曰く「ただ一人の私立顧問探偵」である。すべての捜査が行き詰まった時に警察が頼るのがホームズであり，自称「捜査上の最後で最高の法廷」である。警察では手に負えない事件を鮮やかに解決していくホームズが捜査で駆使するのが，観察と推理だ。事実の観察を幾重にも積み重ね，手に入る限りのデータをもつことにより，最も確率の高い推論が可能となるとホームズはいう。

このシャーロック・ホームズによる事件解決を描く短編集『シャーロック・ホームズの冒険』のなかに，「青いガーネット」という短編がある（ドイル[1953]）。ある伯爵夫人がホテルに滞在中，希少な宝石「青いガーネット」を盗まれた，という事件が新聞報道を賑わしているさなか，ホームズのもとに，守衛のピータースンが，ガチョウと紳士用帽子を届ける。前の晩，与太物たちに取り囲まれていた紳士を助けようとピータースンが駆けつけると，与太物だけでなくその紳士も，ピータースンを制服姿の巡査だと勘違いして，逃げてしまった。そのガチョウと帽子は，慌てて逃げたその紳士が残したものであった。ガチョウは食べてしまうようにと，ピータースンに助言をし，帽子はホームズの手元に残った。その帽子を調べているところに，ワトスンが年末の挨拶にやってくる。

ホームズは，その帽子から推理できることをいくつも述べて（たとえば，妻に愛想を尽かされている，など），ワトスンを驚かす。その推理のひとつに，現代の読者を別の意味で驚かすようなものがある。ホームズは，この帽子の持ち主が，「高い知性を持っていることは，一見して明らか」だというのだ。「どのようにしてこの男の知性が高いと推理したのだ」とワトスンに問われ，ホームズは次のように答える。

> 答える代りにホームズは，帽子をとって自分の頭にかぶってみせた。帽子はすっぽりと鼻まできた。「容積の問題だよ。これだけ大きな頭をもつ男だから，なかみも相当あろうじゃないか」。（ドイル［1953］）

ホームズの推理に，ワトスンはいつも通り完全に納得してしまうのだが，現代の読者なら，頭の容積が大きければ知性が高いということなのかと，驚き疑問を投げかけたくなるだろう。知性の大小は頭の容積によるというのであれば，実際，頭の大きさを測定していくことで，私たちは，個人の知性の寡多を知ることができるということになるし，その大きさの違いによって，どのような教育を行うかを変えていけばよいし，頭の大きさごとにクラス編成をすることも可能になる。

私たちは，そのようなことは不自然だと思うだろう。しかし，それは本当に不自然なことなのだろうか。私たちが考え実践する教育評価は実は，ホームズの考え方とそれほど遠くないところにあるのではないか。本章では，教育評価として行っていることが私たちのあり方にとって意味することを，統計学の成立や測定する行為との関わり方から，読み解いていく。統計学がもたらしたものの意味，数量の把握と国家の関わり，統計学を背景とした知能の把握や学力の測定が示唆することなどを考察し，そして現代の教育評価の動向を概観しつつ，教育評価の意味を考えてみることとする。

1　統計学の成立と国家の介入

シャーロック・ホームズの著者，コナン・ドイルがホームズのシリーズを執筆した19世紀という時代は，人間の頭蓋骨に大きな関心が寄せられていた時代であった。フランスの医者であり解剖学者，人類学者でもあるピエール・ポール・ブローカは，頭蓋計測学にもとづき，「他の条件が同じなら知能の発達と脳容量との間には顕著な相関関係が存在する」（グールド［2008］）と主張していた。ブローカは，墓地などから頭蓋骨を大量に集めて，頭蓋容量を測り，女性よりも男性が，黒人よりも白人が，社会階級の低い人より高い人の方が，脳容量が大きいということを示した。そこから，脳容量が大きければ，知能が発達していると論じたのである。

脳の大きさから知性の大小が分かるとするホームズの推理，そしてそれを執筆したドイルの考え方は，当時の西洋世界で隆盛を極めた科学の「常識」を共有していた。そして，その「常識」は，実に科学的な推論の上に成り立っている。ホームズの捜査方法も，頭蓋測定学も，観察して，データを収集し，そのデータを読み取って，何らかの法則性を確立し，そこから蓋然性や傾向性を推測するという共通項を含んでいる。それは，19世紀に一般的になった実証科学の方法の共通の基盤である。19世紀は実証主義・経験主義の時代であり，人間を扱う学問にも，「客観性」や「科学性」が求められるようになった。ホームズが自らの捜査方法を「推理の科学」と呼ぶのも時代の精神をよく表しているだろう。

大量の観察，データの収集，それらのデータの読み取り，法則性の確立，傾向性や蓋然性の推測は，統計学の考え方である。統計学は，数字を集めれば集めるほど規則性が現れてくるとする考え方の上に成り立っている。もともと，賭けと深い関係がある統計学だが，1750年代までの統計には，確率に関する明確なアイデアも，不確実性の制御の考え方もない。不確実なことは，神の領域に属することであり，偶然性は否定されていたのである。古典的な確率論者は，神の存在証明として確率論的問いを追究した。

1750年代から1820年代にかけて，統計学はこのような神の摂理の論理から離れ，主に天文学と関連して，基礎的な統計的方法が発展する。そして，1820年代以後，基礎統計学は社会科学や生物学と結びつけられ，数字に現れるあたかも法則のようにみえるような規則性によって人間や社会の現象を説明することへと向かった。

たとえば，ベルギーの天文学者であり数学者であるアドルフ・ケトレは，未知の係数の推定や推論にもとづく確率の計算を可能にする公理を，人間や社会の事象に適用した。ケトレは，1835年の自身の著書で「平均人」の概念を生み出し，そして，いくつかの社会現象に，正規分布の曲線を当てはめ，社会現象が一定して起こることを説明した。一人の身長を何度も測って得られる数値は毎回同じものではなく，その数値に揺らぎがみられる。同様に，天体の正確な位置を得ようと何度も測定した結果，その数値は毎回必ずしも一致せず，揺らぎがみられる。しかし，私たちは，身長に関しても，天体の位置に関しても，揺らぎのなかに必ず正しいひとつの数値が存在することを知っている（と思っている）。ケトレは，数値の揺らぎにかかわらず，あるひとつの正しい数値が確かに実在するということを前提として考察を進めたのである。

多様な個人集団の集合体が，一人の人間を繰り返し測ったときの誤差であるかのような分布をつくるなら，この「誤差」を取り去った後の「真の値」とは，ケトレにとってはその集団に特有のあるべき姿である。「彼は同じ曲線を，この平均というものが一つの実体 real quantity としてどこにも存在することのない生物や社会の現象に当てはめたのである。というよりも，彼は平均そのものを現実の実体に変えてしまったのである」（ハッキング［1999］)。ある集団の平均の結婚年齢，ある集団における一人あたりの平均の出生数など，こうした数がリアリティをもって私たちに迫ってくるのは，私たちがそれらの数をある社会での個人のあるべき姿，ある社会のあるべき姿，すなわち正常なあり方と捉えてしまうからである。

こうして，ある社会に固有のあるべき姿すなわち正常なあり方は，個々人から集められた統計を通じて初めて本当の数量として実体をもって表出されることになった。個々のもつ数値の分布から引き出されたものにすぎないものが，

コラム

統計からみる正常と病理

フランスの社会学者であるデュルケームは，生理学や病理学における健康や病の考えを結びつけ，「正常」という考え方を統計から得られる事実としてつくりあげた（重田［2003］）。正常なものとは，統計的な規則性に反映される状態である。デュルケームにとって，一定の規則性をもって起こる社会的な現象はすべて正常なものの一部であった。その意味では，一定の規則性をもって起こる犯罪や自殺も，社会の正常性を反映する社会的事象である。他方で，病理的なものとは，そうした正常の法則が壊れるときに現れるものとされた。

デュルケームの1897年の著書『自殺論』（デュルケーム［2018］）においては，自殺は社会の正常状態の一部とされた。統計的な分析がある社会の自殺数に一定の規則性を示すのであれば，それは，その社会がそうあるべきものとして機能していることを意味した。そして，社会のあらゆる部分が合わさって，健康すなわち正常に機能する社会をつくりあげると考えた。社会とは，デュルケームにとっては，ひとつの有機体のようなものであり，それ自体生命をもっているような何かであって，それは社会を構成する人々に依拠している。有機体的生命のように，規則的な法則のなかで，一つひとつの部分が機能しているならば，その社会は，正常・健康である。もし，その平均的数値からみて過度に自殺が起こっていたり，過少に自殺が起こっていたりすれば，その社会は正常な状態にあるとはいえず，むしろ病理的な状態にあるといえる。

デュルケームにとって，病理とは，社会のなかのひとつの「器官」が，適切に機能しておらず，「有機体的生命」の均衡を壊していることをさす。デュルケームは不均衡の原因をその社会に存在する連帯の度合いの変化によるものとみた。もしある社会やある集団の連帯の度合いが低下しているのであれば，その社会の部分間のつながりの強度も低下し，個々人の愛着の度合いも低下して，その結果として，個人的な困難に直面した場合には，自殺する可能性がより高くなる。また社会の連帯が強くなると，その集団や社会に過度に関わることになり，社会のために自分を犠牲にしてしまう可能性がより高くなる。社会を健康に戻すことは，健康的な連帯の度合いを回復することであり，それは，すなわち，自殺率を統計的な平均にすることなのである。

自律性と実体性をもつようになる。集団のなかでのあるべき姿である平均的なものから外れていても，それは量的な差異を示しているにすぎないのに，私たちは量的な差異を優劣を意味するものとして捉えるようになった。

ところで，統計学や確率の推論を成立させるためには，まずは，それを可能にする数値が必要になってくる。すなわち，多年にわたって，あるいは，異なる地域において，同じカテゴリーに属するものを同定して，その数量を把握していくことが必要となる。数量を把握すること，すなわち，数え上げることは，実は，近代国民国家の成立と深く関わっている。

統計との関連において，数え上げる行為は，ヨーロッパの各国で17世紀にみられるようになったものである。とくに人口の数え上げは，ドイツの哲学者であるライプニッツが，「国力の真の尺度はその人口である」と述べるほどに，重要なものとみなされた。「人民がいるところには，人口を維持し再生産するための資源がある」からだ。人口とは，その資源の豊富さを示すものであり，国力を表現するものとなる。

人口の数え上げとともにつくられたのは，人をもれなく数え上げるためのさまざまなカテゴリーである。カテゴリーとして把握されることで，人口は集まりとして認識可能になる。さらに，カテゴリーをつくりあげるということは，そのカテゴリーを含む物事の把握のための体系があることも意味する。そして，そうした物事を把握するための体系が新たにできあがったことも意味する。体系のなかに置かれた人々が自分を認識する仕方もまた，これに沿って変化した。国家は，人々の認識の仕方にまでも介入して，人々を国家のなかに配置し，把握し，統治したのである。18世紀から19世紀にかけて国家ごとにそれぞれの方法で，公的に数を生み出す制度が作られていった。背景には，統治の対象自体をよく知り，そこに介入する術をもつことで，統治が実現するという新たな考え方の登場がある（重田［2011］）。

統計を背景とする人口全体への介入のあり方は，たとえば，疫病への対応の仕方の変遷にも見られる（フーコー［2007］）。中世までは，人々をらい病患者かそうでないかという二項対立のカテゴリーに分類し，排除すべき存在かそうでないかという観点かららい病への対応が行われた。中世末から16世紀までは，地域を区画に分け，区画内に人々を閉じ込め，移動を厳しく管理・制限するという観点からペストへの対応が行われた。18世紀の接種実践が開始されると，人口一般への統計学上の効果をみるという観点から，罹患者数や，罹患者の年齢，死亡率，後遺症の程度，接種のリスクの把握を通して天然痘への対応が行われた。統計学を背景とする人口全体への介入は，最適とみなされる平均値が定められて，これを超えてはいけないという許容の範囲を定めるやり方となる（フーコー［2007］）。人口を統計的に把握するとは，新しい国家管理のあり方なのであった。

2　測定から評価へ

いまや，公的機関の行う決定の基礎には必ず確率がある。公的機関が示す見解は，必ず「客観性というベニヤ」（ハッキング［1999］）に覆われている。知性や能力を測るテスト結果を公的機関がその政策決定に利用するのも同じことである（第5章）。知性を測るテストの結果は，「客観性」を示しているように思われるし，何か客観的なものを具体的に数値をもって示しているようにも思われる。メリトクラシー（第7章）のアイデアとは，まさにハッキングのいう「客観性」の上に成り立っている。メリット（能力や業績と一般に理解されるもの）の定義が示す価値観にもとづいて事柄が組織化されるメリトクラシーは，そのメリットの定義に適合する者にとっては有利であるし，そうでない者は，その定義に適合するように仕向けられていくのだ。

頭蓋の大きさの代わりに，人間の知性や能力を客観的に測定することができるものとして登場したのが，知能指数（IQ）である。その指数の測定は，統計学に依拠している。統計学は，数値の規則性により自律した法則性を示すと同時に，数値をどう読むかについての基準を示す。IQは，統計学の自律性をよりどころとして，客観的に知性を示すものとして利用されるようになった。

知能測定を創始したとして知られるフランスの心理学者アルフレッド・ビネーは，1904年に，フランスの文部大臣が任命した特別教育についての委員会から，特別な教育を要する子どもたちを特定するため，知的な遅れについて判断する方法を開発する研究を委託された。その際彼は，頭の計測という方法を採用せず，心理学的手法を採った（グールド［2008］）。基本的な推論の過程を含むと考えられる課題を集めて，知能を測定することを考えたのである。ビネーが開発した手法は，その後の知能テストの原型となる。

この手法では，一人の子どもが最低年齢用の課題から順にテストを進め，それ以上課題ができなくなるまで行い，その子どもが達成できた最後の課題に対応する年齢が「精神年齢」とされ，知能水準は暦年齢に対する精神年齢から算出された（グールド［2008］)。知能指数の誕生である。現在利用される知能測定のテストは，アメリカの心理学者ルイス・M・ターマンが開発したスタンフォード＝ビネー・テストを踏襲するものである。このテストは，事実上それ以後のすべての筆記式テストの模範となった。ターマンは，「平均的」な子どもがそれぞれの年齢で100点を取れるように尺度を標準化した。その際，得点を正規分布曲線上に配置できるようにテストを作成して，序列を可能にしただけでなく，この数値ひとつで個人の能力全体を客観的にまた科学的に表現することができるとしたのである（グールド［2008］)。

IQは，すべての子どもをふさわしい位置に生涯にわたって分類できる生得的能力のランク付けとしてみなされ，ビネーを発端とし，その後改良されていった知能指数を特定するテストは，全員対象のテストとして使われるようになっていく。結果として，一般知能水準という考え方は，実体をともなって利用されるようになった。知能は生得的に決定されるのだから，それを正確に把握できる知能テストの結果で，子どもを分類して，それぞれの知能レベルに合う教育活動を行えばよい。IQという数値はこのような教育政策提言にも利用できるようになる。まさにハッキングのいう「客観性というベニヤ」である。

20世紀前後からアメリカで勢力をもった教育測定運動は，ビネーやターマンによって築かれた測定の原理を軸に展開していった。テストの妥当性（そのテストで何が測定されるか）よりも，テストの信頼性を高める統計的尺度の開発が行われ，1920年には，アメリカの学校で正規分布曲線を基準とする客観テストが広範囲に普及しはじめる。教育の合理性や教育の効果が高められるとして，客観的な数量を得ることが重要視されたのである。運動の指導者の一人である心理学者のエドワード・L・ソーンダイクは「もし物が存在するならば，それは量として存在する。もし，それが量として存在するならば，それは測定できる」と述べたといわれ（田中［2008］)，「測定」による教育の科学の確立を企図した。1920年頃の教育関連の論評を読むと，教育測定運動においては，学習の「測定」とは，当該の教科領域において生徒が習得したもの，つまり彼らが習得した技能や情報の測定だとみなされていることや，得点の解釈にあたっては，テストによって測定されるスコアを，生徒の精神年齢との相関で捉えたりしていたことが分かる。この場合，テストによって測定される子どものアチーブメントとは，子どもの「学ぶ能力 learning capacity」に相関すると解釈された。また，テストの作成においては，採点の手法を客観的にすることが重要視されたことも分かる。偏差値を使った標準テストが考案されたのも，この文脈に位置づけられる（Monroe［1945］）。

1930年代になって，アチーブメント・テストは一体何を測定しているのか，というテストの妥当性に対して問いが向けられるようになると，「測定」概念自体が問いなおされるようになる。教育によってどのような教育的な成長が達成されたかということに関心が向けられ，カリキュラムの評価という観点から，たとえば勉強の習慣や，関心や態度など，カリキュラム領域の目標を行動をさす用語で同定して定義・測定することが始められた。能力を生得的で固定的な量として捉え，測定されたアチーブメントを能力に相関したものと捉えて，教育プログラムを子どもの能力に合わせて提供することよりも，教育によって子どもたちに起こった変化を同定するための手続きを開発し，それにより，各学校が，その教育目標をどれくらいよく達成できたかということを評価（evaluate）するという考えが生まれたのである。

こうした新たな動きを牽引したのがアメリカの教育学者ラルフ・W・タイラーである。タイラーは，大学と中等教育が連携して，進歩主義教育を中等教育に拡大する可能性を探るために行われたいわゆる「8年研究」の成果のひとつとして，アチーブメント・テストに関する知見を挙げている。その知見とは，従来の学業成績テストが，カリキュラムにおいて生徒たちが学んだことを明るみに出すためにデザインされていないということである。実際，優と劣の連続したつながりのどこかに子どもたちを配列することに関わる技術の中で，それらのテストは開発されてきた，とタイラーは論じる。それらのテスト問題は，そもそもそのように子どもたちを配列することを可能にするために，対象者の優劣を判別できる項目に主に集中しており，これらのテストをよく検証してみれば，こうした項目が実際には学校では教えられていないことが分かる。なぜなら，学校で教えられることは基本的に子どもたちの優劣を区別するような項目ではないからである（Tyler［1986］）。

8年研究は，このようなことを明らかにしたのだが，それにしても，生徒たちが学校で教えられたことから何を学んだかを見極めるようにデザインされたテストは相変わらず使われず，使われるテストはもっぱら，どの生徒をより高く位置づけるかを示すようなものだとタイラーは嘆いている。いつまでもこの問題が起き続けるのは「アルコール中毒と同じようなものだ」（Tyler［1986］）というタイラーの表現は，教科を構成する本質的な教育目標こそが評価規準であり，教育目標に照らして子どもの成長の方向性を見定めることが，評価の妥当性を担保する，と考えたタイラーの憂いを示しているとも考えられるだろう。

3　教育評価の現在とその課題

タイラーの憂いは私たちにどのように響くだろうか。第二次世界大戦後，日本に導入された「五段階相対評価」は，戦前の評価が教師の主観的な判断による評価であったことから，その主観性や恣意性を乗りこえることを期待して導入された。

1948年，文部省は「指導要録」を提起するとともに，「学習記録」として「五段階相対評価」を採用した（田中［2008］）。五段階相対評価は，正規分布曲線を規準にして「5は7%，4は24%，3は38%，2は24%，1は7%」という配分率に従い，生徒の成績を割り出す。

この「相対評価」は，さきの教育測定運動に由来する。教師の主観的で恣意的な判断とみなされた戦前の評価のあり方に対する反省があったからこそ，正規分布曲線という集団としての生徒の成績の平均値からの分布を示す規準を使って，特定の個人の位置を割り出すという「相対評価」は，主観性から解放されているようにも，また，信頼できるようにも思われた。

1955年の「指導要録」改訂で，「相対評価」は，総合評定の「評定」欄に位置づけられた。学歴競争の高まりがみられるようになると，「指導要録」の「証明機能」が前面に押し出されるようになり，選抜資料としての利便性が強調されるようになる。同時に「客観性」も重視され，1教科につき評定をひとつとする総合評価に「相対評価」が採用された（田中［2008］）。

さらに，進路指導には「偏差値」が使われるようになった。「偏差値」も段階で個人の位置を割り出す「相対評価」である。たまたま平均点が高かった場合でも，また，たまたま平均周辺に多くの個人が集まってしまったとしても，どんな得点分布でも正規分布曲線になおすことができるという前提が「偏差値」にはある。

このようにして，学歴競争が進行していくなかで，学力の「正規分布」がある意味で「一つの実体」（ハッキング［1999］）となり，大きな影響力をもつことになった。大学入試センター試験（2021年度入学者からは大学入学共通テスト）など学力を測定するテストも，統計学の仕組みを背景にして，得点の散らばりが正規分布になるように作成されている。統計学の仕組みを使えば，事前に評価者側がもっている評価基準を当てはめるのではなく，集団の試験結果の解析によって基準としての平均とともに，到達すべき知的水準の尺度を明らかにすることができる。知能テストと同様，一元的尺度をもつ測定方法としてのテストを，客観的なもの，公平なもの，恣意的操作・主観的解釈から自由なものであり，個人の能力や学力を他の影響から離れて端的に示すものだと，私たちは考えてきたのだ。

「相対評価」は，日本の教育評価において大きな位置を占めてきたが，1970年ごろ「五段階相対評価」に対する社会全体の問題意識が生起する。その結果，2001年に新たに改訂された「指導要録」では，「評定」欄における「相対評価」は廃止され，「目標に準拠した評価」にするとされた。日本の教育学者の田中耕司は，「目標に準拠した評価」は，1970年ごろに登場した「到達度評価」の歴史的意義のなかで捉えなければならないと主張する。「到達度評価」が「相対評価」批判を踏まえて登場したことを考慮に入れない限りは，「目標への到達度を単に点検することで，「相対評価」と同じく子どもたちを「ネブミ」することに陥っているから」だという（田中［2008］）。

「到達度評価」は，すべての子どもに学力を保証するという思想を背景にして，「相対評価」への批判を踏まえて登場した。「相対評価」においては，学力不振を子どもたちの能力不足，学力不足に帰す傾向があり，教育実践自体に反省を加える契機はみいだせない。「到達度評価」は，到達目標に達しない子どもがいれば，教材組織や授業方法のどこに問題があったかを問い，生徒の学力保障を念頭におく。また，「到達度評価」においては，それまで使用されていた目標の示し方である「方向目標」（たとえば，「関心を持つ」や「態度を養う」など）とは異なり，「わかる」や「できる」といった，授業を通じて生徒たちが獲得すべき目標を提示する。この獲得すべき「到達目標」という観点から，生徒たちの学習はうまくいっているのかどうか，授業が効果的に運営されているのかどうかが判断されるのである。

このような「到達度評価」の意義を踏まえて「目標に準拠した評価」は理解されなければならないが，もっとも，これらが批判を免れているわけでもない。田中はその批判を以下の4つに集約している。①教育目標を生徒たちが獲得したかどうかという観点が支配的になると，その目標では把捉しきれない生徒たちの変容を無視してしまうこと，②教師が設定する教育目標にもとづく評価に，つまり外側からやってくる規準に生徒たちが自らを合わせるという習性が形成されてしまう危険があること，③目標獲得という結果が重視されるあまり，生徒の変容の過程が捉えきれないこと，④教育目標が実体的かつ明示的なものであるので，数量化となじみやすく，他方で，実体的かつ明示的になりやすい教育目標のみが注目される傾向になりやすいことである（田中［2008］）。

この批判が意味するのは，これらの評価が，その時々で定義されるメリットの一覧表のなかで個々の生徒を把捉し見えるようにする効果を持っているということではないだろうか。たしかにそれは脳の容量や知能といった，能力の複雑な要素を単純化して理解しようとするものではない。しかし逆にいえば，これらの評価はより微細に異なる複数の角度から個人を分析することを可能にする。「分析」すなわち「事柄の内容・性質などを明らかにするため，細かな要素に分けていくこと」という字義的な意味からいえば，多元的な角度をもつ微細な分析にさらされ，意味づけられることで，その意味づけを人は自らのものとしていくともいえる。目標の観点から，私たちは自らを分析し自らを説明できるように求められている。また，目標の観点から自らの変容を管理することが求められている。私たちは外部からやってきた評価目標に自己を合わせてそれに「なっていく」のである。タイラーが嘆いたように，テストを通じて，個々の生徒が何を学んだかを見極めること，また，教育実践に反省を促す契機とすることよりも，生徒を集団のなかに位置づけたいという私たちのアルコール中毒のような傾向は，測定にしても評価にしても，その時々の社会経済状況において求められる人材育成への欲望や，人材把握・管理への欲求と切り離すことはできないようだ。

教育評価研究では「真正の評価」という概念が登場し，評価における真正性を追求している。真正性とは，生活の文脈に即したリアルな課題のなかに生徒たちをおいて，そこで生徒たちが生きて働く学力形成をするその様子を評価することを企図しているとともに，明示的で実体的な目標獲得にとどまらず，挑戦的な課題に取り組ませることでその創出を試みる高次の能力の形成のあり方を評価することをも企図しているという（田中［2008］）。

「子どもの「知」の実際を捉えるとともに，子どもたちも「オーセンティック」な課題に挑戦することで自らの「知」を鍛え，その達成度を自己評価できるようになる」（田中［2008］）として，田中は，「標準テスト」の批判を乗りこえる契機を「真正の評価」にみいだしている。「真正の評価」によって，私たちは「アルコール中毒」から脱することはできるのだろうか。

おわりに

1980 年代，日本の教育界では生涯教育を見据えた「自己教育力」や「主体性」が重視された一方，受験競争の激化，学校の画一性や標準化といった「学力」批判が行われ，1989 年の学指導要領の改訂以降は，知識や技能に加えて，思考力や問題解決能力，個性を重視し，生徒の関心，意欲，態度などを含む

「新学力観」が流布するようになった。また，1996年の中央教育審議会第1次答申「21世紀を展望した我が国の教育のあり方について」で示された「生きる力」は，学力低下論争に巻き込まれながらその中身を変遷させ，現在では，「確かな学力」を含むと同時に豊かな人間性や健康・体力など知的側面以外も含み，その上，21世紀型能力やコンピテンシーをも先取りしたとされる概念となっている（第5章)。日本の教育社会学者である本田由紀は，「従来の知的な「学力」以外の，主体性・意欲・個性等々の情動的な「能力」が，もう一つの垂直的序列化の軸として立ち」上がったとし，後者を「ハイパー・メリトクラシー」と呼んでいる（本田［2020］)。

学力の内容が知的側面に限定されず，情動的な側面，非認知的側面も含んで多面的になったということで，そのことを歓迎する向きもあるかもしれない。本田は，「二重化した垂直的序列化の二本の軸に貫かれつつ，その軸上の自らの位置付けを探り，可能な限り上昇し続けなければならない状況が，近年ほど高まってきている」（本田［2020]）と論じている。つまり，知識やスキルといった従来のメリットの定義に加え，人間の内面に相当する人格，感情，身体なども選抜の対象となる状況が出現したというのである。本章が論じてきた観点からは何がいえるだろうか。

学習指導要領に定める目標に対する，一人ひとりの達成度を見る「目標に準拠した評価」により，個々人は，これまで行われてきたような一直線状に上から下へ並べるような一元的な尺度とは異なる尺度の上におかれるようになった。目標自体は定められており，それぞれ個人が，自身のパフォーマンスにおいて，その目標に到達したかどうかを結果として示すことが求められる。評価は，求められるコンピテンシーや能力や資質をつくりあげ，明示している。他方で，到達目標はインデックスとして数値化され，それらが，私たちを新たな測定の網の目の上においている。成果のマネジメント，結果についてのアカウントが求められている。個人的な経験や直感やセンスや才能にもとづいて行われるものが，基準にもとづく実績という数値指標に置き換えられている。多様な数値群が，私たちを表すものとして示される。

他方，真正の評価で目指されるものも，私たちを課題のなかにおき，その課題を乗りこえて，自己の能力を高めていく自己像である。パフォーマンスや，ポートフォリオ，概念地図などさまざまな評価の手段のなかに自らを位置づけ，自己を評価のまなざしのなかにおき，自己にどんな変容が起こったのかを規準にもとづいて記述し，管理し，明るみに出すことが求められている。

国家がその国力を把握するために人口を把握し，そのためにあらゆるカテゴリーをつくりあげたように，一人の個人のあり方をめぐり，認知から非認知に至るまで，情動的なものから行動的なものまで，あらゆるカテゴリーが次々と構築されて，分析されている。「私」の存在すみずみまで，余すところなく評価される。

この意味において，評価の概念の洗練や評価の方法の展開は，時々の社会経済状況に見合った自己の統治の洗練と軸を一にする。評価によって示されることが，本当に私たちを表現したものかは分からない。だが，それは頭の容量でも，知能指数でも同じことである。国家が人々を数値化して，人々のあり方を統計学の手段を使って統制しはじめて以来，私たちは，どんなイデオロギー下にあろうとも，数値化され分析されたものによって見える存在になり，そのようにして，私たちは統治され，同時に自己を統治しているのである。

（虎岩朋加）

【さらに探究を深めるための読書案内】

スティーヴン・J・グールド［2008］『人間の測りまちがい――差別の科学史（上・下）』河出文庫。

ハーンスタイン／マレーの『ベル・カーブ』批判について，ハッキング［1999］を翻訳した重田や石田の解説と合わせて読むと相対化できて面白い。

重田園江［2011］『ミシェル・フーコー――近代を裏から読む』ちくま新書。

ミシェル・フーコーの難解な理論を，その意味を減じずに分かりやすく情熱的に論じている。統治に関して知りたいなら必読。

田中耕治［2008］『教育評価』岩波書店。

教育評価の理論について，日米の歴史的変遷を踏まえて総括するテキスト。評価の理論の変遷や，それぞれの意義などを分かりやすく議論している。

Taking Sides

標準化テストはやめるべきか

標準化テストに否定的な立場なら，この問いにどう答えるだろうか。学びは，量的には測定できず，質的に評価されるべきである。多様な人たちには，多様な評価手段が求められるのである。それひとつでどんな人にも適用できるような評価手段などない。ある特定の人の能力，その人の個人的な可能性や性質を評価するのは，機械の能率を測定することとはわけが違う。機械の場合，発揮するのはひとつの機能なのだから，測定するのは容易だ。しかし，人間の場合は違う。教育的要素のなかでも限定された数の側面しか測定できないような評価方法を，多元的で多様な種類の人々に適用するのは，ある特定のあり方のメリットに重きをおき，他のあり方のメリットを目立たなくすることにほかならない。

標準化テストは，人口全体をひとつの尺度で測定し，そのテストが評価できる限定された規準に従って人々を弁別する道具である。その場合，ある社会の多様な諸個人のさまざまな努力やさまざまな可能性に応じるような社会の組織化をすることはできない。したがって，標準化テストは，社会全体を均質化してしまう手段ともなる。

さらに，ある個人の習熟のあり方の複雑さを量的な標準化されたテストで評価してしまうと，その意義の大半は失われてしまうだろう。言葉の使い方がどれだけ明晰か，分析的思考がどれだけ深いか，相手の感情をどれだけ理解できるかなどは，質的にしか評価できないのだ。

標準化されたテストは，教育の成果の定義を，道具的で，数値化されたものにしてしまった。結果的に，教育の成果が示すものを貧しいものにしてしまったのだ。

では，逆の立場ならどうか。同じテストを標準化された客観的で公平で現実的な評価の方法であると考えるだろう。

質的な評価では，評価者の時々の状態で異なる基準が当てはめられうるなど，さまざまな種類の偏りの影響を受けやすく，生徒によって異なる評価基準を当てはめれば，生徒間の比較などできなくなってしまう。標準化されたテストは，評価から偏りや歪みを取り除くことができる。標準化されたテストは，質問ひとつにひとつの回答を求めており，またどの生徒も同じ質問に解答することになっている。

テストを受ける生徒の数が多くなればなるほど質的な評価は困難になり，実施不可能になってしまう。期日がある場合には，評価する数が多くなればなるほど，評価者の注意力を高く維持し続けることは難しく，客観性がますます失われることになりかねない。その結果，評価の質自体，その妥当性を失うほどに落ちてしまうことにもなる。

標準化されたテストは，評価の観点からいっても，経済的な観点からいっても現実的である。多数の人々を一度に査定するコストは，たとえば，全国的に行われるような大学入学共通テストの場合をみてみても，もし標準化されたテストを使わなければ，法外なものになってしまうことは容易に想像できる。標準化されたテストによってではなく，質的な評価をするというのであれば，多数の評価者が必要とされるだろうし，標準化されたテストが約束するような公平性も正確性も犠牲になってしまうだろう。現実の社会においては，標準化されたテストは，公平性を保障し，生徒の成績に従って生徒を分類することを可能にする唯一の方法だ。

高大接続改革のなか，2020 年度から大学入試センター試験は大学入学共通テストとなった。大学入学共通テストでは，知識の習得だけではなく，「思考力・判断力・表現力」を重視し，資料を読み解く問題の出題や，国語と数学に記述式問題を導入する予定であった。高校教育を方向づけてしまうなど問題の指摘されてきた大学入試センター試験よりも多様な力を測るものとして計画された共通テストだったが，実施される前から問題が指摘されていた。数十万人もの規模になる受験生の記述式問題の採点を，短期間で公平に行うことは本当に可能なのかというものだ。採点スタッフは 1 万人程度必要と報道されたが，学生アルバイトの導入も想定されており，採点の精度に対する疑問が提起されていた。試行テストでは，自己採点と採点結果の不一致率が 2 割から 3 割という結果も出て，採点の正確性，公平性や客観性に疑義が提示された。採点の公平さを確保しやすく，同時に自己採点しやすい問題を追求すればするほど，記述式問題を導入する意味が減じてしまう。結局，2024 年度実施のテストまで記述式問題の導入は見送られることになった。公平性や客観性を保証しながらも，個々人の多様な能力を評価することは非常に困難なようである。

第 7 章

学校と不平等

はじめに

「いま母さんが FBI に逮捕された」。2019 年 3 月 12 日早朝，ロサンゼルスの高級住宅街に住む男に，離婚した妻と暮らす息子から電話がかかってきた。実はその朝に連邦捜査局（FBI）などの 300 人ほどの特別捜査官が，4 つの州で合わせて 40 人以上を逮捕すべく動き出していた。連行された者にはドラマで知られた俳優，企業の最高経営責任者，国際的な法律事務所の共同経営者などが名を連ねている。さらにスタンフォード大，イェール大，UCLA，南カリフォルニア大など難関大学のスポーツクラブのコーチや，SAT や ACT といった大学の入学者選抜に用いられる共通テストの実施関係者もいた。

逮捕者の全員と関係をもち，この事件の中心人物といってよいのはリック・シンガーというカリフォルニア在住の大学進学コンサルタントだった。いったい彼は何を目論んだのか。ひとつは志願者がスポーツ競技で優れた実績をあげたという事実をねつ造し，同時に大学の競技コーチを買収することで，志願者を優秀なスポーツ選手と偽って難関大学に入学させたのである。加えて共通テストの実施関係者を買収し，生徒の身代わりが受験をしたり，試験の結果を書き換えたり，あるいは志願者が発達障害をもつと偽って試験時間の延長をしたり，といった不正もしていた。そしてそれらの行為に受験生の親が支払った金額は，共通テストについては 1 万 5000 ドルから 7 万 5000 ドルに及び，スポーツ選手を騙ったケースでは 120 万ドルが支払われたこともあったという（Korn and Levitz［2020］)。

このスキャンダルは，富裕層が手段を選ばず子どもを難関大学へ入れようとする強欲と，他方でそれにつけ込み多額の収入を得ようとしたコンサルタント，大学や共通テストの関係者の強欲とをさらけだしたものだった。そして何よりも，この事件が衝撃的だったのは，裕福ならば金銭と引き換えに難関大学の学歴さえ得ることができるという実態を露わにしたのみならず，そこに20を超える多数の富裕層の家族が関わっていたことである。

こうした事態は日本には無縁なのか。米国では，概して難関大学の入学者選抜では受験者の多様な背景や活動が重視され――したがってそこに審査者の主観が大いに関与しうる――，しかも共通テストの運営には緩さがある。他方で日本では，入試の公平性・機密性がきわめて厳しく問われ，難関大学への入学はほぼペーパーテストのみの点数で決まり，この事件のような賄賂工作が成り立ちうる可能性はあまりないだろう。しかし，この事件の背景にある事柄にも，日本はまったく縁がないといえるのだろうか。

1　メリトクラシーをめぐる議論

1) ディストピアとしてのメリトクラシー

現代社会においては，生まれや経済力によってではなく，当人の能力や業績によって処遇に差がつくことは妥当なことと考えられている。そして，そうした能力・業績により人々の地位が左右される社会のあり方・原理はメリトクラシーと呼ばれてきた。さらにそのようなあり方・原理は，かつて前近代社会でみられたような，当人の努力では変えられない事柄で人生が大きく左右されるという理不尽な状態から，近代社会の登場にともなって現れてきた，当人の業績にもとづく地位達成が可能な状態への正当かつ望ましい趨勢の到達点であると評価されてきた。

しかし，そもそもメリトクラシーという言葉を生み出したイギリスの社会学者・社会活動家マイケル・ヤングにとって，それは決して無条件に肯定されるような代物ではなかった。というのもヤングが近未来小説のスタイルを借りて，描きだしたその社会のありようは，ユートピア＝理想郷どころか，ディストピア＝暗黒郷というべきものだったからである。その社会では，知能テスト・適性テストが発達し，人々は知能のみならず努力の程度も精確に測定される。「知能 intelligence に努力 effort を加えたものが，メリット（I＋E＝M）なのである」。そして「最低知能指数 125 の持ち主」たちが支配するこの社会では「作業測定の技術はますます科学的になり，その結果，賃金はますます精確に評価され，努力と結びつけられた」。

だが，こうした評価がすべての人々を幸福にするわけではない。人々は精確に評価されることで自らの能力の相対的位置をはっきりと知る。とくに下層に位置づけられた人々は，劣等さを繰り返し思い知らされ，自尊心を傷つけられる。しかも，あからさまに能力の高低により差を付けられることで「階級間の断層は必然的に大きなものとなって」いた。こうして才能もなければ努力もしない，救いのない下層階級とされた人々が，ついに不満を爆発させ，大規模な暴動を起こすところでこの小説の幕は閉じられる（ヤング［1982］）。

このように，メリトクラシーとは能力に応じた露骨な不平等が正当化された社会，つまり勝者と敗者をつくりだし，敗者を踏み越えてきた勝者を優遇する社会であり，それは決してユートピアなどではない。ヤングの書物は，能力にもとづく社会の行き着く先を警告するために書かれたのである。

2）メリトクラシーの罠，あるいはメリットの専制

実のところ，メリトクラシーへの疑念はヤングの書物以降も繰り返し述べられてきた。それは近年とくに強いといえるかもしれない。たとえばイェール大学教授ダニエル・マーコビッツによる『メリトクラシーの罠』という書物がある。そこでメリトクラシーは「有利さの不公平な配分を正当化するための言い訳」でしかない。それはエリート階級に圧倒的な有利さを与え，中産階級のチャンスを奪う。しかしエリート階級も安泰ではない。子どもをエリート学校に入れるために膨大な金と時間を費やし，他方で自らもその地位と収入を確かにするために労働市場での過酷な競争で生き残らねばならない。そしてメリトク

ラシーは中産階級とエリート階級を分断する。中産階級はエリート層を不快に思い，彼らを堕落した特権層とみなす。いうまでもなく，さきに紹介した入試スキャンダルはそうした分断を強化するものでしかない。

こうして，メリトクラシーはいまや有利さを限られた人々に集中させ，不平等を強く維持するものになる。そしてそうなったのも，メリトクラシーが不十分だったためではなく，むしろそれが十分に働いたせいだとマーコビッツは主張する（Markovits［2020］）。

もう1冊，ハーバード大学教授として著名なマイケル・サンデルによる『メリットの専制』（邦訳『実力も運のうち――能力主義は正義か』）という書物もある。そこでサンデルは上述の入試スキャンダルに違った観点から光を当てる。すなわち，メリトクラティックな社会では，エリート層は彼らの成功が道徳的に正当化されることを望む。つまりその成功は，自らの才能とハードワークによって，換言すればメリトクラティックに獲得された，と自ら信じ，かつ他者へもそれを証明せねばならない。そして，不正をした親たちが子どもに与えようとしたものも，まさにそうした証明であった。豊かな暮らしをさせるためだけなら，親は子どもに財産を残せばよいのだが，この親たちはそれだけでは足らないと考えた。才能とハードワークによって獲得されたもの，つまり難関大学入学がもたらすメリトクラティックな証明をわが子に与えようとしたのである。

だがサンデルは，このメリトクラティックな証明の追求にはそもそも大きな問題がともなうとする。自らの努力と才能によって競争を勝ち抜いてきた者も，実はその競争がみえにくくしているもの――たとえば出身家庭の社会経済的地位などがもたらすさまざまな有利さ――からの大きな「借り」がある。しかしメリトクラシーがより競争的になればなるほど，そうした「借り」の存在は彼らの視野から消えていく。メリトクラシーの勝者は，誤った印象を，つまり「自分の力だけで達成した」という印象をもつからである。

サンデルは，このことを人々が本来共有すべき「市民的感受性」を損なうものとして危惧する。自分が自助的・自足的だと考えるほど，社会や他者への感謝・謙遜を学ぶことは難しくなり，社会全体にとって大切な「共通善」への気

コラム

貧困と自己責任

イギリスの社会学者アンソニー・ギデンズによれば，貧困についての説明には2つの種類があるという。ひとつは「貧しい人たちは自らの貧困に責任をもつべき」という議論である。つまり貧困は，その当人の能力が劣っていた，あるいはその努力が十分でなかったといった当人が責任をもつべき事柄によってもたらされたというのである。そしてもうひとつの説明は「貧困が社会の構造的な力によって生み出され，また再生産される」という議論である。つまり貧困は，その当人の責任の及ばない事柄によってもたらされているというのである。

ギデンズはさらに，前者の個人の責任としての貧困論は20世紀の半ばまで広く受け入れられ，その後一時下火になったが，1970～80年代に復活したとする。それはちょうど新自由主義的な政策や考え方が普及した時期である。そして，この個人の責任としての貧困論と関わる議論として「福祉依存」論もある。それは，福祉制度に依存し，その状態から脱却する努力をせず，「ただ飯喰らい」を続ける人々がいるとの批判的な議論である。そしてそうした福祉依存への批判は，福祉政策が手厚すぎるとする意見とも重なり合っている（アンソニー・ギデンズ［2009］『社会学（第5版）』松尾精文他訳，而立書房）。

いうまでもなく，こうした議論が存在することでは日本も同様である。かつて芸能人の親族が生活保護を受けていることへの強いバッシングが起こったことがあった。そしていまも同様の主張は繰り返されている。「子供の貧困は100％親の責任。仕事を選ばず必死に働き，身の丈に合った生活をし，万が一への備えをしていれば貧困にはならないし，そう頑張っている親が大多数だ。生活保護が連鎖するのは安易に社会的支援をしているからにほかならない」（「子供の貧困をどうする？」『朝日新聞』2017年3月5日）。

このような生活保護への厳しいバッシングに比して，たとえば富裕層の脱税にはそれほど激しい批判はみられない。それが国庫に多額の損失を与えているにもかかわらずである。この不釣り合いはいったい何を意味しているのだろうか。そしてこうしたバッシングにどう反論していけばよいのだろうか。

遣いも少なくなる，というのである（サンデル［2021］）。

3）メリトクラシーからペアレントクラシーへ

以上はメリトクラシーがもつ問題点の指摘だが，他方でメリトクラシーそのものが変容しているという議論もある。その代表的なものはペアレントクラシー論であろう。イギリスの教育社会学者フィリップ・ブラウンにより主張されはじめたこの論は，「子どもの教育は，子どもの能力や努力よりも，親の富と願望にますます左右されるようになる」と指摘する。つまり，それは従来のメリトクラシーの方程式，すなわち「知能＋努力＝業績」が，「資源＋嗜好＝選択」というかたちに再定式化されたことを意味する。さらにそこで重要なことは，ペアレントクラシーの登場と密接に関わるのが，「自由市場経済」や「個人の選択の自由」を強調する市場主義的思考の広がりだったことである。

ブラウンによれば，ペアレントクラシーの実現とは，「すべての者に私立学校を」という状態が実質的にもたらされることである。つまり「公立学校も私立学校と同様に市場のインセンティブと規律に従う独立した教育企業」とならねばならない。よって「すべての者に私立学校を」を実現するためには2つの条件が必要となる。「第一にすべての親は彼らが望めば子どもの学校を変更する自由をもつこと，第二にすべての学校は顧客を引きつけ保持するための強い財政的インセンティブと，かつそれに失敗した場合の最悪の事態を恐れる十分な理知とを有するべきこと」である（Brown［1990］）。

つまり，学校教育の提供が市場化した環境でなされることで，学校は企業化し，さらにそこでの教育機会の選択主体として家族の役割が大きくなる。そしておそらくその変化がもたらす重大な帰結は，選択が家族に委ねられることによる不平等の拡大と強化である。志水宏吉はペアレントクラシーを「「もてる」家庭が有する「むきだしの欲望」がそのまま表出される弱肉強食の世界」と表現する（志水［2020］）。というのも，親が有する学校の選択能力には大きな差が存在するからである。たとえばゲワーツらがロンドン近郊で実施した調査では，学校選択の幅は親の社会階級，すなわち親のもつ諸資源――そうした諸資源については次項で説明しよう――の豊かさの程度に大きく左右される。彼らは学校選択能力により親を3つのグループに分けている（表7-1）。そこでみられる，経験・知識・意欲を十分にもつ家族と，そもそも選択に関心をすらもたない家族との間で，その後の子どもの学校経験，進路や生活での大きな差が生まれるであろうことは容易に想像がつくだろう。

表 7-1　学校選択能力と親の 3 つの類型

①とくに優位性を有し，経験と知識をもって選択できる親	専門職の中産階級。積極的に文化資本・社会関係資本を駆使し，早くから幅広く情報を集めるなどの選択に向けての入念な準備を怠らない親たちである。希望通りの学校を選択できないときは声を上げることも厭わない。
②ある程度の知識と経験をもって選択できる親	多様な階級出身者で構成される。この親たちも学校選択に熱心に関わろうとするが，①の親ほど文化資本や社会関係資本を豊かにもたず，経済的な制約や限られた情報にもとづいた選択をしがちである。
③つながりに欠く親	ほぼ労働階級で占められ，文化資本・社会関係資本に乏しく，そもそも学校選択に十分な関心をもたない。判断を子どもに委ねる，あるいは最も近所の学校を選ぶ，といった行動をとることが多い。

出典）Sharon Gewirtz, Stephen J Ball and Richard Bowe [1995] *Markets, Choice and Equity in Education,* Open University Press, およびアンソニー・ギデンズ［2009］『社会学（第 5 版）』松尾精文他訳，而立書房より作成。

2　不平等の再生産

1）不平等の実態

わが国においても学力や進路など教育に関わる大きな不平等が存在することはすでに今日においてはよく知られている。以下では生まれによって学力や進学にどのような違いが生じているのかを改めて確認しておこう。ここで気をつけるべきはデータの信頼性である。統計データは多数存在するが，そのなかで信頼できるデータは意外に少ない。以下では調査対象の選び方や分析手法において信頼性の高いと思われるデータを取りあげよう。

ひとつは文部科学省が実施している『平成 29 年度全国学力・学習状況調査』と『保護者に対する調査』のデータを，お茶の水女子大学の研究グループが分析したものである。そこでは子どもの学力が出身家庭の特性に大きく左右されている現状が明らかにされている。図 7-1 は中学 3 年生について家庭の社会経済的地位（家庭の所得，父親学歴，母親学歴から作成した指標）と学力テスト得点の関係を示している。その結果は一目瞭然である。いずれの科目も社会経済的地位が高いほど得点も高い。つまり親の所得や学歴が高いほど得点は高い。なかには親の地位による正答率の差がほぼ 25 ポイントに達する科目すらある。

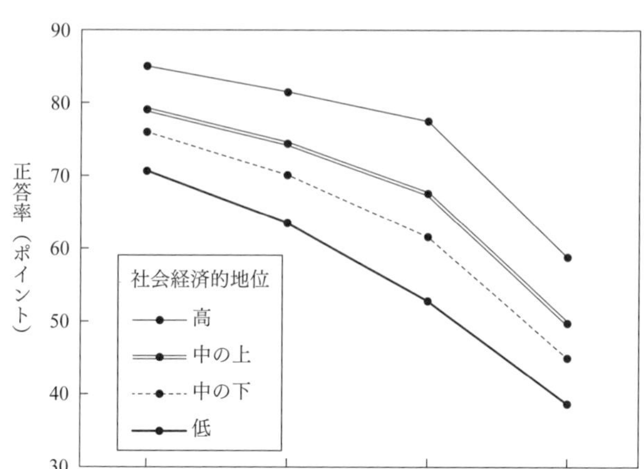

図 7-1　家庭の社会経済的地位と子ども（中学 3 年生）の学力

出典）国立大学法人お茶の水女子大学［2018］『保護者に対する調査の結果と学力等との関係の専門的な分析に関する調査研究』より作成。

さらに図表は示していないが，家庭の蔵書数が多いほど得点も高く，この関係は親の社会経済的地位を一定にしても残るという。このように家庭環境が学力に対してもつ影響は大きい。

もうひとつは「社会階層と社会移動に関する全国調査」（「SSM 調査」）と呼ばれる社会学者グループによる調査で，1955 年以来 10 年ごとに実施され，日本を代表する社会調査といえるものである。ここでは 2015 年実施の調査から，親の学歴構成と世帯所得が大学進学状況に与える影響を示すデータを紹介しよう（図 7-2）。まず親の学歴によって大学への進学が大きく左右されていることがうかがえる。親の学歴が高いほど大学に進学する。とくに両親が大卒の場合の進学率は 100％である。そして両親が大卒の者と中卒・高卒の者を比較すると，進学率で 40 ポイントから 60 ポイントものきわめて大きな差が存在する。同時にこの図からは世帯所得別の進学状況の違いも読みとれる。概して世帯所得が高いほど進学者比率も上昇する。ここでも出身家庭の影響が大きいことは明らかである。

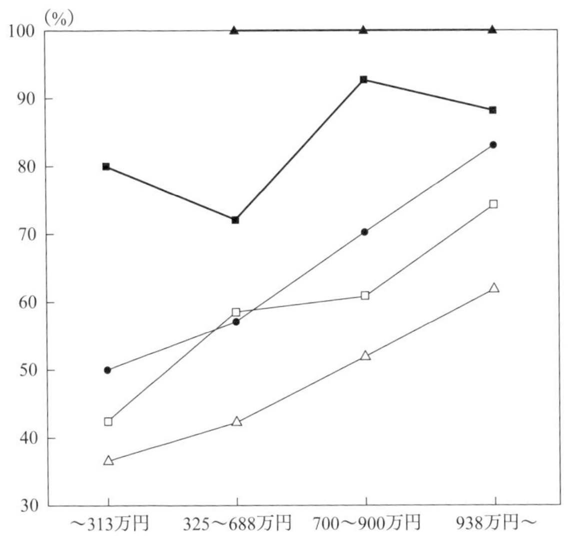

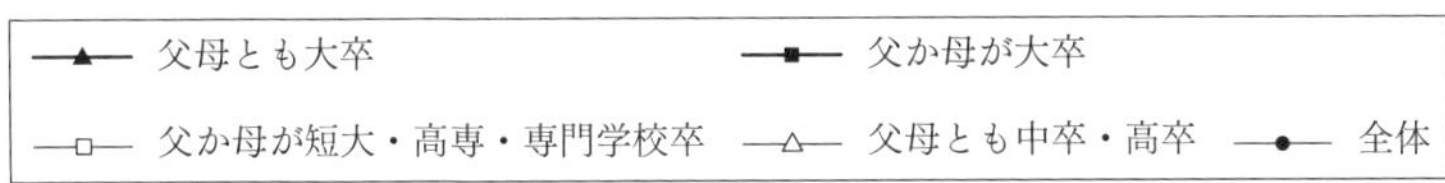

図 7-2　少なくとも子ども 1 人が大学へ進学した家族比率

出典）平沢和司［2018］「世帯所得と子どもの学歴――前向き分析と後向き分析の比較 1」（中澤渉編『2015 年 SSM 調査報告書 5 教育 II』2015 年 SSM 調査研究会）より作成。

2）不平等をどう説明するか

こうした学力や進学の不平等はどう生み出されるのか。あらかじめ断っておくが，完全な回答はまだない。以下でいくつかの説明を紹介するが，多くの議論は部分的であり，あるいはいまだ仮説であることは念頭においてほしい。

ひとつのアプローチとして資源論がある。ある種の資源の所有が有利さをもたらす，つまり資源の多寡が不平等を生み出すというのである。経済資本，文化資本，社会関係資本の 3 つの資源が挙げられることが多い。経済資本については説明するまでもないだろう。経済力をもつ家庭に育った子どもが学力や進学において有利であるということはすでに述べた。文化資本はフランスの社会学者ピエール・ブルデューによって提唱されたものであり，身体化されたもの（マナーなど），客体化されたもの（蔵書など），制度化されたもの（学歴など）の3種があるとされる。ブルデューは文化資本が学校教育でよい成果をあげることに貢献するとしている（ブルデュー［2007］）。親の学歴や蔵書のもつ効果についてはすでに触れたとおりである。そして社会関係資本は人々のもつネットワークの豊かさを資源と捉える。すでに学校選択について述べたように，親がネットワークを豊かにもつか，もたないかは子どもの生活・学習の質にも大いに関わってくる。ブルデューが指摘するような，こうした家庭や学校を通じた有利さの維持メカニズムは「文化的再生産」と呼ばれる。

もうひとつの不平等形成の説明理論として階級文化論がある。これについてはイギリスの社会学者ポール・ウィリスの労働階級の生徒文化研究が代表的である。それによれば「落ちこぼれ〔failed〕た労働階級の生徒たちは，……ただ仕方なく落穂ひろいしているのではない」。つまり彼らは劣等感をもちつつ，労働階級への進路を強いられているわけではなく，むしろ積極的に労働階級への進路を選び取っている。そしてそれはなぜかというと，そうした生徒たちの文化と，労働階級の職場文化との間に連続性があり，かつ労働階級と中産階級の文化間に強い対抗関係があるからである。ウィリスが「野郎ども」と呼ぶ労働階級の若者たちからすれば，学校で従順に過ごす中産階級の生徒たち――彼らは「野郎ども」から「耳穴っ子」と呼ばれる――は，「いつも聴く一方であって，みずから行為するということがないようにみえる。内からこみあげてくる生命力に動かされることもなく，ただ杓子定規に何でも受容する」連中である。しかし対照的に「野郎ども」は学校のなかの「よそよそしい力が支配する状況を自分たちの論理でとらえかえ」そうとする。だが，そうした生徒間の断絶，すなわち「〈耳穴っ子〉と〈野郎ども〉とを画する線は，将来，熟練工と不熟練工とを，あるいはホワイト・カラーとブルー・カラーとを画する線にほぼつながる」ことになる（ウィリス［1985］）。

3つ目に指摘すべきは相対的リスク回避仮説と呼ばれるものである。多くの社会学理論が文化や規範の存在によって社会現象を説明しようとするのに対して，この理論は人々の合理的行為の積み重なりとして社会現象を説明する合理的選択理論の立場に立っている。具体的には，親は子どもが下降移動をしないように行動する，つまりそれを合理的とみなして行動する。そしてそのことは，たとえば高学歴層の親は子どもにも高学歴を目指させるが，低学歴層の親は子どもが低学歴で満足するといった，階層によって異なる行動をもたらす。なぜなら「より高いレベルの教育を受けようとする際の失敗の危険（リスク）と費用（コスト）が恵まれた家庭出身の人たちよりも，恵まれない若者にとってより大きくなりがちだからである」。要するに「出身階層の違いによって，費用―便益の評価に違いが生じ」，そのことが階層による行動の違いを生み出すとされるのである（ゴールドソープ［2005］）。

相対的リスク回避仮説の応用的理論として学歴下降回避仮説もある。この説の提唱者は日本人社会学者の吉川徹であるが，そこでは親は子どもの学歴が自分の学歴よりも低くならないように行動すると考えられている。そしてこの仮説は日本によく当てはまるとされる。加えて，この行動の帰結としてわが国で今後，大卒層と高卒層の二大階層への分断が生じる可能性も主張されている（吉川［2018］）。

以上の議論はそれぞれに説得力をもつが，不平等の各要因が相互にどう関係し，全体としてどう作用するかは，ほとんど明らかではない。フランスの社会学者レイモン・ブードンなどが，広い視野で不平等生成の構造を描くことを目指し，数理モデルを用いたシミュレーション研究を行っているが，いまだ十分な展開をみたとはいいがたい。残された課題は多いというべきである。

3　学校に何ができるか

こうした不平等を是正するために何ができるのだろうか。いうまでもなく，やるべきことは教育の領域にとどまらない。経済・雇用・福祉など幅広い領域で対処すべき問題であることは論を俟たない。しかしここでは学校教育で何ができるかを中心に論じよう。

ひとつのヒントになるのは，先述の文部科学省『平成29年度全国学力・学

表 7-2　高い効果を上げている学校の特徴

1	家庭学習指導	・家庭学習の手引きや保護者啓蒙 ・良いノートを紹介し，取り組めない子供には手厚く指導する →家庭学習ができるような支援 →家庭学習の交流，調べ学習や課題発見の力につなぐ取り組み
2	管理職のリーダーシップと同僚性の構築，実践的な教員研修	・若い教師の研修を生かした校内研修 ・一人一授業で日常的に研究授業 ・授業研究会前後の活発な授業研究 →世代を超えた同僚性の構築 →授業を通した力量形成
3	小中連携教育	・小中一貫した学習ルール ・小学校から学ぶ問題解決の授業 →生涯を見通した学習観 →地域で活躍する人材育成
4	言語に関する学習規律の徹底	・学習規律を前提に対話的な授業 ・課題を明確にする教師の授業力 →学ぶことが当たり前になる学校づくり →話し合い，学び合う授業
5	学力調査の活用，補充学習等	・一人ひとりの課題を明確にする ・質問紙調査から学校の課題を見出す ・学力や家庭の協力の弱い子どもへの個別の補充学習 →一人も見逃さない手厚い指導

出典）石井恭子・冨士原紀絵［2018］「第 14 章 高い成果を上げている学校――事例研究」国立大学法人お茶の水女子大学『保護者に対する調査の結果と学力等との関係の専門的な分析に関する調査研究』より作成。
注）原文には平成 25 年度・29 年度の両調査の結果が示されているが，紙幅の関係で 29 年度調査のみ紹介した。

習状況調査』のデータを用いてお茶の水女子大学が実施した分析である。そこでは 2013〜17 年について，生徒の得点が保護者の社会経済的地位に規定されるとの前提のもと，各学校の保護者の社会経済的地位から予測される得点を上回って，安定的に高得点を示す小・中学校を「効果を上げている学校」と位置づけ，その得点の高さの背景に迫っている。その主たる知見を表 7-2 にまとめた。

もうひとつのヒントは，志水宏吉が多数の学校調査の経験から得た知見として挙げる「しんどい子に学力をつける 7 つの法則」である。ここで「しんどい」とは志水が主に調査対象とする関西地方でよく使われる表現であり，「家庭や地域にさまざまな課題があり，それが子どもの学校生活上の課題（勉強ができないとか，仲間から孤立しているとか）につながっている」時，教師はその子を「しんどい子」と呼ぶという（志水［2020］）。そして，その 7 つの法則とは，「①子どもを荒れさせない　②子どもをエンパワーする集団づくり　③チーム力を大切にする学校運営　④実践志向の積極的な学校文化　⑤地域と連携する学校づくり　⑥基礎学力定着のためのシステム　⑦リーダーとリーダーシップの存在」である。加えて志水は，こうした学校の努力が，「行政の力」と組み合わさることの重要性も指摘している。すなわち，行政との連携やその支援がなければ学校の努力も実を結びにくいというのである。

以上に挙げた 2 つを比べると，それらの内容にかなりの重なりがあることに気がつくだろう。つまり教師集団のまとまりと力量，改善への意欲，家庭・地域との密接な関係といった事項だが，それらは学校が掲げる目標としては当たり前の事柄ばかりともいえる。換言すれば「しんどい子」たちの学力の底上げには，いわば基本に帰っての学校の対応が求められるのである。しかし，多くの学校がもつ従来の態勢のままではそうした努力に限界があることも確かだろう。そこで志水のいう「行政の力」が重要になってくる。さまざまな情報提供や相談業務とともに，教員の加配や，近年多くみられるようになってきたスクールソーシャルワーカーの配置など行政からの学校支援は欠かせない。

このように学校教育には不平等を是正することの期待がよせられる。しかしこれまでも述べたように学校には限界がある。たとえば学校は親の雇用や労働といった事柄には関われない。よって前述のように学校教育以外での対応も重要となる。本章ではそこに踏み込む余裕がないが，阿部彩が端的に指摘するように「医療，食料，住居，そして親との安定的な生活が確保され」ること，すなわち「家庭を親ごと支援する体制」が整うことで子どもはストレスなく学習に打ち込む環境を手にすることができる（阿部［2012］）。

おわりに

「何でみんな頭にきているのかと思ってた。……どこが悪いのか，よくわからなかった」（"Five Takeaways From Olivia Jade's First Interview About the College Admissions Scandal," *New York Times*, 2020 年 12 月 8 日）。

本章の冒頭で紹介した入試スキャンダルでの逮捕者には，テレビドラマの主演女優として広く知られた俳優がいた。彼女は娘をボート競技の舵手に仕立てて大学に入学させたが，この事件が明るみに出た後に娘は退学している。その娘が――彼女自身，多数のフォロワーをもつ有名人である――その後テレビのトークショーに出演して事件について語っていた。彼女は事件について謝罪はしつつも，親の不正行為を知っていたかどうかには言葉を濁し，また何とも驚くべき発言をしていた。スキャンダルに対してなぜ世間の人々が立腹したのか，その理由が理解できなかった，というのである。

たしかに米国では，多額の寄付と引き換えに，大学が寄贈者の子どもを入学させることはそれまでにもあった。だからといって不正行為による入学が許されるわけではない。手段の善悪など関係なく，とにかくうまく入学してしまえばよいと思うのか，あるいは自分たち富裕層にとって難関大学入学は当然のことでも思うのか。いずれにせよ，サンデルがいう「市民的感受性」の欠落どころか，モラルの崩壊は隠しようもない。

翻って日本ではどうなのだろうか。すでにみたように教育に関わる大きな不平等が存在することは間違いない。とはいえ米国ほどの，人種やエスニシティとも絡み合っての複雑で深刻な社会の分断と混乱が，少なくともいまのところみられないことは救いというべきだろう。分断に手をつけられなくなる前に改善をすること，すなわちそこで学校でできることを，たとえば家庭環境に困難をもつ子どもたちに着実に学力を付けて社会に送り出すといった努力を，地道に行っていくしかない。

（伊藤彰浩）

【さらに探究を深めるための読書案内】

松岡亮二［2019］『教育格差』中公新書。

豊富なデータと歯切れの良い文章で，日本の教育格差を描き出す。大量の数字にたじろぐかもしれないが，ぜひ手に取ってみてほしい。

松田恵示監修，入江優子・加瀬進編著［2020］『子どもの貧困とチームアプローチ――“見えない”“見えにくい”を乗り越えるために』書肆クラルテ。

貧困に対して学校や教師ができることのヒントを与えてくれる。教師を目指す読者は目を通してもらいたい。

ウォルター・シャイデル［2019］『暴力と不平等の人類史――戦争・革命・崩壊・疫病』鬼澤忍・塩原通緒訳，東洋経済新報社。

歴史的視野でもって不平等がいかに強固に存在し続けるかを浮き彫りにする。平等な社会を目指すことの困難さに学ぶことの意義もある。

Taking Sides

遺伝的個人差を考慮して教育内容は変えるべきか

この問いは，どのような生徒を対象として考えるかによって，論ずべき内容が変わってくる。たとえば進学塾で，テストの得点の高低によって，クラスを分け，それぞれのクラスで異なった内容を教えるといったことはよくみられるだろう。また，障がいをもった子どもに対して，その障がいの種類や程度に応じて，学ぶ内容を変えるということも一般的である。しかし障がいをもった子どもやその家族が，健常者と同じ教育を受けることを希望する場合もある。その場合は，教育内容を同じにすべきか，そうでないかが論点となり，ときには激しい論争にもなる（第2章 Taking Sides）。

以下では，いわゆる英才教育と呼ばれる，生まれつき特別に高度な能力をもった子どもに対する教育の問題を取りあげよう。これも学校教育における一種の平等に関わる問題だからである。つまり特別に優秀な子どもに対して教育内容は変えるべきか，それとも変えるべきではないか。

そもそも日本において英才教育の議論が活発であったかといえば，そうとはいいがたい。実は戦前期には飛び級の制度が存在したし，戦時期など一時期とはいえ英才児のための特別学級がおかれたこともある。しかし概していえば，またとくに戦後日本では，むしろそれはタブー視され，それについての議論はきわめて低調だった。むろん散発的にそれが話題になることはあった。たとえば60年代には独創的な科学技術者養成が求められ，「ハイタレント・マンパワー養成」の必要性が主張された。知的・芸術的分野での優秀児への弾力的な対応も求められた。70年代には「個人の能力・適性などの分化に応じて多様なコースを選択履修」させ，「能力に応じて進級・進学に例外的な措置を認める」ことも提言された（1971年中教審答申）。90年代にも「教育の例外措置」についての議論が政府内で進められた。

しかしこうした議論が実際の制度改革にもたらした効果が大きいとはいいがたい。89年には大学学部3年生からの大学院入学が，98年には高校2年修了で大学入学が，また99年には大学での3年の在学期間で学部卒業が認められた。いうまでもなくそれらを実施するかどうかは各大学・大学院に委ねられている。そして実際にそれらを実施するところは限られ，その校数が順調に増加したともいえない。英才教育の議論も実態もきわめて限定されていたということは前提として踏まえておくべきだろう。

以下では英才教育の推進派・消極派それぞれの考え方を挙げてみよう。

①英才教育の推進論

英才児は同一年齢人口のおおよそ3%存在するとされている（麻生誠による)。それらのきわめて優秀な人材を早期にみつけ，その可能性を十全に開花させるための教育環境を与えることは，日本の国際競争力を増すという国家的要請に応えることであるにとどまらず，ひろく人類全体にとっても有用なことであり，是非とも推し進めることが必要である，というのが推進派にとっての基本的な主張であろう。

そうした主張の際に論拠としてしばしば挙げられるのは，すでに英才教育を充実させた諸外国の実態である。さらにそこでは，海外と比べ日本の教育システムの有するとされる画一性，悪平等的側面が批判される。そして単に制度的な改革にとどまらず，「出る杭を打つ」のではなく「出る杭を尊重する」ことへの日本の教育文化，組織文化の根本的な変容が求められるのである。

②英才教育の消極論

英才教育に対してはとりわけそれを公教育において行う場合に，公平の原則にもとるという批判が根強いであろう。なぜ公教育が少数の優秀者に特別の待遇を与えなければならないのか，ということに社会の合意ができているとはいえない，と主張されるのである。さらにそうした議論と重なるのは，英才教育がエリート教育化することへの警戒である。公教育のなかにエリートコースをつくり，他に比べて手厚い環境を与えることには，批判的な意見が少なくないだろう。

もうひとつには，従来ささやかとはいえ実施されてきた英才教育が，きわめて顕著な成果をあげたとはいいがたいことである。規模や資源の限界が成果にも影響したのであろうが，成果のみえないものへの支持は得にくい。加えて，近年の不平等社会への関心の高まりは，英才教育にはマイナスに働くだろう。満足な学習環境すら与えられていない子どもたちが多数存在するというなかで，英才教育への優先順位はやはり低くならざるをえないのである。

第 8 章

学校教育批判の系譜

はじめに

いまの日本の学校は「注文の多い料理店」。これは1924年の宮沢賢治による童話のパロディである。「料理店≒学校，スタッフ≒教職員，お客≒子ども，料理≒教育・学習の内容」。とりわけ小学校から高校までの特徴は2つある。①客が食べたい料理を自分から注文できるチャンスは少ない。メニューは店側で前もってほぼ決めてある。②客がどれだけ食べたかを後でスタッフが試験する。ネット上のサイトとは逆に，店からの評価を客が気にしている。とすると「注文の多い料理店」を繁盛させるのは大変で，教職員の苦労にはきりがない。料理やサービスが合わない子どもは，当然ながら登校したがらない。なのに行かない状態が続くと「不登校」という問題行動とされる。

教職員や子どもの重い負担は100年以上も世界中で課題とされてきた。いまの日本の学校教育も例外ではない。2017年の学習指導要領も2021年の中央教育審議会答申もその対策といえる。こうした教育改革はこれから成功するだろうか。この章ではその成否を考えるヒントを学校教育批判の系譜に探る。教室での授業を改善しようという提言から，学校制度を廃止してしまえという主張まで，この系譜には多様な声があふれている。読者はそれらを少なくとも2つの立場で読むことができるだろう。①自分の過去を振りかえりつつ，長らく学校教育を受けた子ども。②自分の未来を見通しつつ，子どもと接する教員や保護者。両方の立場から学校教育への見方を振りかえってほしい。

1　20 世紀の学校教育批判

1）学校教育批判の前提と前触れ

20 世紀を通じた学校教育批判にも，歴史上の前提と理論上の前触れがある。歴史上の前提とは学校教育の普及である。主に 19 世紀から各国で始まった近代学校制度，とくに義務教育の現実である。当時の中央政府の急務は国民を統合することだった。政府を支えるエリートを育てる大学や，富国強兵を担う人々を育てる小学校を，各国は大急ぎで整備した。教員を養成する師範学校の多くで，19 世紀ドイツに始まるヘルバルト流の教授学が採用された（第 1 章）。国民の就学率は上昇して教育の機会均等が進み，教師や教科書を中心とする一斉教授法が普及していった（第 3 章）。

理論上の前触れとは新教育運動の主張である。歴史の逆説なのか必然なのか，19 世紀末には義務教育が「旧教育」と批判されはじめる。その流れは 20 世紀前半までに世界へと広がり，日本では大正新（自由）教育と総称される。代表的論者であるジョン・デューイは 1859 年にアメリカで生まれ，シカゴ大学の実験室学校での経験から，教育改革の 2 つの原理を提案した（デューイ［1957］）。①学校の社会化は教育内容と関わる。大人の職場が農場から工場に移り，子どもは教室に閉じ込められた。子どもたちが綿や毛糸から織物を作る実験室学校の授業は，学校と社会をコミュニケーションさせる試みだった。②児童の中心化は教育方法と関わる。当時の義務教育の主流は教師や教科書を中心とする一斉教授法にあった。民主主義の実現を目指した彼は，子どもの関心や経験を中心に据えようとした（第 11 章）。

デューイの主張を新教育運動はどう受け止めたか。田浦［1984］によると，進歩派は児童の中心化を歓迎しつつ学校の社会化を後回しにした。とくに世界恐慌が続く 1930 年代にその傾向が強まった。そのためデューイは自説と児童中心主義との違いを力説することになる。新教育運動のこの態度には 3 つの背景があった。①子どもの自主性を軽んじた「旧教育」への反動。②資本主義とマルクス主義の対立を避けたこと。③進歩派の学校の保護者が比較的豊かだったこと。学校の社会化の後回しをやがて脱学校論や批判的教育学が追及することになる。

2) イリイチによる脱学校——教育制度化と学習ネットワーク

新教育運動が収まりかけた1970年頃，近代的な学校教育は新たな挑戦を受ける。批判者の代表としてイヴァン・イリイチとパウロ・フレイレを取りあげよう。学校教育批判のほとんどは，現実の社会から学校という施設をなくせ，と単純に主張したわけではない。むしろ批判のポイントは，近代制度としての学校教育の失敗，とくに経済的な非効率さや心理的な抑圧を指摘し，政治的な解放を目指すことにあった。2人ともカトリック信者でありながら，専門家頼みの権威主義を嫌い，ラテンアメリカでの教会改革を支持した。そこから生まれた批判と提言とは何であったか。

イリイチは1926年にオーストリアで生まれて神父となり，アメリカ大都市のスラムにある教会で働いた。やがて彼は人間の価値を制度化する近代産業社会を批判しはじめる。教育・福祉・医療などのシステムには個人を依存させる傾向がある。本人による自律や問題解決が軽んじられ，専門家によるサービスの受け手へと人々が飼い慣らされる。制度化された教育を担う学校を彼は以下のように定義した（イリッチ［1977］）。お仕着せの教育課程にフルタイムで出席するよう，学齢期の子ども全員に教師を中心として要求するシステム。「子どもは学校でのみ学習できる」という思い込みが定着すると，学校や教師への期待は膨らみ続け，本来の目的である学習は手段にすぎない通学と勘違いされてしまう。

教育を制度化している社会を脱学校化するべく，イリイチは学習のためのネットワーク（「機会の網状組織」）を提唱した。優れた教育制度は3つの目的をもつという。①学びたい誰もが世代の区別なく資源を利用できる。②ある知識を教えたい人と学びたい人をマッチングする。③公共的な問題を提起したい全員に機会を提供する。教育者はこのネットワークに貢献しなければならない。専門家の仕事は，教育に活用できる資源をリスト化して，教え手と学び手をつなぐことである（第9章も参照のこと）。新しい教育が教師に求めるのは，卒業証書や資格証明を発行するだけの学校制度から，経済的・思想的に独立することである（イリッチ［1977］）。

3）フレイレによる教育的対話――リテラシーと課題提起教育

フレイレは1921年にブラジルで生まれ，成人識字教育の方法としての対話を編み出した。当時の庶民は貧困に苦しみ，政治的自由も制限されていた。経済成長を目指す政府は識字教育を推し進め，その教師として彼は高い実績をあげた。彼流のリテラシー学習は文字を操作する技術にとどまらない。農民や労働者は生まれつき無知ではなく，社会の不平等や初等教育の失敗のせいで，読み書きを修得できずにいるだけである。人々が押しつけられた沈黙の文化を破り，自分の声を発することがリテラシーの学習や社会の民主化につながる。抑圧された者は自らの無力感や支配者への劣等感を乗りこえるべきだという。教育者の仕事はこの変革を助けることなのだから，教育は政治から切り離せないと彼は主張した。この政治信条はやがて当時の政権にとって不都合になる。

フレイレ曰く，教育者の役割は学習者と自由に対話することだ。では自由の実践としての対話とは何か。彼は2つの教育方法の対比で説明した（フレイレ［2011］）。①銀行型教育は退けられる。銀行型とは，預金者たる教師が口座としての生徒に預金のように知識を注入する，というたとえである。その欠点は，何を学ぶべきかの選択を教育者が独り占めする点にある。学習者がもつ知識は無視され，何を学びたいかは本人に問われない。②課題提起教育が推奨される。対話によるこの方法は学習者の日常生活を出発点とする。人々が普段どんな会話を交わし，どんな問題に困っているのか。それを調査した教師が解決すべきテーマを提起する。その課題をめぐる対話でリテラシーの学習が始まる。リテラシーの修得とは人々が対話しながら世界を読み合う実践なのだ。

イリイチとフレイレには3つの共通点がある。①「教育されるべき人間」という近代的人間観を疑った。教育者の大半が受け入れてきた人間観に反し，大人が子どもを導く技術にこだわらない。②子ども時代から生涯へ，学校から社会へと，教育を語る視野を拡げた。子どもに与える学校教育に代わり，人々が自主的に取り組む生涯学習を提言する。③教育論よりも学習論に熱心ともいえる。学習ネットワークも課題提起教育も，子どもより成人を想定していたようだ。対話の方法は義務教育以降の段階により適切で，若い世代には伝達も含む指導が有効かもしれない。

4）学校教育批判と中教審答申を重ねると？

2021 年の中央教育審議会答申は「令和の日本型学校教育」を掲げ，「個別最適な学び」と「協働的な学び」を唱える（序章）。2 つの学びを学校教育批判と強引に重ねてみよう。第一に，個別最適な学びがイリイチの脱学校論に通じるのは，一斉教授法の短所を補おうという意図である。ICT による遠隔教育は新しい方法を推し進め，学習者の主体性を引き出すかもしれない。とはいえ誰が個別最適を決めるか，で両者の意見が分かれそうだ。脱学校論なら学習者に判断を任せるだろう。しかし中教審答申はその判定を教員の主導権に期待する。

第二に，協働的な学びがフレイレの教育的対話に通じるのは，学習者を知識の生産に関わらせようという配慮である。教室での対話には課題の発見や対応への可能性もある。とはいえ学習者の貢献をどうみつもるか，で両者の意見が分かれそうだ。教育的対話論なら教育者の役目は課題の提起であって解決ではない。しかし中教審答申は正解を先取りできる教員の主導権に期待する。こうみると日本の教育施策では教員への期待が重い。教育者と学習者が主導権を分かち合う，というイリイチやフレイレの発想は「教員の働き方改革」にも役立ちうる。学校教育批判を現状への非難とみて遠ざけるばかりではもったいない。

2　批判的教育学の理論と実践

1）ジルーによる批判的教育学——再生産論からリテラシーへ

2 人の学校教育批判はアメリカを中心にさらに展開される。ここではヘンリー・ジルーの批判的教育学を紹介する。彼は 1943 年にアメリカで生まれた教育研究者で，この学派にはフレイレの影響が色濃い。ジルーによると，フレイレは現実を告発しただけでなくその変革を予告した。こう考える前提には

1960 年代に欧米で生まれた教育の再生産論がある。再生産論者たちによると，当時の教育制度は社会の平等の実現に貢献せず，むしろ不平等の存続を支えている。その意味で学校も教師も政治的に中立でなく保守的である。この主張はいまの日本の教育格差を分析した松岡［2019］に通じる。再生産論は不平等を指摘したけれども，その現状を変えるための発想が弱いとジルーはいう。

そこでジルー（Giroux［1992］）は変革の手がかりをフレイレのリテラシーに求めた。世界を読み合う対話は意味を産み出す実践でもある。識字を含む学習一般には，意味をめぐる服従と抵抗という両面がある。①教育内容を指示されたまま読んで受け入れる服従。フレイレはこれを伝達と名付けて批判した。②教育内容を別のやり方で読んで反抗する抵抗。フレイレはこれを対話の前提とみなす。その上で平等を目指す抵抗にジルーは期待した。教育者の役割は学習者による抵抗を促し，学校教育を変革することにある。学校という公的な場に集う人々が，同じ教材から自分なりの意味を産み出す。そこで意味をめぐる主導権を奪い合う葛藤も生じる。そうした葛藤があっても，むしろその葛藤のおかげで，教師の主導権により学習者たちは民主的に対話できるのではないか。

2）理論と実践をつなぐ言説——文化の政治力学

ここに大衆文化を政治・経済につなぐ舞台，つまり文化の政治力学が用意される。ジルーは近代的な平等と現代的な差異を両立させようとした。①近代的な平等とは，近代社会の公理とされる個人の平等をさす。この理念は教育における学習機会の均等を推し進める。ただし平等とならぶ自由の理念は社会における結果の不平等も受け入れる。平等と自由の両立という難問はここにも現れる。②現代的な差異とは，自己と他者を分ける境界をさす。現代の個人はさまざまな社会的立場で暮らしている。たとえば経済的な階層，ジェンダー，人種・民族などが差異の指標とされ，集団としてのアイデンティティの支えにもなるし，人々を自他に隔てる壁にもなる。建前の平等や社会の分断を見極めつつ，この境界を双方向から乗りこえよう，とジルー（Giroux［1992］）は呼びかけた。

この作戦をとる批判的教育学は言説分析と 2 つの意味で結びつく。①言説分析とは大衆文化などを政治力学の視点で読み解くことである。身近な文化を手

コラム

近代学校教育とアイヌ民族

近代学校教育を文化の面でみなおすため，ある国家と民族の関係を振りかえろう。日本政府という自己はアイヌ民族という他者とどう関わってきたか。1868 年に明治政府が成り立ち，1945 年の敗戦で出直した経緯から，北海道と沖縄県は「内国植民地」とも呼ばれる。内国というのは，江戸時代から幕藩体制に組み込まれ，1945 年以降も日本の統治を受けるからである。1899 年の北海道旧土人保護法は先住民族アイヌに，勧農と教育を通じて日本国民への同化を強制しようとした。先住民族が少数民族と違う点は，近代以前からその土地に住み，法的な合意なしに国家に組み込まれた歴史にある。小川［1997］を読むと，戦前のアイヌ児童が通う「旧土人小学校」において，「教師≒日本政府，生徒≒アイヌ民族，教育・学習の内容≒日本文化」という構図は切実だったと分かる。

この保護法は 1997 年のアイヌ文化振興法制定とともに廃止された。新しい法の趣旨はアイヌ文化の振興と国民の知識啓発にある。また 2019 年のアイヌ施策推進法は，アイヌ民族の誇りの尊重と民族共生象徴空間の整備を目的とした。そして 2020 年にアイヌ民族をテーマとする国立施設, Upopoy が北海道に設立された。その公式サイトは学習指導要領の「博物館の利用」を引き，ウポポイを学校教育で活用しようと謳う。こうした変化の兆しは日本政府によるグローバル化対応の一環でもある。それでも過去の教育施策を振りかえるとどうか。①フレイレの対話論からみて，政府は先住民族との対話にずっと冷淡だった。②ジルーの教育学からみて，日本は少数派を政治・経済・文化などの面で支配してきた。③デリダの正義からみて，多数派は他者に開かれた態度を示さなかった。つまりこの章の批判的リテラシーからして，日本の学校教育も厳しい評価を避けられない。

がかりに政治や経済の仕組みを批判できるよう，教師は生徒を援助すべきだという。②批判的教育学とは理論と実践をつなぐ言説でもある。この作戦そのものが実践を呼びかける理論となり，理論と実践を区別しないことには積極的な可能性がある。ジルーが理論をこえて実践を呼びかけたこともまた，言説として分析される運命にある。

たとえば映画「スターウォーズ」を文化の政治力学でどう分析できるか。このシリーズは大衆文化を象徴するもので読者の多くもご存知だろう。最初の映画は 1977 年にアメリカで公開され，2019 年に 9 部作として完結した。壮大な物語には 2 つの特徴がある。①キャラクターの変遷。ヒーローとなる人物像は白人男性から，女性・黒人・アジア系に広がっていく。政治的にはジェンダー平等や人種差別撤廃の潮流が映りこみ，経済的には興行収入を伸ばすグローバル戦略があった。②善と悪という二項対立。銀河系では共和国と帝国の戦争が続き，主人公たちは光と闇の間で葛藤する。二項対立は暗黒面をネガティブに演出することで映画の主題へと成長していった。

3　自律的主体の脱構築

1)「良い子はここで遊ばない」

こうした学校教育批判に現代の思想はどう応えるだろうか。今回は現代思想のキーワードのひとつ，「主体の脱構築」に挑戦したい。これが読み手にとって手ごわい一因は，20 世紀後半のフランスに始まったからだ。いまの日本に生きる私たちは回り道をしよう。筆者が小学生だった頃に近所の駐車場に張り紙があった。「良い子はここで遊ばない」。子どもたちは「ぼくらは悪い子やから」と笑い飛ばして遊んでいた。書いた側と読んだ側が違う思惑で解釈する。そこに 2 つの主体が立ち上がり，遊びたい子どもたちと遊ばせたくない所有者たちの思惑がぶつかる。所有者はもし自分の子が遊びたかったら親として許すだろうか。子どもがもし所有者になったら近所の子が遊ぶのを許すだろうか。こう深読みすると双方の思惑も主体の位置も安定していないと気づく。この見方で主体・意味・反復をめぐる常識を問いなおそう。

2) フーコーによる自律的主体と言説分析

ミシェル・フーコーは 1926 年にフランスで生まれ，ヨーロッパの歴史を振りかえることで私たちにとっての自明を問いなおした。ここでは慎改［2019］を頼りに，批判的教育学に流用された 2 つのキーワード，自律的主体と言説分析に注目する。第一に自律的主体とは，近代西洋で想定された個人のモデルをさす（第 4 章)。彼によると，18 世紀以降のヨーロッパでは，人間が事物や真理を認識する力は神と動物の中間とされた。神はすべてを認識できるが，動物は何も認識できない。人間という主体は理性による批判のおかげで認識の限界を超えていける。この人間観は歴史における人類の進歩に適用され，教育の文脈では生涯における個人の発達も批判のおかげとされた。

この人間観がヨーロッパで拡がると，権力のあり方も変わったとフーコーはいう。「規律権力」と彼が名付けた新しい力は，すべての人々を一様に監視し管理することで，従順かつ有用な個人をつくりあげようとした（第3章コラム）。そのための近代的な仕組みが，監獄・病院・学校・軍隊・工場など，個人を訓練するための施設である。規律権力によって立つ政府は，自発的に命令に従う自律的主体を育てようとした。こうして上からのまなざしが個人に注がれ，個人という主体はみはられる客体にもなる。監視の技術によって集められた情報は，権力を行使するための知識となる。このように権力が知識や個人を拘束していると，まず彼は言説のネガティブな作用を指摘した。

しかしフーコーの議論はそこで終わらない。主体かつ客体である個人はじつは不安定だ。慎改［2019］も引用した彼の言葉，「私が誰であるかと訊ねないでほしい。私に同じままであり続けるようにと言わないでほしい」。この言葉は個人のあり方が重層的で流動的だと語る。たとえば当時のフランスで男性同性愛者であることは否定的なレッテルだった。ところがそれを逆手に取ったゲイたちが堂々とカミングアウトしはじめる。当事者たちは自らの性的指向を肯定し，世間の常識を否定しようとした。個人や知識が権力に抗議する言動は，言説のポジティブな作用を示してもいる。

第二のキーワードは言説分析である。社会や個人へのこのまなざしは批判的教育学にも適用された。フーコーいわく，言説は私たちを脅かす力を行使したり，欲望の対象や闘いの賭け金になったりする。また闘争や支配を外から語るだけなくその手段や目的となる。つまり言説には知識と権力をつなぐ機能があり，その作用を明らかにする作業が分析だという。ただ彼とジルーでは力点が違うようだ。フーコーは知識と権力の関係の歴史を調べて連携やズレを分析していった。それに比べてジルーは教育の理論と実践を結びつけ，知識と権力の連携やズレを社会の変革に活用しようとした。

3) デリダによる脱構築と反復可能性

学校教育にかかわる現代の思想のうち，注目すべきキーワードは脱構築と反復可能性である。第一の脱構築の前に相対化を説明しよう。一般に相対化とは絶対化と逆の捉え方，つまりある物事を複数のパターンのひとつとみて，別のパターンに目を向けることである。現にフーコーも歴史を調べることで私たちにとっての自明を相対化しようとした。ところがジャック・デリダの脱構築はもっとややこしい。彼は 1930 年にアルジェリアで生まれ，脱構築という論法をその思想の特徴とする。高橋［1998］の解説では，これまでの西洋哲学の特徴は階層秩序的な二項対立にあるという。①二項対立は複雑な現実を A か B かに無理やり振り分ける。②階層秩序は一方を本物や善とみて，他方を偽物や悪とみる。なるほど「スターウォーズ」の主題も善と悪の対立に乗っている。

デリダ曰く，私たちの現実は複雑で「決定不可能性」を含むのに，それを暴力的に切り捨てることで単純な二項対立が成り立つ。言語には現実を分かりやすく秩序づける作用がある。ひとつの発言は複雑な現実を単純にみせる言説でもある。その単純化のおかげで私たちは現実を理解しやすくなる。デリダはその効用を承知の上で，複雑さを切り捨てる暴力を明らかにし，肯定的に他者に応答しようとする。なぜ彼は脱構築をこれほどまでに突き詰めたか。主な動機は法と正義をめぐる説明にある。①法の考え方は一般性・規則性・合理性・計算可能性を重んじる。②正義の考え方は法を超えた特異な他者との関係を重んじる。だから法と正義がぴったり一致することはない。そして法よりも優先すべき正義の核心に他者との関係がある。彼が語る正義とは，法で治めきれない余所者との関係を尊重することだ。

第二のキーワードは反復可能性である。高橋［1998］によると，デリダは反復可能性を脱構築するために，主体の権威と意味の同一性をこう分析した。①主体の権威を脱構築しよう。人間という主体は言葉の意味を確定できない。発言も文章も本人の意図を超えて，解釈する人々の間を独り歩きしていく。これは失敗ではない。その可能性のおかげで言葉が時空を超えて別の主体に届く。②意味の同一性を脱構築しよう。オリジナルの記号はいつでもどこでも不変の意味を保つわけではない。もとの文脈を離れた言葉は解釈されるたびに新しい意味を与えられる。これも失敗ではない。この不安定さのおかげで言葉を使う自由が私たちに開かれている。言葉を使う主体や言葉が伝える意味には，こんな可能性や不安定さがつきまとう。

通常の学校教育では，主体の権威や意味の同一性は安定しているとされる。デリダの脱構築はこの想定を揺るがす。さらに反復可能性の説明は続く。広い意味での反復は同一物の反復と差異の反復に分かれる。①同一物の反復はあくまで想像の産物で厳密には生じない。ある出来事がそれを包み込む文脈まで含めて，まったく同じように繰り返されることはない。②差異の反復はありふれた事実で，あらゆる出来事は多少なりとも異なる。それでも前と後に共通点があれば合わせて反復と呼べる。共通点がまったくなければ反復とは呼べない。反復可能性に照らせば，子どもたちがどんなに先生を真似ても，どんなに教科書を忠実に読んでも，その行為は必ず差異を含んでいる。だとしても失敗ではない。むしろ2つのズレに私たちの自由がかかっている。

おわりに

そろそろ「良い子はここで遊ばない」に戻ろう。ある主体が書いた言葉を別の主体は違う意味で読む。脱構築の見方では当然である。メッセージは書き手の意図どおり読み手に伝わるとは限らない。送り手には不本意でも受け手には一定の自由がある。反復可能性を踏まえると批判的リテラシーは次のように説明できる。①批判的とは「何が何でも反対する」態度ではない。話し書く側の意図を忖度することばかりに，聞き読む側がこだわらなくていい。あらゆる反復は同一性でなく差異の反復なのだから。②リテラシーとは文字の操作よりも世界を読み意味を産む実践である。聞き読むことに加えて語り書くことも批判的リテラシーには欠かせない。そこに言説をめぐる抵抗の可能性がある。主体の脱構築を折り込んだ批判的リテラシーは以上のように読み解ける。100年前からの学校教育批判をたどってきた読者は，大人や子どもだけでなくもっと多様な立場でこの第8章を読めるだろう。

（松岡靖）

【さらに探究を深めるための読書案内】

イヴァン・イリッチ［1977］『脱学校の社会』東洋・小澤周三訳，東京創元社。
もはや脱学校論の古典。急展開中の遠隔教育や教育の ICT 化へのヒントになる。

パウロ・フレイレ［2011］『新訳 被抑圧者の教育学』三砂ちづる訳，亜紀書房。
やはり批判的教育学の原点。教育方法が学習内容を左右する様子を描き出す。

桜井哲夫［1996］『フーコー——知と権力』講談社。
フーコー自身の著作より読みやすく，彼の人生と難解な用語を重ねて読み解く。

Taking Sides

教育は伝達か対話か

「教育は伝達か対話か」は教育学にとって伝統的な問いのひとつである。ここでは「教育は伝達である」という立場と，「教育は対話である」という立場について，本章で学んだいくつかの視点から検討してみよう。

第一に「教育は伝達である」という伝達派にとって大事な問いは何か。そのひとつが「教育内容を学習内容にどれだけ効率よく再現できるか？」である。知識と権力において優位にある先生が送信し，劣位にある生徒が受信する。この構図を伝達派は当然とみなす。伝達派にいわせると，対話派は教える立場と学ぶ立場をはなから混同している。このように混同してしまうと，正しい知識を正しい方向に伝達する，という教育の基本形が台無しになりかねない。そんな失敗は避けるべきである。教育者から学習者へと，より速く間違いなく内容を再現すること。これが教育と学習の目指す目標とされる。この主張は私たちの常識ともかなり重なる。

伝達派の言い分をデリダの反復可能性に照らしてみなおしてみよう。まず彼は反復を同一性の反復と差異の反復に区分した。①同一物の反復がそもそも現実に生じることはない。だからもし伝達派の目標が「完全に内容を再現したい」というものであれば，その期待は最初から実現できない。教育内容と学習内容がどんなにそっくりであっても，2 つの関係はあくまで差異の反復でしかない。②差異の反復はありふれた事実でしかない。デリダ自身も認めていたように，2 つの出来事にある程度の共通点があれば，2 つを合わせて反復と呼ぶことができる。だから教育内容との共通点を学習内容がもっている限りで，学習内容を差異の反復とみなしてよい。

少なくとも差異の反復を基準とすると，内容の再現を目指す伝達派の期待はまったくの的外れでもない。同一性の反復までは実現できなくても，差異の反復ならありふれた事実だからである。反復可能性の見方では，「教育内容を学習内容にどれだけ効率よく再現できるか？」というさきの問いは，次のようにいいかえるのが適切だろう。つまり「どれだけの共通点で満足し，どこまで相違点を許容するか？」である。つまり伝達派にとっても，単純に再現の度合いを高めることだけが目標ではなくなる。むしろ反復されるべき共通点と許容されていい相違点をどうみわけるか。そしてそこで生じる相違点は私たちの自由の表現でもある。

第二に「教育は対話である」という対話派にとって大事な問いは何か。そのひとつが「不当な権力の影響を避けていかに公正に対話できるか？」である。教え手と学び手が入れ替わることのできる関係は，対話派にとって望ましいスタートであり目指すべきゴールである。対話派にいわせると，伝達派は知識と権力をめぐる上下関係をはなから固定している。このように上下関係を固定してしまうと，平等かつ自由な対話として教育と学習を実践する，という理念が台無しになりかねない。そんな失敗は避けるべきである。そのための試みを本章でもいくつか紹介した。たとえばイリイチが提案したように，市民のための学習ネットワークを整備し，民主的な議論を推し進めることが，対話派にとっての目標である。この考え方は古い学校教育よりも新しい生涯学習に近い。

現実の学校教育，たとえばいまの日本の小学校から高校までの現状を，対話派はどのように評価するだろうか。フーコーによると，権力によって知識が成り立ち，知識によって権力が支えられるという。学校教育批判にはこの共犯関係を告発するねらいもあった。またこの批判の言説は知識が権力に抵抗する可能性も予告していた。この可能性を追い求めた現代思想のひとつが，デリダの語る脱構築，つまり法を超えて他者に応答することだった。とはいえ暴力が根絶できないことも彼は承知していた。たとえば教師の主導で子どもたちの対話が進んだとしよう。この場面にもイリイチのいう制度化やフーコーのいう権力の影がさす。対話派にとっての課題はこの影をみのがさないことだろう。脱構築はその影を可視化しつづける正義のための論法でもあった。

「伝達か対話か」の片方に味方するだけでは，この伝統的な問いは解決できない。イリイチの優先順序では，学習が目的であって教育はその手段である。それを受け入れて「望ましい学習に適した教育を」というのは簡単である。けれども望ましい学習をどう設定するかという問いは残る。100 年以上も前に新教育運動が批判した旧教育では，問題の構図はもっと単純だった。ICT の進展で教育をめぐる環境は複雑になり，私たちは情報を相互に送受信できる社会に生きるしかない。イリイチの学習ネットワークや 2019 年文部科学省の GIGA スクール構想も同じ流れにある（第 9 章）。情報の高速による伝達と良くも悪くも規制されない対話が錯綜している。このままウイルス感染対策などが続くなら，スタッフと客が集う料理店という学校のパロディも通じなくなりそうだ。

第 9 章

情報通信技術と教育

――「学校教育の情報化」と冷静に向き合う

はじめに

日本社会では情報通信機器の普及が進み，その利用率は全国的に高い水準を示している。総務省［2021］『令和 3 年版 情報通信白書』によれば，スマートフォンの世帯保有率は 86.8％，個人のインターネット利用率は 83.4％となっている。2020 年 3 月からは，第 5 世代移動通信システム（5G）の商業利用が開始され，動画・音楽市場では，有料の定額制配信型サービス（サブスクリプション）の売上高が，従来のダウンロード課金型を大きく上回っている。若者の間では，Twitter や Instagram などの SNS（ソーシャル・ネットワーキング・サービス）に加え，LINE などのコミュニケーションアプリを利用する頻度も高い。また，インターネット上で各種データ管理などを可能にするクラウドサービスや，Zoom や Skype などの Web 会議サービスも，個人および企業利用の増加にともない，その市場規模を年々拡大させている。

このように，情報通信技術，いわゆる ICT（Information and Communication Technology）は，通信基盤から生活基盤へとその役割を大きく進化させ，人工知能（AI）の著しい進化とも連動しながら，私たちの生活や企業の経済活動に必要不可欠なインフラとして社会に定着している。本章では，こうした情報通信技術の発展が学校教育の世界にどのような影響を与えているのか，「学校教育の情報化」の現状とその課題を学んでいこう。

1 「学校教育の情報化」の現在地

日本の教育政策において，普通教育での情報教育の必要性がはじめて示されたのは，1985 年 6 月の臨時教育審議会第 1 次答申と考えられている。その後，中学校技術・家庭科の技術分野での「情報基礎」の新設（1989 年），高校における普通教科「情報」の新設（1998 年），文部科学省「教育の情報化に関する手引」の策定（2010 年），小学校におけるプログラミング教育の必修化（2020 年）など，日本では，学習指導要領の改訂とともに，情報教育が強化されてきた。

2019 年 6 月，「学校教育の情報化の推進に関する法律」が施行された。国・地方公共団体に対する学校教育の情報化における法的責任が明確化され，学校教職員に対しては，各教科等の指導や校務，研修など，学校内の諸場面において ICT の積極的な活用が強く求められることとなった。また，日常生活のあらゆる場面で ICT を用いることが可能となった児童生徒に対して，社会にあふれる情報や情報手段を的確に処理して選択・活用するための情報活用能力や，多様なメディアを解釈・表現して情報技術を理解・操作するメディア・リテラシーを備えさせる，情報教育の充実が強く求められている。そのため，2010 年代以降の日本社会では，学校内外での学習に ICT を主体的かつ積極的に活用することを目指して，学校の ICT 環境を全国一律で整備し，タブレット端末などを児童生徒に 1 人 1 台配布するといった，国家戦略としての学校教育の情報化政策が急速に進められている。

1）国家戦略としての EdTech と GIGA スクール構想

2013 年 6 月，第 2 期教育振興基本計画が発表され，今後 10 年間を通じて目指すべき教育の姿として，ICT を活用した協働型・双方向型の授業への革新や校務の効率化が掲げられた。それらの目標達成に向けては，文部科学省や教育委員会，学校のみならず，経済産業省や社会起業家，民間教育産業も大きな役割を担ってきた（井上・藤村［2020］および本章の表 9-1 参照）。

表 9-1　EdTech・GIGA スクール構想の展開

<table>
<tr><th>時期区分</th><th>教育研究の世界
（公教育，文部科学省所管）</th><th>社会起業の世界
（民間教育，経済産業省所管）</th></tr>
<tr><td>第Ⅰ期　～2009
e ラーニングの
試行錯誤</td><td rowspan="2">・e ラーニング（オンラインでの学習教材の伝達）
・CSCL（コンピュータに支援された協調学習）
・OCW（講義資料の無料公開）
・MOOCs（大規模オンライン公開講座）</td><td>・無料動画配信
・スマート端末
・高速大容量通信</td></tr>
<tr><td rowspan="2">第Ⅱ期　2010～16
民間 EdTech の興隆</td><td rowspan="2">・2010（米）カーン・アカデミーに Google とビルゲイツ財団が資金提供
・日本でも EdTech ブーム
・既存の教育産業への EdTech 波及</td></tr>
<tr><td rowspan="2">・2011　文科省「教育の情報化ビジョン」
・2013　文科省「第 2 期教育振興基本計画」
・2017　学習指導要領改訂「教育の ICT 化に向けた環境整備 5 か年計画」
・2018　文科省「Society 5.0 に向けた人材育成――社会が変わる，学びが変わる」
・2019　文科省「新時代の学びを支える先端技術活用推進方策（最終まとめ）」
デジタル教科書の制度化，GIGA スクール構想
文科省「教育の情報化の手引」</td></tr>
<tr><td>第Ⅲ期　2017～19
国策 EdTech の推進</td><td>・2016　「教育機会確保法」成立
・2017　閣議決定「未来投資戦略 2017――Society 5.0 の実現に向けた改革」経産省に教育産業室を設置
・2018　経産省「「未来の教室」と EdTech 研究会」発足，「学びと社会の連携促進事業」開始
EdTech 導入補助金の創設，「未来の教室」実証事業スタート</td></tr>
<tr><td>第Ⅳ期　2020～
ポスト・コロナの
学習保障</td><td>・2020　文科省「子供の学び応援サイト」
GIGA スクール構想の早期実現への補正予算
・2021　文科省中央教育審議会「「令和の日本型学校教育」の構築を目指して（答申）」
文科省「GIGA スクール構想の下で整備された 1 人 1 台端末の積極的な利活用等について（通知）」</td><td>・2020　経産省「学びを止めない未来の教室」
・2021　経産省「学びと社会の連携促進事業費（令和 3 年度）」予算案として 36.6 億円を概算要求
EdTech ソフトウェアや ICT を活用した教育サービスの，学校等教育機関への導入実証事業に必要な経費の一部を補助</td></tr>
</table>

出典）井上・藤村［2020］。一部加筆。

2017 年に閣議決定された「未来投資戦略 2017――Society 5.0 の実現に向けた改革」を受けて，経済産業省は，2018 年より「「未来の教室」と EdTech 研究会」を開催し，補助金事業の導入によって学習塾や民間教育産業などと協働しながら，EdTech を主導している。EdTech とは，Education（教育）と Technology（科学技術）を組み合わせた造語であり，「デジタルテクノロジーを活用した教育のイノベーション」と定義される（佐藤［2018］)。EdTech には，タブレット端末やパソコンなどを用いた児童生徒の学習支援や，デジタル教材の導入による教員の授業支援という側面のみならず，既存の教育制度や産業構造，学習スタイルなどを新しくデザインしなおすという意味が含まれる。学習者は，インターネットやデジタル技術を活用することで，時間や場所を限定されることなく，いつでもどこでも学ぶことができる。学校教員などの指導者には，ICT による授業支援システムを利用することで，教室空間を前提とした一律・

一斉・一方向型の授業から脱却し，知識伝達型授業から学習者主体の双方向型授業へと，授業実践を柔軟に変革させることが期待されている（経済産業省[2019]）。

文部科学省も，2019 年に GIGA（Global and Innovation Gateway for ALL）スクール構想を掲げ，学校での ICT 活用を積極的に推進している。GIGA スクール構想では，学校教育で ICT などの効果的な活用を実現するため，「1 人 1 台端末と高速大容量の通信ネットワークの一体的整備」を早急に実施し，指導の個別化と学習の個性化による「個別最適な学び」と，探究的な学習や体験活動等を通じた「協働的な学び」の一体的な充実を図ることを通じて，子どもたちの「主体的・対話的で深い学び」を実現することが想定されている。また，学校教育で ICT などの先端技術を活用することで，特別な支援を必要とする児童生徒を含め，多様な子どもたちを誰一人取り残すことなく，一人ひとりの発達や理解の状況，適性に合わせた最適な学びを可能にしつつ，資質・能力が確実に育成できる教育環境を持続的に実現することが目指されている（文部科学省[2020b]）。

近年の動向について，2020 年，経済産業省は新型コロナウイルス感染症による学校休業対策として「学びを止めない未来の教室」プロジェクトを立ち上げ，EdTech 関連企業が提供するオンライン教材などを Web 上で無料公開した。文部科学省中央教育審議会は，2021 年 1 月，Society 5.0 時代の到来や新型コロナウイルス感染症の感染拡大などに鑑み，GIGA スクール構想をベースとした「令和の日本型学校教育」を答申した（序章および第 5 章コラム参照）。それをうけて文部科学省も，2021 年 3 月，GIGA スクール構想のもとで児童生徒に 1 人 1 台配布された ICT 端末について，学校内のみにその使用を限定するのではなく，各家庭に適宜持ち帰ることで，家庭学習や学校外学習において最大限積極的に活用することを推奨する通知を発出している。

2）デジタル教科書・デジタル教材の可能性と課題

2019 年 4 月，学校教育法の一部が改正され，学校教育における学習者用デジタル教科書の使用が制度化された。学習者用デジタル教科書とは，分かりや

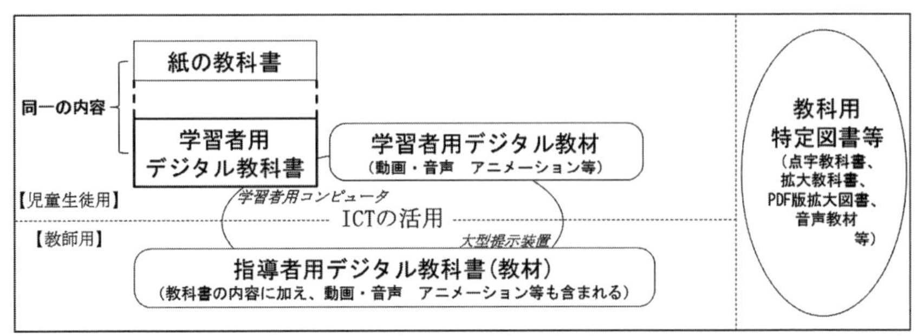

図 9-1　紙の教科書と学習者用デジタル教科書等の概念図

出典）文部科学省［2018］。

すくいえば，教科書検定を経た教科書と同一の内容がデジタル化されたものであり，動画や音声，アニメーションなどを用いた学習者用デジタル教材と連携しながら，学習者の学びの充実を図ることが期待されている（図 9-1）。学習者用デジタル教科書の発行状況は，小学校用教科書のうち約 94％（287/305 点）となっており（2020 年度），中学校用教科書のデジタル版の発行も約 95％（138/145 点）に到達する見込みとなっている（2021 年度）。現在は無償給与の対象外であるため 1 冊 200〜2000 円程度の費用がかかり，それは市町村教育委員会が負担することになっている（文部科学省［2021］）。

デジタル教科書には，紙の教科書のような使用義務はなく，児童生徒の学習の充実を図るため，地域や学校および児童生徒の実態に応じ，校長の責任の下で使用が判断される。具体的には，教科書のデジタル版が存在する場合，教育課程の一部（各教科等の授業時数の 2 分の 1 未満）において，紙媒体の教科書に代えてその使用が可能になっている。また，視覚障害や発達障害等の学習上の困難をもつ児童生徒に対し，デジタル教科書・教材を使用することで困難の程度を低減させることが可能になる場合，教育課程の全部または一部においてその使用が可能となっている（学校教育法第 34 条第 2 項，3 項）。ただし，2020 年 3 月 1 日現在，公立学校におけるデジタル教科書整備率は，指導者用が 56.7％，学習者用が 7.9％（小学校 7.7％，中学校 9.2％，高等学校 5.2％）であり，全国的な普及に向けて課題は多い。

デジタル教科書・教材のもつ可能性として，たとえば，書き込みと取り消しが繰り返し可能なこと，必要部分を適宜拡大・縮小できること，書き込んだ内容を即時共有して対話的な学びにつなげやすいこと，デジタル黒板やプロジェクタといった大型提示装置などと組み合わせて学びの幅を広げられることなどがある。また，機械音声読み上げ機能や動画・アニメーション機能により，読み書きが困難な児童生徒の学習を容易にできることや，通学時の教科書の持ち運びが楽になることも，紙の教科書にはみられない利点である。

一方，課題として，まず，目や体の疲労を中心とする健康面への影響がある。その使用にあたって学校教員は，教室内の照明を適切に保つことや，児童生徒に対して目とタブレット端末などの画面との距離や姿勢を適切に保つこと，ドライアイに注意して適度に目を休めさせることが必要である。また，多数の端末でデジタル教科書に同時アクセスした際の通信ネットワークの強度や，教科書内で使用される配色のバリアフリー化，学校外での活用や家庭へのサポートという課題もある。これらの可能性と課題とを総合的に判断し，2021 年現在，デジタル教科書・教材は紙の教科書との併用制が取られている。また，早急な全国的普及に向けて，国による費用負担の拡大など，議論が重ねられている（文部科学省［2021］）。

3）プログラミング教育の必修化

2017 年に告示された新学習指導要領にもとづき，小学校から高校までの学校段階でプログラミング教育が必修化されることとなった。小学校は各教科や総合的な学習の時間など（2020 年度から），中学校は「技術・家庭」の技術分野（2021 年度から），高校は新設の共通必修科目「情報 I」（2022 年度から）で，それぞれ実施される。学校教育ではこれまでも，情報モラルを身につけ，情報手段を自ら活用するための情報教育が実施されてきたが，従前との比較において特徴的な点は，新学習指導要領ではプログラミング教育が小学校から導入され，義務教育段階から必修化されたことである。言語能力や問題発見・解決能力等とならび，児童生徒の学習の基盤となる資質・能力として，「情報活用能力（情報モラルを含む）」の育成が重要課題として強調されている。文部科学省

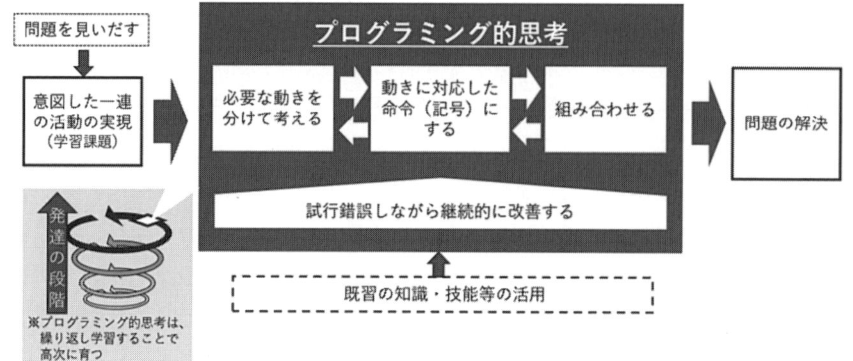

図 **9-2**　プログラミング的思考

出典）文部科学省［2020a］。

［2017］『小学校学習指導要領（平成 29 年告示）解説 総則編』によれば，情報活用能力とは，学習活動において必要に応じてコンピュータなどの情報手段を適切に用いて情報を得ること，情報を整理・比較すること，得られた情報を分かりやすく発信・伝達すること，必要に応じてその情報を保存・共有することができる力のことをさしている。また，情報手段の基本的な操作の習得に加え，プログラミング的思考や情報モラル，情報セキュリティ，統計等に関する資質・能力等も含むものである。

小学校におけるプログラミング教育は，児童がプログラミングを体験しながら，コンピュータに意図した処理を行わせるために必要な論理的思考力を身につけるための学習活動とされている。そのねらいは，プログラミングの言語や技能の習得ではなく，情報活用能力の一部としての「プログラミング的思考」の育成にある。プログラミング的思考とは，プログラミングを実施する際のみならず，課題解決時に必要となる一連の論理的思考力のことである（図 9-2）。プログラミング教育を通じて情報活用能力を育むとともに，教科などで学ぶ知識および技能等を，より確実に身につけさせることが目指されている（文部科学省［2020a］）。

小学校でプログラミング教育を実施する際は，必ずしもコンピュータなどを

コラム

教育の「クラウド化」

学校教育の情報化において，ICT 端末の配布と通信ネットワークの整備に加えて重要な点が，オンライン上のクラウドプラットフォームを教育活動に活用する，教育の「クラウド化（クラウドコンピューティング）」である。クラウドとは，インターネット上に創設された仮想空間（サーバー）のことであり，クラウド化とは，自前で構築・運用していた組織内ネットワークシステムを，専門業者が保有する大規模なデータセンターや機材を借り受けて構築した仮想空間へと移行して，新たに運用することをさす。総務省［2019］『教育現場におけるクラウド活用の推進に関する有識者会合報告書』によれば，教育現場でクラウドを活用するメリットについて，「Savable：教職員の負担・コスト軽減」，「Secure：データの安全・安心な保存・利活用」，「Scalable：児童生徒数や利用の増減等の環境変化への即応」，そして「Seamless：時間や場所，端末等の違いを超えた，切れ目ない活用」の 4 点が指摘されている。

児童生徒は，LMS（Learning Management System）や MOOCs（Massive Open Online Courses）など，共通の学習系システムを活用することで，学校という場所や時間に囚われることなく教材への自由なアクセスが可能となり，自学自習や学習上のコミュニケーションを深めることができる。教員は，オンライン試験（CBT：Computer Based Test）や遠隔授業の実施，児童生徒の学習・行動履歴（ログ）の分析・活用などにより，一人ひとりの児童生徒に合わせた細かな指導が可能となる。また，校務系システムを活用することで，データの漏えいや破損・紛失の危険性を下げつつ，児童生徒の健康状態や指導記録など，業務上必要な情報の円滑な共有が可能となり，校務の効率化による教員の働き方改善も期待されている。

一方，課題として，たとえば児童生徒の学習データの集約・分析・活用上の問題（教育データの「標準化」）やプライバシーの保護などがある。クラウド上でデータを誰がどう収集し，いかに活用するのか，十分な検討が必要である。また，学習・行動履歴が常に集約されることで，個人の学習活動が学校側に筒抜けとなり，学校の管理・監視が実質的に強化される危険性もある。その適切な運用に向けては，保護者と連携・協力を図ることが求められる。

用いなければならないわけではないものの，各学校では児童の情報活用能力の育成に向けて，コンピュータや情報通信ネットワークなどの情報手段を活用するために必要な環境を十分に整え，ICT を活用した学習活動の充実を図ることが重要である。その際，学校教員には ICT 環境を使いこなすスキルが求められており，必要に応じてICT支援員などの外部人材を活用しながら，地域社会と連携して包括的にICTの整備・活用に取り組むことが重要である。

2　学びの新常態

こうして「学校教育の情報化」が急速に進められるなか，デジタル教科書・教材の導入やオンラインでの遠隔授業の実施など，学校教育におけるICTの積極的な活用が，一律・一斉・一方向型の学習空間・学習方法を特徴とする近代学校システムへの「問いなおし」を迫るという論調が活発に展開されている。すなわち，従来の「ICTを学習に活用する」という方法論的な視点のみならず，ICTを活用した学習者同士による相互作用を通じて，当初学習者が想定していなかった新しい学習スタイルが可能になるといった，「ICTによって新たな学習が生み出される」という視点が新たに加えられたことで，ICTには，学習の構造そのものを「変革」する可能性が期待されている。こうした論調を支持するならば，私たちは従来の学校教育を見つめなおし，ICTを整備・活用した「令和の日本型学校教育」という学びの新常態（ニュー・ノーマル）への移行期を迎えているといえるのかもしれない。

ただし，ICTを用いた学習形態については，いったい何が「新しく」，何をどのように「変革」するのかについて，私たちは慎重に見極める必要があるだろう。ここでは，イリイチの脱学校論や日本の学校通信教育制度との比較を通じて，その内実を丁寧に考えてみたい。

1）「機会の網状組織」と学習構造の「変革」

産業革命後の19世紀初頭，大勢の子どもへの一斉教育の必要性に迫られたイギリスの大衆学校では，大量教育法式としてベル＝ランカスター法（助教法）が採用された。この方式は，教師（master）が監視者として教壇に立つものの，実際には助教（monitor）と呼ばれる複数の年長者が直接指導にあたるため，一斉教授法ではなく，近代的な学校装置そのものであると解釈されることもある（大崎［2004］）。こうして，教室での一斉授業と管理教育を中心とした近代学校システムが，イギリスで誕生した。なお，日本でも近代学校システムは1870年頃（明治初期）に輸入され，学制や教育令などによって全国民の就学が目指されていった。

だが，近代学校システムはその管理主義的な性格や権威主義的な体制が批判の対象となり，たとえば，児童中心主義にもとづく新教育運動などを通じて，教室を中心とする学習空間のあり方や教師—生徒間の権力関係を軸とした学習方法が，現在に至るまで繰り返し問いなおされてきた（第3章，第8章）。

近代的な学校を「偽りの公益事業」と表現し，指導者と学習者との権威的関係を批判して「脱学校論」を唱えたイリイチは，学習の本質について，技能の反復的練習と自由教育の2つの側面を指摘する。自由教育とは，技能の探究的・創造的な使用を奨励するような環境整備のことで，学校ではとくに効率が悪いとされる。イリイチは，これらの本質的な学習を可能にする新たな教育制度を立案する際，「何を学ぶべきか」ではなく，「学習者は，学習をするためにどのような種類の事物や人々に接することを望むのか」という問いから始めることが重要であると述べる。そして，近代学校システムに代わる教育制度として，学習者と指導者の間に権威関係や利害関係がなく，年齢や階層，性別を問わず誰でも容易に利用できる新たなネットワークである，学習のための「機会の網状組織」を提唱した（イリッチ［1977］）。学校の教育内容から解き放たれた学習者は，ネットワーク上での出会いや仲間づくりを通じて，学習したい内容にいつでも自由にアクセスすることが可能となり，主体的に学ぶことができるというものである。

ここで，前述のEdTechやGIGAスクール構想とイリイチの脱学校論を比較すると，たとえば，学習における空間・時間の非限定性，一律・一斉・一方向型の授業からの脱却，探究的な学習や他者との協働など，理念として重なる部分が多い。イリイチは「機会の網状組織」に有益な科学技術として，テレビやラジオ，郵便などを参照した。情報通信技術が発展した現代社会では，そうした既存の情報通信技術に加え，パソコンやインターネットなどのICTの整備・活用により，学習のネットワークが時間や空間，国境を超えて無限に広がり，

「教育の機会均等」の実現可能性がより高まっていると考えられる。

以上で確認してきたように，学習構造の「変革」は学校教育の歴史上繰り返し提起されており，近代学校システムがいまになって初めて問いなおされているわけではない。むしろ，近年ではICTの著しい発展にともなって，リアル／オンライン空間を問わず同時双方向での学習が可能となりつつあるように，Web会議サービスやクラウドシステムなどの「新しい」情報通信技術によって，「機会の網状組織」という脱学校的な理論枠組みがさらに発展の可能性を得ていると考えられる。

2）日本の学校通信教育制度とメディアの利用

また日本では，郵便やラジオ，テレビ，インターネットなど，発展する多様なメディアを教育に活用しながら「教育機会の均等」の実現を目指す，学校通信教育制度が発展してきた。

日本で近代学校システムが広まった1880〜1920年頃，遠隔地に居住しながら，医師や教員などの職業資格試験の受験を目指す蛍雪青年たちが独学で使用する新しいメディアとして「講義録」が脚光を浴びた。講義録とは，講義内容を系統的・体系的に独学できる活字化されたテキストであり，男子教育のみならず高等女学校でも作成された。そして戦後，学校教育法の公布（1947年）を受け，大学や高校で通信制課程が学校教育体系の一部に位置づけられ，教育制度としての学校通信教育が誕生した（そのほかに社会通信教育がある）。学校通信教育は，教科書や手紙などの印刷物を用いた自学自習と，郵便を用いた添削指導（レポート），学校での面接指導（スクーリング），そして試験（テスト）が学習の中心である。1950年代以降は，一般家庭へのラジオやテレビなどのメディアの普及も相まって，通信教育は郵便添削を中心とする教育から，放送を使った遠隔教育へとその領域を拡大させ，そこで用いられるメディアも，ラジオや電話，オーディオテープ，テレビへと変化した。現在では，郵便やラジオ，テレビなどに加えて，たとえばテレビ会議やeラーニング（electronic learning）など，インターネットをはじめとする多様なメディアを用いて，学校通信教育が実施されている（佐藤・井上編［2008］）。

ここで着目したいのが，学校通信教育は時代ごとに，新たな情報通信技術を教育制度に取り込んできたことである。通信教育制度が誕生した当時，通信教育では大学・高校ともに，学校での面接指導が卒業単位の認定条件に算入されていた。しかしその後はメディアの発展とともに，面接指導の条件が緩和される。高校通信教育では学習指導要領の改訂・改正（1957，60 年）により，ラジオやテレビ放送による面接指導の時間数の代替が一部認められることとなった。近年では，高等学校通信教育規程（2004 年）の改正により，「放送その他の多様なメディアを利用した指導等の方法を加えて行うことができる」こととなり，2018 年に告示された新学習指導要領では，複数のメディアを利用しながら，メディアごとに面接指導時間の 10 分の 6（合わせて 10 分の 8 を超えることはできない）を免除できると定められている。また，大学通信教育では，大学通信教育設置基準の改正（1998，2001 年）により，卒業単位すべてを「多様なメディア」を活用する授業で修得することが可能となった。

このように，学校通信教育はその誕生から現在に至るまで，インターネットを含む多様なメディアを教育制度に随時取り込みながら，情報通信技術を用いることで，一律・一斉・一方向型の授業からの脱却や，学習者の個別ニーズに応じた同期型学習および非同期型学習の保障などを試みてきた。こうした学校通信教育における多様なメディアの教育利用は，たとえば，働きながら学ぶ勤労青年の教育や生涯学習（社会人の学びなおしなど），病気や障がいによって学校に通うことのできない人や不登校経験者などの人々に対して，「教育の機会均等」を保障すると同時に，学習者にとって「個別最適な学び」を実現するための重要な役割を果たしている。

3　高度情報通信社会における情報教育の課題

これまでみてきたように，情報通信技術の発展は学校教育において，「教育の機会均等」や「個別最適な学び」の実現を支える役割を担ってきた。一方で，ICT の活用が進む現代の教育現場では，情報教育を行う際，避けることのできない複数の課題にも直面している。

1）スマートフォン世代の児童生徒と情報モラル教育

まず確認したいのは，すでに児童生徒たちは，学校や家庭，地域社会という物理的な境界を超えて無限に広がるメディア空間で生活しており，大人たちが想像するよりもはるかに多様な形でICTを活用している点である。内閣府［2021］『令和2年度 青少年のインターネット利用環境実態調査 調査結果（速報）』によれば，小学校高学年から高校生までのインターネット使用率は95.8％，平均利用時間は約3時間25分（平日1日あたり）となっている。自分専用のスマートフォン保有率は82.7％であり，学年が上がるにつれて，学習アプリの利用やSNSなどを通じたオンラインでのコミュニケーションが増加している。こうして，児童生徒によるインターネットの利用が長時間化するにつれ，生活リズムの乱れやコミュニケーションのもつれ，SNSを介した犯罪などに巻き込まれる危険性も高まっている。

文部科学省［2020］『児童生徒の問題行動・不登校等生徒指導上の諸課題に関する調査』によれば，パソコンなどを用いたオンライン上での誹謗中傷や仲間はずしなどの嫌がらせを行う「ネットいじめ」は過去最高の1万7924件を記録した。また，交際相手や同級生などからの性的な自画撮り写真や動画の送信強要（セクシュアルハラスメント），元交際相手等による性的な写真や動画の拡散（リベンジポルノ），SNSを利用した援助交際（パパ活），SNSやゲームアプリなどで知り合った人による自宅等への監禁（行方不明・失踪）など，オンライン空間を介した児童生徒の性的被害や誘拐被害も深刻な問題となっている。警察庁［2020］『令和元年度 犯罪情勢』によれば，警察が保護した児童数は5553人，児童ポルノ事件の被害児童数は1559人となっており，いずれも年々増加傾向にある。さらに，事実に反する情報（フェイクニュース）にもとづく攻撃的なメッセージの発信やオンラインゲームへの多額の課金等，児童生徒自身がインターネット上のモラルに反しているケースも深刻な問題である。

こうした諸問題を避けるため，学校では情報モラル教育の充実が強く求められている。新学習指導要領解説において，情報モラルは「情報社会で適正な活動を行うための基になる考え方と態度」と定義され，各教科や総合的な学習（探究）の時間，特別活動や生徒指導（教育相談）が連動し，必要に応じて家庭や地域社会，外部の専門機関との連携も図りながら，確実に身につけさせることが重要であるとされている。指導の際は，児童生徒一人ひとりに対し，情報発信による他人や社会への影響を考えさせるとともに，ネットワーク上のルールやマナー，人権や知的財産権，情報セキュリティ，情報の真偽を見極めることなどの重要性を理解させ，情報の送受信者としての自覚と責任を十分に認識させることが必須である。

2）ICT 環境の整備状況と教員の ICT 活用指導力

また，「学校の ICT 環境をいかに整備するか」（ハード面）や「学校の ICT 環境をいかに活用するか／させるか」（ソフト面）という点にもそれぞれ課題がある。

まず，ICT 端末や Wi-Fi 環境等，学校の ICT 環境が完全に整備されていない点（ハード面）をみていこう。文部科学省［2020］『学校における教育の情報化の実態等に関する調査結果』によれば，公立学校全体の平均値では，教育用コンピュータの配置が児童生徒 4.9 人に対して 1 台となっており，年々配置率は高まっているものの，1 人 1 台端末には程遠い状況となっている。学校内のインターネット接続率（30 Mbps 以上）は 96.6 % であり，2009 年度の 60.5 % と比較すると 10 年間で整備が大きく進んでいるものの，まだ 100 % に達していない。また，より高速な 100 Mbps 以上のインターネット接続率は 79.2 %，普通教室の無線 LAN（Local Area Network）整備率は 48.9 % となっており，学習での快適な利活用という面で課題が残る。ICT 整備率の都道府県格差についても，とくに，普通教室の無線 LAN 整備率（最高値：徳島県 75.9 %，最低値：新潟県 19.5 %）や，普通教室の大型提示装置整備率（最高値：佐賀県 92.0 %，最低値：秋田県 17.5 %）などにおいて，その差がきわめて大きい。

次に，学校教員の ICT 活用指導力という点（ソフト面）をみていこう。文部科学省は同調査で教員の ICT 活用指導力を 16 小項目別にまとめ，それを A～D の 4 つに大別している。2019 年度，「A　教材研究・指導の準備・評価・

校務等にICTを活用する能力」は平均86.7％，「D 情報活用の基盤となる知識や態度について指導する能力」は平均81.8％であり，いずれも8割を超える教員が，自身の業務にICTを活用することや，児童生徒に対して情報セキュリティなどの知識や必要な態度としての情報モラルを指導することができると回答している。しかし，「B 授業にICTを活用して指導する能力」は平均69.8％，「C 児童生徒のICT活用を指導する能力」は平均71.3％と，AおよびDに比べて10ポイント以上も低い。これは学校教員が，授業を含む教育活動で自身がICTを活用すること，そして授業を含む学習活動で児童生徒にICTを活用させることに，何らかの困難を抱えている可能性が示唆されるものである。さらに，文部科学省［2019］「我が国の教員の現状と課題――TALIS 2018結果より」によれば，「デジタル技術の利用によって児童生徒の学習を支援する（例：コンピュータ，タブレット，電子黒板）」ことについて，高い自己効力感をもつ教員の割合は小学校で35.0％，中学校で38.5％と，調査に参加したOECD加盟48カ国・地域の平均値66.7％と比べて日本は約30ポイントも低い結果となっている。

おわりに

EdTechやGIGAスクール構想は，経済産業省や文部科学省など，その政策を主導する主体は異なるものの，学校教育におけるICTの整備とその活用によって，「教育の機会均等」や「個別最適な学び」の実現を目指す点で共通している。たとえば，新型コロナウイルス感染症の世界的流行のように，私たちが予想もしなかった未曽有の社会的危機に直面した際，いかに児童生徒の学習権を保障し，一人ひとりの学びを継続させるのかという観点から，今後，学校教育の情報化やICTを積極的に活用した教育実践の必要性は，さらに高まることだろう。

しかし，日本の学校ICTの整備状況は，家庭や社会の状態と比較してきわめて遅く，学校教員によるICTを活用した指導力も，国際的にみて大きく遅れをとっている。また，学校教育の急激な情報化は，前述した児童生徒への健康上の懸念だけでなく，「デジタル・デバイド」と呼ばれる情報格差や，親の社会経済的地位にもとづく学力格差など，さまざまな教育格差を拡大させる懸念もある。今後はこうした課題の克服を目指して，たとえば，学校通信教育の制度や知見を適切に援用することや，外部人材である GIGA スクールサポーターを活用することなどを通じて，著しく発展する情報通信技術を日々積極的に活用しながら，文字通り「誰一人取り残すことのない」学校教育の情報化を実現すべく，柔軟な対応が求められている。（内田康弘）

【さらに探究を深めるための読書案内】

C・M・ライゲルース／J・R・カノップ［2018］『情報時代の学校をデザインする』稲垣忠・中嶌康二・野田啓子・細井洋実・林向達訳，北大路書房。

情報時代の学校デザインに必要な 6 つのコア・アイデアを通じて，学習者中心の教育へのパラダイム転換を提案する学術書。

佐藤卓己・井上義和編［2008］『ラーニング・アロン――通信教育のメディア学』新曜社。

日本の通信教育の歴史や理念，海外諸国での通信教育の実践など，通信教育制度に関する総合的な知見をまとめた学術論文集。

A・コリンズ／R・ハルバーソン［2020］『デジタル社会の学びのかたち Ver. 2――教育とテクノロジの新たな関係』稲垣忠編訳，北大路書房。

教育とテクノロジーの関係について，推進派と懐疑派の論点を比較整理し，新しい学校教育のデザインを提案する学術書。

Taking Sides

ICT は学校教育を変えるか

本章では，学校教育の情報化政策を概観し，国家戦略として ICT 環境の整備が進められている経緯を確認した。こうしたテーマについては，しばしば，伝統的な近代学校システムの特徴と，今後目指すべき学校教育の特徴について二項対立の図式が用いられ，いかに ICT を活用した学びの新常態へと移行するかという点に議論が集中する傾向にある。このような学校教育の情報化をめぐる二項対立には，ICT の導入推進派と懐疑派の双方から主張が展開されているという背景がある。

推進派は，伝統的な近代学校システムの特徴である，画一的な学習内容・学習形態という大量生産的な教育方法に疑問を投げかける。そして，日々進化するデジタルテクノロジーを学校教育で積極的に活用し，知識の詰め込みを中心とした知識伝達型授業から，知識の創造を中心とした学習者主体の個別最適な学びへの移行を提言する。ICT によって，学習が個々人の興味や習熟度に応じて最適にカスタマイズされ，学習支援システム（LMS）や e ラーニングを通じ，場所や時間の制約を超えた学習環境のなかで，個人の興味関心にもとづく探究型学習によって創造的な価値を協創し，自らの成果を社会へと発信・還元する学びのあり方を理想としている。

一方，懐疑派は，読み書きや生活上のルールといった，人が成長する過程で習得する必要のある基礎的なスキルは ICT 端末のみで教えることができず，教員が教室空間にて対面指導することが望ましいと主張する。また，個人の興味関心にもとづく個別最適な学びには，共通の教育目標のもとで標準化された試験（指標）などが存在せず，学校教育でどのように評価するのか，客観的手法による評価が難しい。さらに，授業運営上の問題として，ICT 端末の準備や通信トラブルへの対応をどの程度想定するのか，個別学習とグループ指導をどのように両立させるか，ICT 端末の操作が苦手な児童生徒が取り残されてしまわないかなどの新たな課題があり，教員の業務負担が増える可能性も懸念されている。

また，推進派が重視する ICT を活用した学習者主体の学習方法と，懐疑派が重視する近代学校システムが培ってきた伝統的な学習方法とを適切に組み合わせる「ブレンディッドラーニング（統合型学習，ハイブリッド型学習）」を主張する動きもある。ブレンディッドラーニングとは，主に教育工学の世界で研究が進められている概念であり，異なる学習メディアを融合した学習形態を表すものである。狭義には，オンライン学習と対面学習，集合学習と個別学習等を融合（ブレンド）させ，各学習のメリットを組み合わせて相互補完的に用いることで，より高い学習効果を上げようとする試みをさす。広義には，すべての学習に関わるものや環境を最適なかたちで選択し，統合的に使用することを意味する。その実施に際しては，学習目標に応じて使用するメディアや学習形態を適切に融合し，効果的な学習スタイルをデザインすることで，学習計画を最適化することが重要だとされる（宮地編［2009］）。

たとえば，高校通信教育では私立校を中心として，オンラインでの遠隔授業中心の学習コースの開設や，レポート（添削指導課題）の作成・提出時における ICT 端末の導入など，情報化が進んでいる。一方，通信制でありながら毎日の通学をともなう「通学型通信制高校」が登場し，多様なニーズを持つ通信制高校の生徒に対して，通学による学習・進路支援を行う民間教育施設の「サポート校」も，全国的な増加傾向にある（2019 年度は全国に 1525 施設）。こうして近年の通信制高校では，通学をともなう伝統的な学習と，ICT などを活用した通信教育とを融合した学習スタイルが普及し，生徒一人ひとりの「個別最適な学び」が追求されている。

文部科学省が掲げる「令和の日本型学校教育」において，教員は対面指導だけでなく，ICT を活用した遠隔・オンライン教育を使いこなすことが求められている。ただし，学校教育の情報化を過度に意識するあまり，ICT の活用自体を目的化することは望ましくない。これまで教員が培ってきた伝統的な教育実践を生かし，そこに ICT の利便性・効率性をかけ合わせることで，学校教育の情報化や個別最適な学びの実現という社会的課題に向き合っていくことが重要である。その際，推進派と懐疑派の主張を丁寧に比較検討し，対面学習と ICT を活用する学習とを組み合わせる柔軟な学習スタイル（ブレンディッドラーニング）を効率的にデザインすることも，ひとつの有効なヒントとして位置づけられるかもしれない。

第10章

教師の仕事

はじめに

2020年代に入り，教師の仕事を捉える視座は大きな転機を迎えている。「教師の働き方」，いいかえると「教師の長時間労働問題」を抜きに，教職のあり方を語ることができなくなっている。それほどにいま，多くの教師が長時間労働に悲鳴をあげている。本章では，いまや教職を語るうえで欠くことができない「教師の働き方」の問題に着目して，その実像と背景に迫っていきたい。

1　時間管理なき長時間労働

1)「聖職のゆくえ」にみる教師像

2019年，福井テレビジョン放送が開局50周年記念番組として制作したドキュメンタリー「聖職のゆくえ——働き方改革元年」が，日本民間放送連盟賞のテレビ部門グランプリ審査で準グランプリを受賞した。ローカル放送局のドキュメンタリーが，全国各地で放送され，話題を呼んだ。

「聖職のゆくえ」では，福井県内の公立中学校を舞台にして，教師の長時間労働の現状とその背後にある教員の給与制度の成立経緯が描き出されている。そのなかに，業務削減をめぐって，教員同士がコミュニケーションをとる場面がある。7〜8名が集まり，中学2年生の宿泊学習（1泊2日）の存廃が検討されている。重々しい空気のなか，おおよそ各教師の次のような発言で議論は進んでいく。

▼いつもとちがうところで時間を守ったりとか，クラスじゃない人のことも考えたりとか〔という宿泊学習の教育的意義は大切だと思う〕。
▼これだけ授業時間が足りないと言っていて，それでもやる？
▼授業時間だけじゃなく，先生の負担もめっちゃ大変やと思う。
▼何もせずに，中3で修学旅行にぱっと行けるんでしょうか。1回行って泊まってくれれば，子どもの自信になる。
▼小6で修学旅行やってるんですよ。なのに中学校になったら行くのが不安って〔いう意見はおかしい〕。
▼じゃぁ，小6でやって，中3まで何もなしで，修学旅行2泊3日ってどうなの？

賛否両論が発せられながら，この会議は2時間続いた。結局のところ宿泊学習は昨年と同じように行われることになったという。ここで注目すべきは，「授業時間が足りない」「先生の負担もめっちゃ大変や」といった発言から分かるように，会話のなかで教師の過重負担が明確に意識されている点である。だが最終的には，それよりも「時間を守ったりとか，クラスじゃない人のことも考えたり」「1回行って泊まってくれれば，子どもの自信になる」という教育的意義が優先されたのである。

映像からは，会議の終了時刻が明らかに夜の時間帯であることが分かる。後述するように，公立校の教員は遅くまで業務をこなしても，残業代が払われることはない。その状況下でかつ長時間労働の問題も自覚されていながら，教員は自分たちの仕事を減らさない決断をした。そこに映っているのは，管理職からの命令で奴隷のように働かされている受動的な教師像ではない。自分たちの長時間労働が問題であると分かっていてもなお，「子供のため」を優先して業務をこなしていく能動的・主体的な教師像である。

表 10-1　教諭の勤務時間数の調査結果

（時間：分）

	平日					
	持ち帰り時間		学内勤務時間（持ち帰り含まない）		合計（持ち帰り含む）	
	2006 年度	2016 年度	2006 年度	2016 年度	2006 年度	2016 年度
小学校	0：38	0：29	10：32	11：15	11：10	11：45
中学校	0：22	0：20	11：00	11：32	11：23	11：52
	土日					
	持ち帰り時間		学内勤務時間（持ち帰り含まない）		合計（持ち帰り含む）	
	2006 年度	2016 年度	2006 年度	2016 年度	2006 年度	2016 年度
小学校	1：26	1：08	0：18	1：07	1：45	2：15
中学校	1：39	1：10	1：33	3：22	3：12	4：33

出典）リベルタス・コンサルティング［2018］「「公立小学校・中学校等教員勤務実態調査研究」調査研究報告書」。

2）教師の働き方の特徴

2019 年 1 月，中央教育審議会は「新しい時代の教育に向けた持続可能な学校指導・運営体制の構築のための学校における働き方改革に関する総合的な方策について（答申）」（以下，働き方改革答申）を発表した。働き方改革答申はその「はじめに」において，「‘子供のためであればどんな長時間勤務も良しとする’という働き方は，教師という職の崇高な使命感から生まれるものであるが，その中で教師が疲弊していくのであれば，それは‘子供のため’にはならないものである」と，学校教育の教義というべき「子供のため」がもつ負の作用を指摘し，教師の長時間労働の課題を真正面から問いただした。

教師の働き方は，「時間管理なき長時間労働」と表現することができる。具体的には，第一に残業を含む勤務時間が管理されず，第二に休憩時間が実質的に確保されず，第三に持ち帰り仕事が存在するという 3 点にまとめられる。

第一の点について，2016 年度に文部科学省が公立の小中学校を対象に実施した教員勤務実態調査によると，「教諭」における平日 1 日あたりの学内勤務時間（平均）は，小学校が 11 時間 15 分，中学校が 11 時間 32 分に達した（表

10-1)。2006 年度と比べると，小学校では 43 分，中学校で 32 分の増加となっている。厚生労働省が定める「過労死ライン」（時間外労働が月 80 時間以上）を超える教師は，小学校で 33.5 %，中学校では 57.6 % を占める。

調査によると，学校の勤怠管理の方法は，出勤については「出勤簿への押印」と「報告や点呼，目視などにより管理職が確認」が約 8 割を占めており，ICT やタイムカードなどの機器を用いた客観性の高い記録方法をとっている小中学校は 2 割程度にとどまっていた。退勤も同様で，小中学校いずれも約 6 割が「報告や点呼，目視などにより管理職が確認」であった。

教師の働き方における第二の特徴は，1 日あたり 11 時間を超える長時間労働のなかにあって，休憩時間がほとんどとられていない点である。公立校教員の所定労働時間は 7 時間 45 分である。6 時間を超えている場合，労働基準法第 34 条により，使用者は労働者に少なくとも 45 分の休憩を，8 時間を超えている場合には少なくとも 1 時間の休憩を与えなければならない。日々平均で 11 時間を超えて働いているので 1 時間の休憩が求められるところであるが，教員勤務実態調査によれば実際の休憩時間は小学校では 3 分，中学校では 4 分という結果である。学級担任に限っては，小学校では 1 分，中学校では 2 分とほぼノンストップ労働である。

さらに驚くべきは，連合総合生活開発研究所［2016］『とりもどせ！ 教職員の「生活時間」』によると，制度上の「1 日の休憩時間数」について，小学校では 45.0 % の教員が，中学校では 48.8 % の教員が「知らない」と回答している。休憩時間がほとんど取得できていないこと以前に，そもそも具体的な休憩時間が意識されていない。就業における休憩の時間帯が分からずに，休憩をとることは容易ではない。

教師の働き方における第三の特徴として，教師は仕事を持ち帰ることが多いことでも知られている。上記の勤務時間に加えて，2016 年度に平日 1 日あたり小学校で 29 分，中学校で 20 分の持ち帰り業務が確認されている。授業の準備やテストの作成など，個人の裁量でできる作業が自宅で行われる。調査によってその実態が明らかになったものの，学校内での残業でさえ把握されにくい現場において，普段の持ち帰り仕事分はまったくといっていいほど把握されていない。

以上，「時間管理なき長時間労働」の実態を3つの観点から確認した。学校には出退勤の時刻を客観的に把握する仕組みがなく，休憩時間も約半数の教員が認識していない。また一部の業務を自宅でこなすことが常態化している。学校と民間の「ブラック企業」とを比較するならば，そこには共通点も多いものの，あえて対照的に表現するならば，ブラック企業が「サービス残業」に象徴される通り，法制度を無視して労働者を働かせているのに対して，学校はそもそも出退勤の管理をはじめとする法制度やマネジメントが整っていない。時間管理がないからこそ問題の可視化が生じず，長時間労働に歯止めがかからない。ブラック企業が時間管理を「怠っている」のだとすれば，学校は時間管理を「欠いている」といえる。

2　法制度と教師文化

1）業務の特殊性に依拠した残業概念の放棄

時間管理なき長時間労働が生み出されてきた背景のひとつに，「給特法」がある。公立校の教員に適用される法律で，正式名称は「公立の義務教育諸学校等の教育職員の給与等に関する特別措置法」である。現職の教員であっても，その内容を知らない者も多い。

給特法は，1971年に制定され，1972年に施行された。制定当時は，公立校だけでなく国立校も対象とされていたが，2004年の国立大学の独立行政法人化にともない，国立校は給特法の対象外となり，同法は公立校の教員のみを対象とすることになった。国立校と私立校の教員には給特法が適用されることはなく，民間企業と同様に労働基準法の下で労働（残業を含む）が管理されている。

給特法は第1条でその「趣旨」を，「公立の義務教育諸学校等の教育職員の職務と勤務態様の特殊性に基づき，その給与その他の勤務条件について特例を定めるものとする」と記している。公立校の教員の職務と勤務態様は特殊であるから，一般の労働者（さらには国立や私立校の教員）とは別の法律で給与のあり方が定められているということである。

ここでいう特殊性とは，文部科学省の資料によると，具体的には「修学旅行や遠足など，学校外の教育活動」「家庭訪問や学校外の自己研修など，教員個人での活動」「夏休み等の長期の学校休業期間」などをさす（2006 年 12 月，中央教育審議会初等中等教育分科会「教職員給与の在り方に関するワーキンググループ」第 10・11 回の配付資料 4-2「教職調整額の経緯等について」より）。教員は学校外での活動も多く，また年間を通して学校という場に拘束される時期とそうではない時期がある。労働時間をカウントしようにも，教員の労働時間は厳密に管理することが難しい。これをもって，公立校の教員の業務には，「特殊性」があるとみなされた。

教職の特殊性を根拠に，給特法は給料月額の 4％分を「教職調整額」として支給するよう定めている（第 3 条第 1 項）。1966 年度に文部省が実施した「教員勤務状況調査」で，1 週間の時間外労働が小中学校において平均で 2 時間弱であったことから，4％という数値が算出された。そして教職調整額を支給する代わりに，「時間外勤務手当及び休日勤務手当は，支給しない」（第 3 条第 2 項）とされた。さらに「公立の義務教育諸学校等の教育職員を正規の勤務時間を超えて勤務させる場合等の基準を定める政令」には，一部の限られた臨時の業務（いわゆる「超勤四項目」と呼ばれ，校外実習などの実習，修学旅行などの学校行事，職員会議，非常災害等をさす）を除いて，「原則として時間外勤務を命じない」ことが明記されている。つまり給特法の下で，教職調整額の支給と引き換えに，賃金と労働時間の関係性が切り離されたのである。どれだけ労働に従事しても，給与は変わらない。定時を超えたものは「自発的な業務」とみなされ，正式な時間外労働として取り扱われることはない。

これは第一に，時間管理を不要にした。残業時間をカウントする意味がなくなり，それは残業時間の増大をみえなくさせた。第二に，国や自治体側のコスト意識を欠落させた。学校に新しい教育内容や課題を突きつけたところで，残業代が発生しないため，国や自治体は身銭を切ることがない。給特法制定当時，文部省は無定量の労働が強制させられることはないと考え，一方で日本教職員組合は無定量の勤務の強制が現実化すると危惧していた（広田［2020］）。結果的には後者が正しく，こうして学校は業務量の法的な抑止力を失ったまま，長時間労働への道を進んでいくこととなった。

今日の公立校における教員の残業とは，イリイチ（第8章，第9章も参照のこと）のいう「シャドウ・ワーク」（shadow work）としての性格を帯びている。「シャドウ・ワーク」とは，賃金労働を補完する不払いの労働をさし，この不払い労働を条件として賃金労働が成り立っている（イリイチ［2006］）。教員には賃金の支払いを受けるために，連日数時間のシャドウ・ワークが要請される。

ただし，このシャドウ・ワークを，悪質な強制労働であると単純化してはならない。もちろん強制的に働かされている側面もあるが，さきの「聖職のゆくえ」の場面が示しているように，教師自身の判断として最終的に過酷な選択肢が採用されることもある。ここからは，給特法と教師文化の親和性が読み取れる。すなわち，お金や時間に関係なく子どものために尽くそうとする教師文化は，まさにお金や時間を管理しない法律によって支えられている。残業代は支払われないけれども，それにもかかわらず子どものために尽くそうとするところにこそ，教職の真髄があるかにみえる。

2）聖職者／労働者／専門職

教師という仕事の特質はこれまで主に，聖職者論／労働者論／専門職論として整理されてきた（越智・紅林［2010］など）。

聖職者論とは，教職を神から与えられた天職とみなして，ひたすら献身的に崇高な職務を遂行する態度をさす。平日の夜も，土日も，学校や自宅で学校の業務をこなしつづける。賃金や時間に関係なく尽力する姿はまさに聖職者そのものである。さきの「聖職のゆくえ」も，まさにそうした学校に根強く残る教師像のあり方を問うている。労働者論とは，日本教職員組合が1952年に「教師の倫理綱領」を発表した際に，「教師は労働者である」と提唱したことを端緒に広がった。人間として教師も自身の生活を充実させることが目指され，聖職者論とは対立する見方である。

教育界には古くから，「聖職者」に徹しない者を揶揄する言葉がある。「サラ

コラム

学校依存社会

ある高校を訪問した帰りのこと。先方の教師とともに校門を出て歩いていたところ，駅近くでは，同校の生徒がたくさん歩いていた。すると，生徒とすれちがいざまに，その先生は生徒に親しげに声をかけながら，腕をスッと生徒の首元にのばした。そして，手でカッターシャツをつまみながら，「ボタン，開いてるぞ」と指摘した。「すみません」と，生徒は軽く頭を下げて，ボタンをとめた。教師と生徒のやりとりは，じつにありふれた日常の出来事のようであった。

考えてみると，夏休み期間中のお祭りのときも，夜であるにもかかわらず，教師はパトロールに出回っている。生徒からすれば，完全に学校は休みのまっただ中であり，教師自身もボランティア（という名の強制的な業務）としての活動である。それでも，生徒の何らかの行動が教師の目にとまれば，「指導」が始まる。

基本的に生徒が学校の門を出れば，それは保護者に生徒を返したことになる。ましてや土日や長期休暇中ともなれば，学校の権限はまったく及ばない。保護者の管理下である。ところが，あたかも学校管理下であるかのような光景が学校の外部にもみえる。そこには「学校依存社会」とでも呼ぶべき今日的状況がある。

街のなかを歩く生徒の姿を「だらしない」と感じた住民は，自分で生徒を諭すこともなく，また保護者を探し出すこともなく，学校に文句を言う。フードコートで生徒が長時間にわたっておしゃべりをしている。お店からの苦情を受けて，教師が謝りに向かう。夏休み中に友人宅に外泊したところ，友人間でトラブルが発生した。保護者ではなく，教師がその解決に時間を割く。

学校こそが子どもの行動を取り締まり，それを保護者や地域住民も当然とみなしている。そこには，社会の構成員が子どもの広範な管理を教師に求めようとする「学校依存社会」が広がっている。それは，教師が子どもの自由な領域に越権的に介入していく社会でもある。保護者の管理下にまで，学校側の厳格な介入が堂々と及んでいく。理不尽な校則をはじめとする学校側の厳格な行動規制と，教師の膨大な業務負担は，同じ土壌に根を張っているようにみえる。

リーマン教師」という蔑称で，献身的に子どもに接するのではなく，賃金や時間に厳しくそして不払い労働は好まないタイプをさす。

1959年の「教師はサラリーマンか」と見出しが付された記事（『朝日新聞』1959年8月19日）では，教育学者の大田堯（当時，東京大学助教授）の発言として，「サラリーマン教師」あるいは「教師のサラリーマン化」に対する危機感が表明されている。「サラリーマンすなわち賃金労働者としての自覚をもたらす面もあるが，多くは「あたえられた勤務時間を，あたえられた仕事の習慣的反復によって過し，残った時間を小市民として，比較的孤立した家庭生活に安住を求めるという生活態度をとっている」」。教師であるからには，「地域で社会教育にも積極的に参加しなければならない」のであり，「保護家庭の調査から青年学級，婦人学級，レクリエーションの会への参加など，大きな役割をもっている」。教師は賃金労働者として職責を全うするのみではならない。教師の仕事は，学校内の活動にとどまらない。学校外の活動（社会教育）にも自ら積極的に加わることで，教師としての力量は高まっていく。「“サラリーマン教師”から，教師の主体性は生れてこない」というのが大田の主張である。

聖職者論と労働者論が対立的な関係性にある一方で，その対立を乗りこえるものとして新たな角度から教職を性格づけたのが教師の専門職論である。専門職論は，1966 年における ILO とユネスコによる「教員の地位に関する勧告」の影響を強くうけた見方で，そこには「教育の仕事は専門職とみなされるべきである」と明記されている。教職とは，専門的な知識と特別な技術を要し，それは長期的な研鑽をもって獲得され維持されるものとされる。

3）給特法と教師文化の親和性

前述した 2019 年 1 月の働き方改革答申をうけ，2019 年 12 月に臨時国会で給特法は改正（2020 年 4 月から施行）され，「在校等時間」という概念の導入により，定時を超えた業務の時間が公式にカウントされるようになり，「在校等時間」の上限時間数も設けられた。上限時間数は基本的に，民間労働者における労働基準法（罰則あり）の内容を踏襲している。しかしそれは厳密には，労働基準法上の労働，すなわち残業代（割増賃金）が支払われるべき業務として取り扱われるわけではなく，もちろん罰則もつかない。改正を経てもなお，公立校教員の職務と勤務態様は特殊であるとの前提が堅持されており，定時外に働いた場合，「在校等時間」として時間管理の対象とされるものの，法的に正式な労働と認められるわけではない。画期的な答申ではあったものの，教員は特殊であるという給特法の骨格は維持されている。

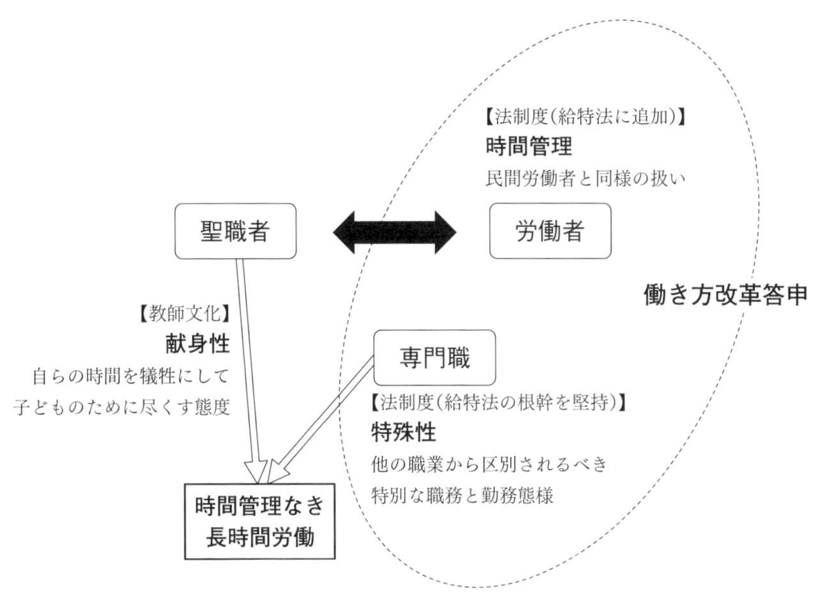

図 10–1　教職の 3 類型と中教審の働き方改革答申

働き方改革答申を一読すると，「子供のため」に自己犠牲を強いる文化が否定されている点で，聖職者論からは距離がおかれている。一方で，「在校等時間」という新しい概念の誕生とその具体的な時間規制に表れているとおり，民間企業の労働法制を模範としており，「労働者」としての位置づけが導入されている。ただし，給特法の根幹にある専門職としての教師集団の特殊性は堅持されている（図 10–1)。

前述した通り，子どものために尽くす教師文化と，教職の特殊性を基盤とする給特法は，お金や時間で管理する働き方を忌避する点で，親和性が高い。学校には「子供のため」に尽くす教師文化が今日においても根強い。働き方改革答申は，民間企業と同様の労働者像を強調するものの，一方で民間企業とは区別される教職の特別扱いを土台に据えている。この特別扱いは，これまでと同じように容易に聖職者像に結びつく。長時間労働は教師文化と法制度のかけ算によって，構造的に生み出されている。働き方改革の壁は，いまだとても高い。

3　制度設計なき部活動

1）Twitter からの改革

学校の働き方改革における重要事項のひとつに，部活動改革がある。まさに，定時を超えて残業代も支払われずに行われる教育活動であり，土日にも行われることが通例となっている。部活動の話題は，2016 年頃から急速に関心が高まった（野村他［2021］，図 10–2 参照）。その発信源となったのは Twitter 空間である。とりわけ教師の側から，部活動の過重負担を訴える声が発せられた。

部活動改革運動が Twitter を舞台にして拡大してきた背景には，次の 3 つが考えられる。第一に，日本における Twitter（を含む SNS）利用者層の拡大である。第二に，部活動の指導に苦しむ若手・中堅世代の教師と Twitter（を含む SNS）利用との親和性である。そして第三に，現場での聖職者意識の根強さである。教師文化は，部活動指導を前提に成り立っている。部活動に時間と労力を割いてこそ，一人前の教師である。そのような意識のなかで，部活動指導への抵抗感を表明することは容易ではない。それゆえに，負担に苦しむ教師は匿名性の高い Twitter 上で苦しみの声をあげ，そこで思いを共有し，改革の方途を探ってきた。学校の問題解決を目指すために教師がとった方法は，物理的な学校空間の外に出て，ネットという匿名の空間において，自分の意見を公にすることであった。

部活動改革の展開は，ハイ・モダニティ（ギデンズ［1993］），および第二の近代（ベック［1998］）が基礎とする「個人」によって遂行されている。近代社会においては，産業化が進むなかで，まず伝統的な共同体から個人が解放される。だが正確には，個人は丸裸で解き放たれたのではなく，学校，企業，組合，国家といった中間集団に所属することになる。近代社会では，伝統的共同体から個人が抽出されて，その個人は新たな近代型の居場所に身をおくことになった。ギデンズの言葉を用いれば，伝統的共同体から「脱埋め込み化」されて，近代の中間集団に「再埋め込み化」されることになったのである（ギデンズ［1993］）。

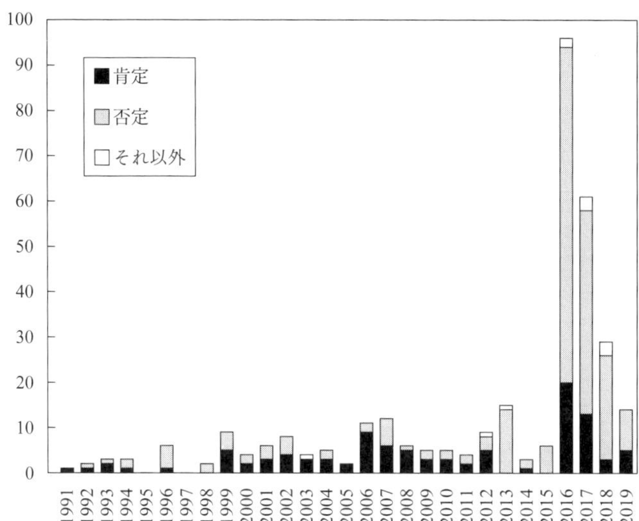

図 10‒2　部活動に関する投書件数の推移（『朝日新聞』1991～2019）

出典）野村他［2021］。
注）「肯定」とは部活動に対して肯定的な意味づけをしている投書を，「否定」とは部活動に対して否定的な意味づけをしている投書をさしている。

教師の働き方改革の隆盛は，Twitter による学校の外での情報発信とその連帯によって生じた。近代以降，グローバル化と情報化が進み，個人は中間集団からも抽出（脱埋め込み化）され，ついに所属なき丸裸の個人として世界に向き合うことになる。中間集団に頼らずにその枠を超えたところで，丸裸の個々人が緩やかに連携しながら，改革が進んできた。中間集団は集合的な力によって個々人の自由を制約してきたが，個々人はそこに安住することができた。ギデンズらが論じるポストモダンの時代には，それらが解体される。丸裸の個々の教員は，学校という束縛から解き放たれて，無限に広がる匿名空間で「部活がしんどい」と情報発信できる。

ただし，中間集団は，個人にとってリスクの防波堤となっていたことを忘れてはならない。学校は教師を守ってきた。だが中間集団がその影響力を失うということはつまり，いまやリスクが個人に直接降りかかってくるということでもある（ベック［1998］）。Twitter 上の教師は，学校の代表でも組合の代表でもない。ただの一個人である。学校を要件としない，インターネットを介した新しい対話の危険性と可能性が広がっている。

部活動改革は，たとえそれが長時間労働の大きな要素であるとしても，部活動を指導してこそ一人前とみなす職員室文化のなかにあっては，学校内からの改革は望みが薄い。それゆえ，学校外で初めて改革の推進力を得ることができた。ただし，個別具体的に保護者や地域住民が部活動改革に乗り出したというよりは，全体的・一般的に働き方改革の世論，あるいは働き方改革の行政の取り組みを背景として，運動が推進力を得たといえる。

2）「自主性」の陥穽

政府が 1955 年から 2001 年の間に実施した複数の調査を整理した中澤篤史によると，中学校や高校の運動部活動の活動日数は増減を経ながらも，週 4 日前後から週 5〜6 日に増加してきた。「現代は，多くの生徒が多くの日数にわたり活動している時代」（中澤［2014］）である。また，2016 年度の教員勤務実態調査では，2006 年度と比較して小中学校の各種業務のなかで突出して労働時間が増加したものが，中学校の土日における「部活動・クラブ活動」で，1 日あたり 63 分もの増加が確認された。

世界的にみても，日本の学校では部活動指導に多くの時間が割かれている。OECD が 2018 年に加盟国等 48 の国・地域を対象に実施した「OECD 国際教員指導環境調査（TALIS）」によると，日本は小中学校ともに教員の 1 週間あたりの勤務時間が最も長く，中学校ではとりわけ「課外活動」の時間が長かった。課外活動の時間数は，調査参加国・地域の平均が 1.9 時間であったのに対して，日本は 7.5 時間と群を抜いて多かった。

中学校や高校の新しい学習指導要領（中学校は 2017 年，高校は 2018 年改訂）には，改訂前と同様に，部活動とは，「学校教育の一環」ではあるものの「生徒の自主的，自発的な参加により行われる」ものであり，「教育課程外」と定められている。

「教育課程」というのは，学習指導要領などを踏まえた上で，「学校教育の目的や目標を達成するために，教育の内容を子供の心身の発達に応じ，授業時数

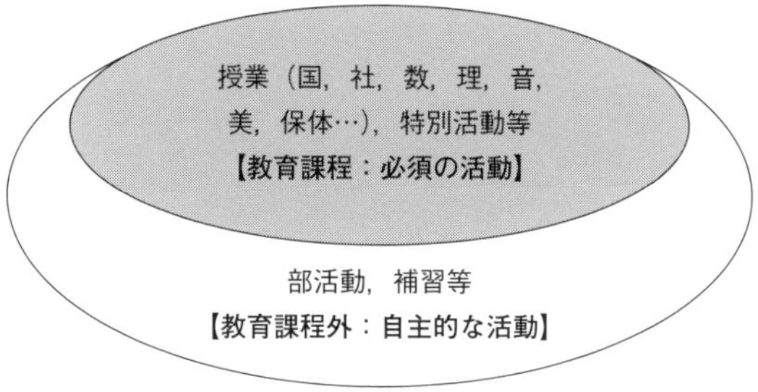

図 10-3　学校の各種教育活動の位置づけ

との関連において総合的に組織した学校の教育計画」（中央教育審議会・初等中等教育分科会［2015］「教育課程企画特別部会 論点整理」）をさし，その編成主体は各学校である。そして，学校教育法施行規則の第 72 条において，中学校の教育課程は，「国語，社会，数学，理科，音楽，美術，保健体育，技術・家庭及び外国語の各教科」と「道徳，総合的な学習の時間並びに特別活動」によって編成するものとされている。ここに「部活動」の文言はみあたらない（図 10-3）。

各種教科や行事は「教育課程」に含まれる一方で，部活動は「教育課程外」である。したがって，部活動とは平たくいえば「やってもやらなくてもよい」ものである。働き方改革答申においても，「部活動の設置・運営は法令上の義務ではなく，学校の判断により実施しない場合もあり得る」と記載されている。部活動とはそもそもの位置づけとして，生徒と教員の両者にとって無理をしてまで取り組むべきものではない。ところが現実的には，むしろ過熱が進んできた。

長時間労働の温床であり，また「やってもやらなくてもよい」活動であるにもかかわらず，部活動は学校の日常に定着し，存在感を高めてきた。この不可思議な部活動の拡大過程の背景を，中澤はまさに部活動が子どもの「自主性」を尊重しようとしているからだと説明する。すなわち，子どもにとって「教科」は，制度的に枠づけられ強制されるが，「部活動」は，インフォーマルで自主的に運営されることになっている。教科とは異なり，自主性が尊重されるという部活動の教育的意義が，だからこそ子どもに提供されなければならないという態度を生み出してきたという（中澤［2014］）。さきの働き方改革答申の言葉を借りるならば，「教師という職の崇高な使命感」が，自主的な活動により子どもの成長を促すという目標に向かい，「‘子供のためであればどんな長時間勤務も良しとする’という働き方」につながっていったと表現できる。

3）制度設計の不備

部活動は1日あたり数時間，さらには土日にも活動が行われる。学校の教育活動のなかでは主要な活動であるにもかかわらず，教育課程外の活動であるために，制度設計がまったく整っていない。

教科の授業では，仮にクラスが活気にあふれたとしても，だからといって追加で土日にも授業が開講されることにはならない。体育の教師が，授業が楽しいからと土日に生徒をグラウンドに呼びつけて授業を行えば，大きな問題となる。この授業と部活動との差は，何に起因するものなのか。

これは，部活動の時間帯に廊下がトレーニングの場になるという現状から，説明することができる。部活動の練習時に，廊下を走ることは，学校の日常風景である。だが放課後の部活動が始まる直前まで，廊下を走ることは禁じられている。転倒や衝突などの事故を防止するためである。部活動の時間になれば，急に廊下が安全になるわけではない。それにもかかわらず廊下を走ることが容認されているのは，部活動が自主的な活動に位置づけられているからである。

授業においては，体育は体育館やグラウンドでというように，活動内容に応じた場所が用意されている。仮に体育の際に，体育館に生徒があふれかえった場合には，体育館あるいは学校をもうひとつ建てるというのが，制度上の真っ当な対応である。ところが部活動は，「自主的」なものであるために，制度的に十分な準備ができていない。そこで一斉に部活動が実施され，活動場所が足りなくなる。

不足しているのは活動場所だけではない。日本スポーツ協会（旧：日本体育協会）［2014］「学校運動部活動指導者の実態に関する調査報告書」によると，運動部顧問の半数は当の競技種目が未経験である。中学校で国語科を担当する教師が，専門は美術科で，国語科の知識を有していない，といったことは原則起こりえない。教科指導は，学校の正規の教育課程として定められているからには専門の指導者が配置される。ところが部活動では，泳げない水泳部顧問や，楽譜が読めない吹奏楽部顧問，ノックができない野球部顧問が多く存在する。

さきに述べたように，体育の教師が，授業が楽しいからと土日に追加で授業を開講することはない。学習指導要領などによって，各教科はその内容や標準時関数が定められている。校内では詳細な時間割が組まれている。教科指導では 1 コマ「50 分」の授業だからこそ，その枠内で教えるべき内容が精査されて組み立てられる。時間に制約があるからこそ，その限られた枠のなかで最大のパフォーマンスを発揮するというメンタリティが生まれる。教科指導では，たくさんの授業を追加実施する教師ほど高く評価されるようなことはない。しかし部活動はそうはいかない。制度設計もなく，自由にたくさんの練習や大会をこなす教師ほど，子どものために尽くす教師として高く評価される。

制度設計の不備は，たんに部活動の運営があいまいになるだけではない。指導者も場所も足りないなかで，活動量は増大していく。明らかに，だれかに無理を強いたり，重大リスクを背負わせたりすることで，負荷の大きい活動が展開されている。「自主性」という教育的フレーズが，その過酷な状況をなだめて，不可視化させていく。

おわりに

部活動をはじめ，教職という仕事は，魅力であふれている。「子供のため」に尽くすことは尊い。涙の卒業式は，それまでの苦労をすべて吹き飛ばす。だからこそ，長時間労働や部活動の過熱が顕在化していても，ブレーキがかからない。そして，だからこそ，管理が必要なのである。

長時間働いていても，その労働時間と残業代を厳格に管理する法制度の整備が不十分である。長時間の勤務に対して，労働基準法（罰則あり）が適用されることはない。部活動も同様に，制度設計なき自主性のなかで，過熱をはじめとした問題や矛盾が放置されたままである。教師の仕事とは総じて「管理」されないがゆえに，今日の事態を迎えており，それを教師文化が支えている。「お金や時間に関係なく子どものために尽くす」ではなく，「お金や時間を管理して，子どもと教師に健康を保障する」ことが，学校教育の崩壊を止めるための新たな一手である。　（内田 良）

【さらに探究を深めるための読書案内】

今津孝次郎・樋田大二郎編［2010］『続・教育言説をどう読むか――教育を語ることばから教育を問いなおす』新曜社。

教育の世界に特有の，曖昧で人を幻惑させるような言葉の作用を論じている。さまざまな教育現象を読み解く際の指針を与えてくれる。

前屋毅［2021］『教師をやめる――14 人の語りから見える学校のリアル』学事出版。

その職を自ら辞することになった教師の切実な語りから，教職の持続可能性を追求している。

中澤篤史［2017］『そろそろ，部活のこれからを話しませんか――未来のための部活講義』大月書店。

部活動研究をリードする著者が，部活動の過去と現在を踏まえて，その未来のかたちを模索している。

Taking Sides

リスクとベネフィットどちらをとるか

リスク研究の分野では，「リスク」を検証する際にその対になる言葉として「ベネフィット」（便益）が措定される。たとえば，暴風雨のなかでコンビニに行こうとすれば，欲しいものが手に入るけれども，途中で身体がびしょ濡れになったり思わぬ事故に遭ったりするかもしれない。手に入れたいというベネフィットを重視する（＝コンビニに行く）か，びしょ濡れになってしまうというリスクを重視する（＝コンビニには行かない）か。私たちは常に，リスクとベネフィットを天秤にかけながら生活を送っている。このリスクとベネフィットの両面を考慮することが，リスク研究の基本的な着眼点である。

「教育」という言葉を『広辞苑』（第 7 版）で引いてみると，「望ましい知識・技能・規範などの学習を促進する意図的な働きかけの諸活動」とある。「教育」とは意図的な働きかけであり，それは何らかの望ましさを具現化するための営みである。

学校管理下の活動は，基本的にすべて教育である。授業はもちろんのこと，遠足や運動会も，そして廊下ですれ違ったときの挨拶や会釈までも，何らかの教育効果が期待されている。

私個人にとって，遠足は楽しかった記憶しかない。けれども遠足は，単なる遊びではなく，立派な教育活動である。小学校の学習指導要領では，遠足は，「特別活動」における「学校行事」のなかの「遠足・集団宿泊的行事」に位置づけられており，「自然の中での集団宿泊活動などの平素と異なる生活環境にあって，見聞を広め，自然や文化などに親しむとともに，よりよい人間関係を築くなどの集団生活の在り方や公衆道徳などについての体験を積むことができるようにすること」が目指される。

「教育」という名の営みは，「望ましい知識・技能・規範」が提供されるという点で，ベネフィットそのものである。事あるたびに繰り返される「子どものため」というフレーズもまさに，「子どものベネフィットを考えて」という意味である。すなわち，教育というベネフィットが優先される状況下では，リスクは軽視されやすくなる。だからこそ，あえてリスクの側面を浮かびあがらせ，そのうえでベネフィットと天秤にかける作業が必要なのだ。

2010 年代後半に話題になった「巨大組み体操」は，まさにリスクとベネフィットの考量の必要性を学校に突きつけた適例である。

グラグラとゆれる土台の上に，見上げるほどの高さにまで子どもが積み重なっていく。一見すると明らかにリスクの大きい組み体操が，小中高を問わず人気を博した。ピラミッドの場合，高校では 11 段，中学校では 10 段，小学校では 9 段という記録が確認された。中学生が 10 段のピラミッドをつくると，頂点の高さは約 7m，土台の最大負荷は約 200kg/人にまで達する。

なぜ，これほどまでにリスクの高い組み方が，各地の学校でもてはやされたのか。その理由が，巨大組み体操に，教育的意義というベネフィットがみいだされていたからである。巨大組み体操をつくるにあたっては，「土台の子は，上の子が安心していられるように，痛くても重くても我慢しなさい。「痛い」「重い」と言っていては，上に乗るのが不安になってしまうでしょう。そして上に乗る子は，土台の子があなたのためにグッと我慢してくれているのだから，土台の子を信じて，勇気を出して上にのぼっていきなさい」という定番の指導方法がある。個々人の感情を押し殺して全体が成り立つという形式をとることで，その全体のなかに信頼感や一体感，さらには感動が生み出される。

そして，ベネフィットは，決して子どものみにもたらされるものではないことを付記したい。教師の仕事の魅力は，「子どものため」に尽くせるところにあるといってよい。授業も運動会も，教師が子どものために入念に計画・指導することで，実際に子どもが一歩ずつ成長していく。子どもの笑顔を目の当たりにしたときには，それまでの苦労が一気に吹き飛ぶ。これが，教師の仕事から業務の「引き算」の発想を奪い，業務は次々と「足し算」されてきた。その結果が，今日の世界に類をみない教師の長時間労働である。心身を壊しかねない重大なリスクが生じている。

教師は，かつて子どもという立場で小学校から高校や大学までの教育活動を体験済みである。その自身の体験をある程度ポジティブに捉えているからこそ，その道を選んだと考えられる。学校教育のサバイバーであり，そこにはおのずと「生存者バイアス」が生じる。リスクか，ベネフィットか。学校教育の中核に身をおくほどに，難度が高くなる問いである。

第 III 部

変化の時代の先へ

第 **11** 章

デモクラシーと未来の学び

はじめに

この章のタイトルにある「未来の学び」という言葉について，読者はどのようなイメージをもつだろうか。試みにまずはそれらを具体的に挙げてみてもらいたい。もちろんいくつも挙がると思うが，それらをひとつの単語にあえてまとめようとするならば，「活動的」「積極的」というあたりがその最も有力な候補であると筆者は予想している。

一般的に人間が「アクティブ」「ポジティブ」であることに対しては，まさに正の価値が与えられている（英単語のポジティブが「陽性」という意味も有していることはともかく）。わが国の教育政策も同様に，グローバル化の影響下にありながら，変化の激しい社会をいかに活動的で積極的に生き抜くかという視点のもとで立案されている。これからの社会を生きる私たちに求められる学びのあり方が絶えず模索されているのである。

2021 年 1 月，文部科学省の中央教育審議会は「「令和の日本型学校教育」の構築を目指して――全ての子供たちの可能性を引き出す，個別最適な学びと，協働的な学びの実現」という題目の答申を出した。ひとつには社会のあり方が劇的に変わる「Society 5.0 時代」の到来，もうひとつには新型コロナウイルスの感染拡大など先行き不透明な「予測困難な時代」の到来を背景にして，「一人一人の児童生徒が，自分のよさや可能性を認識するとともに，あらゆる他者を価値のある存在として尊重し，多様な人々と協働しながらさまざまな社会的変化を乗りこえ，豊かな人生を切り拓き，持続可能な社会の創り手となることができるよう」な学校教育を求めるものである。具体的には，答申の副題に示されるように，今後の学校教育は，個別最適な学びと協働的な学びという両輪において充実が図られるべきだということである（序章も参照のこと）。

本章では，本書を貫く過去―現在―未来という視点を生かしつつ，これからの時代に求められる学びの姿について検討してみたい。まず，アメリカの教育学者ジョン・デューイのいう「オキュペーション」にみられる，活動的で探究的な学びの理論を検討する。デューイが指摘した状況は，100 年以上も経った現在とそれほど違わないことに驚かされるであろう。次いで，今日の学校教育を特徴づける「主体的・対話的で深い学び」「PISA 型学力の育成」「非認知能力への注目」について考察する。さらに，これからの社会が求める学びには「他者とともにある学び」に加えて「自分自身を大切だと感じる学び」への意識が必要であることを提案してみたい。とくにこの「自分自身を大切だと感じる学び」は，これからの学びと民主的な（デモクラティックな）社会を特徴づける要素となるべきものである。

1　デューイの教育実践

1）非認知能力の先駆として

「……いまやわれわれの教育に到来しつつある変革は，重力の中心の移動である。それはコペルニクスによって天体の中心が地球から太陽に移されたときと同様の変革であり革命である」（デューイ［1957］）。

教育の中心は子どもにあるべきだ，と宣言し，教育に「変革」をもたらすことを試みたデューイ（第 8 章）は，これから求められる新しい時代の学校教育には，子どもだけでなくあらゆる人間を自らの学びの主役とすることで，自身の人生をより豊かに生きられるようにするという課題があるはずだ，と意識していた。彼はいまから 100 年以上前，すなわち 20 世紀を目前にして，「これからの時代は大きな変化を迎える時代，そして人間にとって困難で不安定な時代であり，だからこそ，私たち人間の知性と感性を信頼するべきだ」という見解を述べている。知性や感性への信頼とは，いいかえれば人間の経験への信頼でもある。自らの経験が知性や感性を駆動させ（デューイの言葉では「経験の再構成」），自身をさらに成長させるとともに社会をいっそう進歩させる，と彼は考え，それがデモクラシーのある生き方（a democratic way of life）であると主張したのであった。

こうした考えを実際の学校教育の実践において確かめようとしたのが，デューイがシカゴ大学に在職していたときに設立した大学附属学校の「実験室学校（Laboratory School）」での取り組みであった。彼は子どもたち自身の本能と活動力が十分に機能するためには，具体的な行為によってさまざまなことを試してみたりものづくりに臨んだりする機会が彼らに与えられるべきだと考え，活動的な仕事すなわち「オキュペーション」と呼ばれる教育方法を導入した。教師によって知識や能力を与えられるのではなく，具体的な活動を通してその意味をみつける学びの機会が個人に与えられるべきだということである。そして，子ども自身の興味や関心を踏まえて，それに応じた問題解決的な学びが展開されることによって，知的・道徳的に成長が促されるというのが，彼の主張である。実生活ときわめて近い，もしくは実生活の側から構成されたオキュペーションには，たとえば糸紡ぎや調理，小屋づくりといった身体全体の操作が求められる活動がある。またオキュペーションには，読み書き算や歴史や植物の成り立ちといった知識が必要とされることから，その遂行は教材の丁寧な構造化や組織化をともなった教育内容でもあり方法でもあったことが分かっている。

オキュペーションを通して学習者の何が育つのであろうか。もちろんオキュペーションそれ自体が実生活と直結するものであるからには，それは実生活を送る上での知識や技能に違いないだろう。オキュペーションにより，自らの経験を再構成するかたちで，よりよい成果をもたらすように自身の活動を多様に工夫することができるようになる。しかしデューイにならうと，ここで育まれるのは，直接性，専心性，オープンな精神，責任という4つの心的傾向，いうなれば非認知能力である。直接性とは不安に躊躇せずに自らの経験を信頼すること，専心性とは対象に没頭して好奇心を失わずに学びを展開すること，オープンな精神とは自らの考えを相対化して他の人の考えを受け容れる柔軟さや寛大さをもつこと，そして責任とは後続する経験の結果を引き取り変化に対応すること，である（デューイ［1957］)。

デューイ自身は，能力の開発や準備，訓練としての教育を徹底的に批判する一方で，「教育の過程は，連続的な成長の過程であり，その各段階の目標は成長する能力をさらに増進させることにある」と後年になっても改めて指摘しており（デューイ［1975］)，オキュペーションを通した問題解決的な学びが個々の子どもの成長をさらに促進することに寄与しているという信念をもっていた。

2）「社会が求める学び」論の先駆として

デューイのオキュペーションの方法論あるいは問題解決的な学びの提案は，わが国でも個別の教育実践のレベル（たとえば大正期の木下竹次の「しごと」や，後述する堀真一郎の「きのくに」）から，教育課程政策のレベル（個性化教育の提唱，生活科・総合的な学習の時間の導入や，今般の「主体的・対話的で深い学び」）に至るまで，これまで幾度も繰り返し注目を集めてきたといってよい。逆にいえば，それだけデューイの理念は魅力があると同時に，十全なかたちでの実現がきわめて難しい，あるいは少なくともその維持が難しいことの証左でもあるといえるだろう。

他方で興味深いのは，デューイが「教育方法やカリキュラムにおいて進行している変革は，商工業の様式の変化と同じように，変化した社会情勢の所産であり，また形成されつつある新しい社会の必要に応えようとする努力の表われに他ならない」（デューイ［1957］）と述べており，オキュペーションは新しい社会が求める新しい学びの様式だと主張している点である。社会が大きく変化するなかにあって，その変化に対応することもまた，学校教育に必要とされるのである。では，現代の日本，もしくは世界において求められている新しい学びのかたちとはいかなるものだろうか。それを考えることは，現代に必要とされる新しい能力を考えることにもつながる。

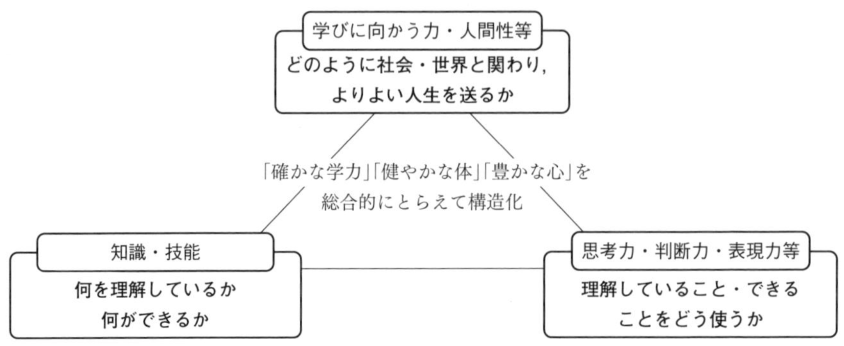

図 11-1　育成を目指す資質・能力

出典）中央教育審議会［2016］「幼稚園，小学校，中学校，高等学校及び特別支援学校の学習指導要領等の改善及び必要な方策等について（答申）」補足資料。

2　非認知能力を育む学び

1）「主体的・対話的で深い学び」の登場

2020 年度から年次移行で実施される新学習指導要領を改訂する作業にあたった中央教育審議会では，学校教育で育成を目指す資質・能力により「何ができるようになるか」について議論が交わされた。「何ができるようになるか」という論点は，これまでの学習指導要領の特徴ともいうべき教育内容としての「何を学ぶか」という論点以上に強調されているものであり，従来のものが「コンテンツ・ベース」であったのに対して，「コンピテンシー・ベース」の教育課程の改革と呼ぶこともできるだろう。

また，生きる力としての資質・能力を育てるにあたり，「知識・技能」の習得，「思考力・判断力・表現力等」の育成，「学びに向かう力・人間性等」の涵養が求められている（図 11-1 を参照）。これを実現するのが，「主体的・対話的で深い学び」だというわけである（第 2 章コラム）。

では，「主体的・対話的で深い学び」と聞いて，読者はどのようなものをイメージするだろうか。「主体的な学び」「対話的な学び」「深い学び」と分解し

表 11-1　主体的・対話的で深い学び

「主体的な学び」	学ぶことに興味や関心を持ち，自己のキャリア形成の方向性と関連づけながら，見通しをもって粘り強く取り組み，自己の学習活動を振りかえって次につなげる学び
「対話的な学び」	子ども同士の協働，教職員や地域の人との対話，先哲の考え方を手がかりに考えることなどを通じ，自己の考えを広げ深める学び
「深い学び」	習得・活用・探究という学びの過程のなかで，各教科の特質に応じた「見方・考え方」を働かせながら，知識を相互に関連づけてより深く理解したり，情報を精査して考えを形成したり，問題を見いだして解決策を考えたり，思いや考えをもとに創造したりすることに向かう学び

出典）図 11－1 に同じ。

たり，あるいはそれらの足し算と考えたりすることも必ずしも間違いではないかもしれないが，とりわけ「深い学び」の具体的な姿や「学びの深まり」の実際というものは，他の 2 者と比べてもなかなかイメージしにくいように思う。表 11-1 は，政府によるそれぞれの言葉のひとまずの説明である。

表を踏まえて考えると，学校教育で求められる学びについて，たとえば①正解よりも「納得解」とも呼ぶべき答えを自分なりに獲得する，②学んでいる内容が自分自身とつながっている感覚をもつ，③学んだことを振りかえったりその次を見通したりできる，④学ぶことの意味や意義がみえている，といった特徴が浮かびあがる。

アクティブ・ラーニングとして当初中教審で議論されてきた「主体的・対話的で深い学び」は，より多義的で重層的な意味を有していることがみえてくるだろう。もちろんアクティブという英単語も多義的であることは疑いない。幼い子どもたちの学びそのものが遊びと一体化しているように，学んで自身の能力を磨いていく経験は，本来はアクティブな特質をもっているべきものである。その点である意味，アクティブ・ラーニングとは二重の形容であるともいえるだろう。なお，主体的・対話的で深い学びの英訳が“proactive, interactive, and authentic learning”であることも付け加えておきたい。アクティブとは少なくとも proactive や interactive であることが了解できるだろう。

さらに補足として記しておくべきことが 3 点ある。ひとつには学習指導要領

コラム

STEAM 教育

教養教育を尊重する文化的土壌のある欧米の大学教育において，人間の精神をより自由なものとする意味で「リベラル・アーツ」が重視されてきたことはよく知られている。2000 年前後に米国ではハイテク産業の台頭とともにそれを担う人材の育成が産業界にとって喫緊の課題となったこと，またリベラル・アーツ教育を大学以前の学校教育で展開する統合的なカリキュラムが公教育に未整備であったことから，STEAM（STEM）教育が次第に注目を集めるようになった。この潮流には，一方では理科系の職業に直結する人材育成，他方では現代的な課題に向けての教育改革という両面がある。STEAM 教育とは，Science, Technology, Engineering, Arts and Mathematics の頭文字を採用した造語で，科学・技術・工学・芸術・数学を含みもつ教科横断的な教育プログラムである。

学習の方法論として STEAM 教育を考えてみることは，また別の視点から学びの原理を理解することにつながりそうである。順に追って，科学とは，実験や観察をもとに何らかの法則や仕組みをみつけること，技術とはコツや勘もまじえて最適解をみつけること，工学とは最適解をもとに新たなものづくりに向かうこと，芸術とは表現や鑑賞を享受すること，そして数学とは論理的に説明すること，と読み替えることができる。これらに示されるのは，理系の人材育成という側面以上に，人間にとっての学びとは何かをみなおすきっかけである。

学習の内容論としてはどうだろうか。小学校で必修の学習内容として導入されたプログラミング教育のように徐々に整備されてきてはいるものの，教科型カリキュラムが重視されるわが国ではまだまだ STEAM 教育の可能性は未知数というところである。日本 STEM 教育学会の設立趣意書にあるように，「プログラミング教育を含む STEM 分野の教育実践が，体系性や理論的裏付けをもち，社会からの期待にも応えられるように」なるのはもうしばらく先のようにも思われる。むしろ方法論の部分で示したように，人間の学びの豊かさを別の視点から説明してくれるのが STEAM 教育であるのかもしれない。

では「主体的・対話的で深い学び」を実現するためには教師の授業改善が必要であると繰り返し説明している点である。より正確にいうと，主体的・対話的で深い学びを実現する授業改善，と必ず一続きの表現が用いられているのである。子どもたちが自身の学びを深めていくためには，まずは教師自身がまさにアクティブでなくてはならない，ともいいうるだろう。もう 1 点は，むしろ大学教育の改革の一環としてアクティブ・ラーニングの議論が交わされた事実である。2012年の中教審大学分科会の審議のまとめでは，求められる質の高い学士課程教育について「教員と学生とが意思疎通を図りつつ，学生同士が切磋琢磨し，相互に刺激を与えながら知的に成長する課題解決型の能動的学修（アクティブ・ラーニング）によって，学生の思考力や表現力を引き出し，その知性を鍛える双方向の講義，演習，実験，実習や実技等の授業を中心とした教育」が提案されている。そして第三に，この主体的・対話的で深い学びそのものについて，相対化して（あるいはやや批判的に）捉える視点の存在を意識する必要もあるだろう（松下［2010］，溝上［2014］，西岡［2017］）。

2）「コンピテンシー」に代表される世界標準の学力モデル

2000年前後に起こったわが国の学力低下論争は，単純な習得型の学びを超えて，習得した知識を活用するような学びの必要性を論点にしたものだと位置づけることができるだろう（市川［2002］，松下［2010］）。他方でOECDのDeSeCoプロジェクトやPISA調査は，グローバル社会において求められるコンピテンシーないし資質・能力についての本格的かつ国際的な定義を日本の教育界にも促すものであった。いうなれば「世界標準の学力」がわが国にも到来したのである（第5章）。

OECDは国際的にPISA調査を重ねていく過程で，認知的スキルに加えて「社会情動的スキル」こそ21世紀の諸課題に対処する可能性をもつとして，その特性と育成に注目しはじめた。健康や市民参加，福祉に貢献するのが，忍耐力，社交性，自尊心に代表される社会情動的スキルだというのである。図11-2は，2015年のワーキングペーパーである『社会情動的スキル』（経済協力開発機構編［2018］）において示されたその概略である。知識の習得や認知能力の形成のみならず，目標の達成，協働性，情動の制御といった視点からコンピテンシーを再定義している。

さらにOECDは，「ラーニング・コンパス2030」という報告のなかで，コンピテンシーをさらに発展させるかたちで「新たな価値を創造する力」「対立やディレンマに対処する力」「責任ある行動をとる力」という3つの能力を提示

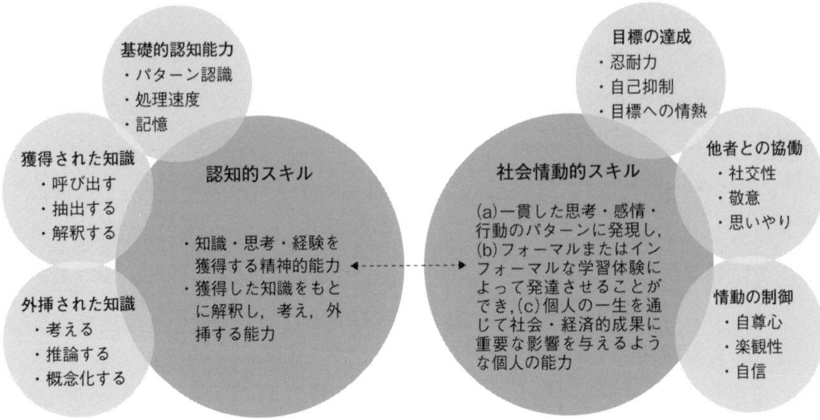

図 11-2　認知的スキル，社会情動的スキルのフレームワーク

出典）経済協力開発機構編［2018］。

し，新たなコンピテンシーのモデルを描こうとしている。

「Society 5.0」と称されるこれからの社会において困難に対処する能力を身につける教育を実現できるかは，学校教育に改めて期待される大きな役割であることはいうまでもない。VUCA（Volatility, Uncertainty, Complexity, Ambiguity）な社会を人間が生き抜く力，人工知能に人間が取って代わられないための能力の育成は，もはや国際的に大きな課題である。

3）非認知能力への注目

そしてコンピテンシーの一部としての非認知能力の育成への関心は，個人の発達の初期段階への注目としても現れはじめている。要するに，幼児教育の重要性の指摘である。

このような議論の火蓋を切ったのが，ヘックマンが 1960 年代にミシガン州で行った「ペリー就学前教育プロジェクト」と呼ばれる一連の研究である。子どもの年齢や関心，能力に応じて，遊び活動を中心としたカリキュラムを提供することが，その後の成長，たとえば 14 歳時点でのいわゆる基礎学力の向上や，さらにその後の 40 歳時点での経済的な成功に，深く関係していることを明らかにしている（ヘックマン［2015］）。ヘックマンによれば，幼児教育への投資を行うことが個人に社会経済的な効果をもたらすだけでなく，そもそも幼児期の教育により非認知能力を育てていくことが重要である。この社会実験は，貧困層の子どもへの教育というやや特殊な条件であった点を考慮しても，幼児期の教育や保育の意義を喚起してくれる貴重なものである（第2章も参照のこと）。

すでにみてきたように，わが国の教育政策が取りあげる資質・能力には非認知能力の側面もごく自然に含まれているといってよいだろう。そもそも，非認知能力そのものが多義的である。自尊心，やり抜く力，やる気，忍耐強さ，根気，自制心，自己の状況の把握，立ち直るしなやかさ（レジリエンス），創造性，外向性，協調性……。これらはいずれも認知的な能力とは対照的なものであると考えられている。

しかし，このような非認知能力が発揮されるには，先行する経験から多様に学び，それをもとに後続する経験をより充実したものとするよう行動を改変する力が必要であるという事実を見落としてはならない。つまり，非認知能力もきわめて知性的なものなのである。このことを指摘したのがデューイである。デューイによれば，習慣とは行動の単なる反復や環境への順応とは異なり，活動的で知性的な行動の調整である（デューイ［1975］）。習慣がその特徴としてもつのは行動の調整としての可塑性だけでなく，外向性や協調性といった他者との相互作用である。デューイが予言していたように，日々の経験のなかで習慣そのものを再構成することが，現代的な課題として浮かびあがってくる。とくに幼児期からどのように非認知能力を育むかは，これまで以上に幼児期の重要性に焦点を当てることにつながる。では具体的にこれらの能力を育成するにはどのような方法がありえるだろうか。

3　多様な学びの実践

1）子どもの幸せのある学び

多義的な非認知能力のなかに挙げられるいくつかは，学びに向かう子ども自身の感情とも結びついている。子どもの生活感情や学習感情，すなわち「学んでいることが楽しい」「学んでいる自分自身が好きだ」という感覚を育む教育実践の事例をみていこう。

「まず子どもを幸せにしよう，すべてはそのあとに続く」という言葉で知られるA・S・ニイルのサマーヒル・スクールや，デューイの実験室学校にならい，新たな教育実践に向かったのが，堀真一郎である。彼は，「楽しくなければ学校でない」といいきり，自己決定の原則・個性化の原則・体験学習の原則を掲げた「きのくに子どもの村学園」を創設した。

この学校での学びはプロジェクトと呼ばれる体験学習が中心となっている。子どもたちは自分のしたい活動をよく考え，「工務店」「劇団きのくに」「動植物研究所」といったテーマごとの体験学習を選択する。授業の多くが体験学習にあてられ，子どもたちは自分の好奇心を刺激する活動に取り組み，自分の頭と心と体を存分に使って，学びの経験を豊かにするのである。それについて詳しくは堀［2019］に委ねることにして，ここでは，この学校に通う子どもの声を紹介することで，学んでいる自分自身が幸せであることの意味を確認しておこう。

> 私がきのくにに入ったのは3年の時で，だから2年間は地元の学校に行っていた。2年の時，テストでできた人から順に図書館に行くことになっていて，私は，算数が大きらいだったから，いちばん最後だった。そのテストは，私にはぜんぜんわからなくて，泣きながらやって，次の時間になって，となりの〇〇君が，「せんせ，高原さんが泣いています。どうしたんですか？」ってきいたら，「ほっときなさい！」と先生がいった。先生なんて，大大大きらいだと思った。

> きのくには，前の学校よりずーっと楽しいし，一杯学んでいるし，ほかの人と比べられないから，私は，きのくにに来てよかった。

この作文はきのくにの生徒であった高原恵が12歳の時に書いたものである（堀［2019］）。いくつも読みどころがあるなかで，最後にある「きのくにに来てよかった」という一文が実に印象的である。この学校に通うことは，自分自身を再生させ，安心感を抱き，自信をもつ経験となっていることがうかがえる。きのくににあるのは，子どもが幸せになる学びである。

2）セルフ・コンパッションのある学び

子どもの生活感情の側からの学びを捉えなおすと，「自分自身が好きだ」という感情は「自分自身を大切にしよう」という感情とも結びついていることが分かる。とくに思春期は，こんな自分でいいんだろうかと不安になったり，友だちやきょうだいと自分を比べてむしろ少しみじめな気持ちになったり，といった負の感情に悩む時期であるだろう。

アメリカの心理学者であるクリスティーン・ネフは，ここで必要とされる心の習慣を，自分自身への慈しみや思いやりであると考え，「セルフ・コンパッション」が重要であると指摘している（ネフ［2014］）。ネフの議論を参照すると，自他への思いやり（compassion）に加え，ケアすること（caring），コミュニケーションを図ること（communication）という3つのCを，これからの学びの姿と結びつけることができるだろう。「自分は自分でいいんだ」という自分自身への愛情を深めるという指摘は，これまでの学習論にはあまりみられるものでないだけに，今後も要注目のトピックである。

3）デモクラシーのある学び

ネフによれば，思いやりを自分自身と同等に他者にも向けることを蔑ろにしてはならない。他者を尊重する態度を学ぶことは，他者と協働していくための前提条件となっているのである。

さきに紹介した堀によるきのくにの実践のひとつに，先生も「○○さん」と呼ばれるというルールがあるが，ここにあらわれているように，きのくにでは子どもも大人も対等の人格として尊重される。これは民主主義社会を生きる上で欠かせないものだと堀はいう。つまり，デューイのいう「生き方としてのデモクラシー」に彩られた学びがここにはある。

たしかに「協働性」はたびたび学びの構成要素として挙げられるものである。しかしそのことは残念ながら，自身と相手とが対等であるということと必ずしも同値とはなっていない。その理由は，学びとは自分が相手より「強くなる」営み，あるいは教育とは相手を「強くする」営みだという考えが根強くあるからである。前者からは競争主義の原理，後者からは不均衡な優劣の関係性の原理が看取できる。

むしろ，人間は個人としては弱く限界があるからこそ他者を必要とするのだ，という人間観に依拠して初めて，自分自身の幸福だけでなく他者の幸福をもいかに実現しうるか，というデモクラシーの根源的な課題と向き合うことができるであろう。デモクラシーを実現するための学びには，自身も他者も同じく慈しむことを起点として，安心感のある社会をともに創るという使命が課されているのである。デューイが，個人の経験の再構成を支える教育の原理と，社会の絶えざる自己更新を目的とするデモクラシーの原理は同一だと主張したことを思い起こしたい（デューイ［1975］）。

おわりに

この章は「未来の学び」とはどのようなものかという探究であった。最後に少しだけ視点を変えて，デモクラシーを実現する学びの姿を描いておきたい。

日本の幼児教育の父と称される倉橋惣三は，子どもたちにとって「うれしい先生」とはどういう存在かについて述べている（倉橋［2008］）。うれしい先生と聞いて読者のみなさんはどんな先生を思い浮かべるだろうか。

倉橋の答えとしては，うれしい先生とは「子どものその時々の心もちに共感してくれる先生」というものである。本章で取りあげたネフの議論とかなり近い位置にあるのではないかと筆者には思われる。

私たちは泣いている子どもを見ると，「なんで泣いているんだろう」「何かつらいのかな」と考えたり，「どうしたの？」と慌てて声をかけてみたり，もしかしたら背中をさすったり手を握ったり抱きしめてみたりと，何か行動を起こしたりするだろう。そもそも泣いている子どもをみるとどうして泣き止ませたくなるのかという疑問はともかく，もう少し何もせずに自らの心を子どもに寄せる，あるいはその子どもの心の内面をより深く想像するということも，相手への慈しみだといえる。倉橋の言葉では，「泣かずにはいられない子どもの胸のうちへの想像」を思いきり働かせるという方途もある。

他者の胸のうちへの想像と，相手への慈しみを備えたデモクラシーは，これからの時代を迎える私たちの確かな生き方に違いない。　（龍崎 忠）

【さらに探究を深めるための読書案内】

ジョン・デューイ［1998］『学校と社会・子どもとカリキュラム』講談社学術文庫。
実験室学校での実践報告でもある『学校と社会』，また学校教育への関心が深められた『子どもとカリキュラム』を，デューイ研究の泰斗である市村尚久訳にて。

堀真一郎［2019］『新装版 自由学校の設計——きのくに子どもの村の生活と学習』黎明書房。
「楽しくなければ学校ではない」といいきる堀の教育哲学を知ることができる。子どもの生活感情の側からみた学校教育への示唆にも富む 1 冊である。

倉橋惣三［2008］『育ての心（上・下）』フレーベル館。
随想を中心にしながらも，保育とは，教育とは何かを考えさせられる好著である。「うれしい先生」でありたい人のために。

Taking Sides

人間の諸能力は個人のものか社会のものか

「人間の諸能力は個人のものだ」という考えと，「それらは社会のものだ」という考えを対比させることを通して，教育における能力の捉え方を紐解いてみたい。この問題は能力の習得および測定という論点と深く関係しているが，そのことにも目を向けつつ両者の立場をみてみよう。

「人間の諸能力は個人のものだ」という考えは，幼い頃からの教育全体と深く関わっているものである。人間が成長することは，多様な能力をできるだけ身につけてそれらを機会に応じて適切に発揮することでもある。とくに知的な理解についてはこのことがよく当てはまるだろう。もちろん家族に教えてもらうこともあれば，学校で先生から教わることもあれば，自分なりに工夫する経験を経て，まさに自分なりのやり方で身につけてきたこともあるだろう。そしてきっと，人生のなかできわめて重要な機会である試験や審査というかたちで，自らの能力を十分に発揮する準備に時間を割いてきたに違いない。能力とはまさに自分自身が磨いてきた賜物だと考えることができるだろう。

能力を個人的なものとみなすことで成り立つのが，学力の測定や評価である。20 世紀の初頭に米国を中心に起こった教育測定運動では，個人の能力をいかに測定しうるかという観点に立つことで，よりよい教育が実現できると考えられた（第 6 章)。その前提にあるのが，人間の能力は個人に内在するという考え，すなわち「人間の諸能力は個人のものだ」という考えである。教育心理学や教育測定の父とも称されるソーンダイクは，「何らかの量において存在するものはすべて測定できるのだから，人間の能力も量的に存在して測定可能である」という考え方を表明し，測定する方法の開発に大きな影響を与えた。テストの登場と発展である。測定は，数値化され，比較や優劣といった評価と結びつくことで，能力の個人化という現象をもたらしたといえるだろう。選抜試験はこの考え方に依拠しないとおよそ成り立たないものである。心理学で広く用いられる知能検査や性格検査も同様である。個人のどのような性格が好まれるかという点でいえば，本章でも取りあげた非認知能力の育成にも，実のところでは測定される量としての能力観の一端が見え隠れしている。

これに対して，「諸能力は社会のものだ」という考えはどうだろうか。これまた同じように子ども期の教育を思い起こすと，教わるという経験は必ず他者を必要としていることに気づかされる。たとえば子どもが自転車に乗れるようになる経験のように，自分一人でできるようになっていることも，もともとは誰かに支えられていたのだという事実に突き当たる。また，他者に教えるという経験を思い起こしてみると，それは自分が得た能力を他者に向けて差し出す行為であるわけで，自分の能力は必ず誰かに貢献するものである。つまり能力とは他者との関わりのなかに存在しているものなのだ。

このような立場は，学びの経験にある社会的な性格としての協働性に注目している。本章で取りあげたデューイや，ロシアの心理学者ヴィゴツキーが「発達の最近接領域」の理論で述べているように，独力でできるようになることに加えて，他者の協力のもとでできるということも正当に価値づけられるべきだ，といえるだろう。他者の存在があってこそ学習および能力の発揮が成り立つのだ，という主張である。

さらに，内在的なものとして能力を「モノ」化してしまうことを批判した研究者が，認知科学者・保育学者として知られる佐伯胖である。彼は次のようなことを言っている。

> 「認識能力」なるものを想定することはとうてい認められないのである。子どもの頭の中にあることは，ああいうことやこういうことについて「知っている」「わかっている」「できる」というような知的性向であり，そこには別段，能力というような一般的な「力」が宿っているわけではないのである。
>
> （佐伯胖［1982］『学力と思考』第一法規出版）

佐伯の議論を踏まえつつ，試しに「教師力」とは何か考えてみよう。確かに教師として求められる能力を具体的に挙げることができるだろうし，それらを一つひとつ身につけていくことが必要だ，ともいえるだろう。しかしはたして，それらを完全に身につけなければ一人前の教師として失格で，能力不足なのだろうか。現実的には能力とは，子どもたちや同僚教師との関わりのなかで，絶えず更新され，実現されているものなのではないだろうか。

第12章
科学技術と人間

はじめに

> ……一等地も含めて東京二十三区全体が，「長く住んでいると複合的な危険にさらされる地区」に指定され，土地も家もお金に換算できるような種類の価値を失った。個別に計った場合は飲料水も風も日光も食料も基準をうわまわる危険値がはじき出されることはないが，長期間この環境にさらされていると複合的に悪影響が出る確率が高い土地だということらしい。測量は個別にしかできないが，人は総合的に生きるしかない。危険だと決まったわけではないが二十三区を去る人が増え，それでもあまり遠くへは行きたくないし，海の近くは危険なので，奥多摩から長野にかけての地域に目を向ける人が増えていった。（多和田［2017]）

引用したのは，多和田葉子の小説『献灯使』からの一節である。多和田の描く「日本」の子どもたちは「微熱を伴侶にして生きている」。「毎日熱を計るとかえって神経質になってしまう」し，「熱が出る度に学校を休ませれば，ほとんど学校に行けなくなる子もたくさん出てくる」。そのため，学校は「熱は計らないように」と指示している。いかなる破局的状況に見舞われたかは，読者としてそれぞれ想像するしかない。だが，もう後には戻れない巨大な災厄後の危難を描く，このディストピアのどこまでが虚構であり，またどこからが未来の現実と地続きのものとなりうるのか。冒頭の「日本」は，そのような現代のリアルと入り混じる，漠とした不安をどこか私たちに感じさせる。

人間の活動が地球環境に対して閾値を超えたきわめて不可逆性の高い影響を与え，もはや取り返しのつかないほど甚大な変化を地質にまでもたらしているという意味で，今日，私たちは「人新世（Anthropocence)」の時代に生きているともいわれている（吉永・福永編［2018]）。人間とその社会に降りかかる災厄は，巨大地震，大津波，集中豪雨，スーパー台風，火山活動といった自然の現象や出来事として突如もたらされるだけではない。地球温暖化などにともなう現代の大規模な気候変動はもとより，産業や経済活動の蓄積によって引き起こされた大気や土壌や水の汚染，戦争や紛争，原発事故，放射性廃棄物の処分，低線量被ばく等々が引き起こすリスク，あるいは感染症の大流行（とその対応の遅れ)，これらの災厄がときにそうであるように，人びとの営為が直接的・間接的にもたらす，偶発的とはいいがたい帰結としての危難は数多くある。

こうした災厄がもたらす危難には，しばしば空間的にも時間的にも広範囲にわたる帰結を生み，世代を超えて継承され未来へと持ち越されていくものも少なくない。それらの危難は，科学技術の進展によって生じた「人間中心主義的な（anthropocentric)」社会変化がより直接の引き金となって引き起こされたものであると懸念する人たちもいるだろう。むろん，太陽放射管理のような気候工学を駆使して地球の温暖化を防いだり，新たなワクチン開発や遺伝子操作・医療技術によってパンデミックの影響や健康被害の緩和を実現したりすることはあるかもしれない。そのように，科学技術のさらなる進歩とその適用を徹底して推し進めることで危難を乗り越えていく希望の未来もまったく描（いてはい）けないわけではない。

けれども，「VUCA（Volatility, Uncertainty, Complexity, Ambiguity)」と呼ばれる予測困難な時代の未来を科学や技術によってことごとく飼いならし統御しようとする人間の欲望は，完全な成就を約束されていない。むしろそれは，どこか根本的なところで多くの矛盾を抱えている。そこで問われているのは，「人間中心主義」に内在する明らかな限界であり，そこに収まりきらないものへの認識だろう。科学技術は，自然のみならず人間の社会をいかに変容させ，人間の教育にいかなる変革を求めていくのか。本章では，そのような問いの少し手前に立ちどまり，科学技術がもたらす帰結の意味とその両義性に，改めて検討の目を向けてみたい。そして，科学技術と向き合うための教育とは何かと問いかけながら，これからの変化の時代の先にあるものとして，教育の原理がいかに組みなおされる必要があるかを考えてみよう。

1　社会と教育を変革する科学技術

科学技術は，人間の社会に何をもたらしたのか。蒸気機関の発明による機械化や工業化に象徴される18世紀から19世紀中頃までの「第1次産業革命」，電力消費とライン作業により大規模な生産を実現した20世紀転換期の「第2次産業革命」，そして情報通信技術等の発展にともない産業のコンピュータ化やデジタル化を果たした1960年代から90年代にかけての「第3次産業革命」を経て，私たちの社会は，今日ビッグデータやIoT，AIやロボットなどの新しい技術革新によって生産と消費のあり方，雇用と労働の形態，人びとの日常生活の様式等々が大転換する「第4次産業革命」の到来のさなかにあるといわれている（シュワブ［2016］）。こうした近代以降の産業上の変革は，いずれも科学や技術の進歩が可能にしたものといえる。そしてそれはいま，私たちの社会への見通しや教育のあり方を大きく転換させつつある。

2016年から始まった「第5期科学技術基本計画」では，「Society 5.0」や「超スマート社会」と呼ばれる，来たるべき新たな日本の未来社会像が提起された（第5章コラム）。ここでいう「Society 5.0」とは，「サイバー空間とフィジカル空間を高度に融合させたシステムにより，経済発展と社会的課題の解決を両立する人間中心の社会」と説明される未来社会である。そうした未来社会をさらに具体化するための新たな5カ年計画として，2021年3月26日には「第6期科学技術・イノベーション基本計画」が閣議決定された。

Society 5.0は，いったいどこへと向かうのか。第6期の基本計画では，「Society 5.0の実現」に向けて，①「我が国の社会を再設計し，地球規模課題の解決を世界に先駆けて達成し，国民の安全・安心を確保することで，国民一人ひとりが多様な幸せを得られるようにする」こと，②「多様性や卓越性を持った「知」を創出し続ける，世界最高水準の研究力を取り戻す」こと，③「日本社会を Society 5.0 へと転換するため，多様な幸せを追求し，課題に立ち向かう人材を育成する」ことが大目標として掲げられ，「国民の安全と安心を確保する持続可能で強靭な社会への変革」，「知のフロンティアを開拓し価値創造の源泉となる研究力の強化」，「一人ひとりの多様な幸せ（well-being）と課題への挑戦を実現する教育・人材育成」の 3 つが「Society 5.0 の実現に向けた科学技術・イノベーション政策」の方向性として示されている。たとえば，「国民の安全と安心を確保する持続可能で強靭な社会への変革」では，社会全体のデジタル・トランスフォーメーション（DX）の徹底化のみならず，これまでの科学技術では実現の難しかった地球環境問題の克服に向かう脱炭素化などの技術革新の推進，さらには自然災害や老朽化するインフラ，サイバー攻撃やパンデミックなどの人々の経済や生活を圧迫するリスクを低減するための研究開発，また AI，バイオテクノロジー，量子技術等々，現代社会の諸課題を解決するための研究開発や社会実装といった，自然や社会や地球規模に生じるさまざまな「脅威」に立ち向かい，少子高齢化や地域共同体の過疎化などが進む未来のなかでの「経済発展と社会的課題の解決を両立する人間中心の社会」の実現を，科学技術とイノベーションによって図ろうとする構想がみてとれる（内閣府［2021］）。

こうした新たな未来社会像は，来たるべき時代にふさわしい人材を輩出・育成するものとして，教育に対してもさまざまな変革を求めている。そこでは，初等中等教育段階から，「Society 5.0 の実現」に向けて「STEAM 教育の推進による探究力の育成強化」（第 11 章コラム）に取り組む必要があるとされるだけでなく，「外部人材・資源の学びへの参画・活用」，GIGA スクール構想などにもとづく「教育分野における DX の推進」（第 9 章），さらには「人材流動性の促進とキャリアチェンジやキャリアアップに向けた学びの強化」，「学び続けることを社会や企業が促進する環境・文化の醸成」，「大学・高等専門学校における多様なカリキュラム，プログラムの提供」，「市民参画など多様な主体の参画による知の共創と科学技術コミュニケーションの強化」が取り組むべき改革の柱として次々と打ちだされている（内閣府［2021］）。

周知のように，2017 年と 2018 年には小・中学校と高等学校の学習指導要領が改訂されたが，そこでの改善点のひとつとして「理数教育の充実」が掲げられていたこともあわせて触れておくべきだろう。小・中学校，高等学校の各学校段階においては，「統計」，「自然災害」，「防災」，「プログラミング教育」，「コンピュータ等を活用した学習活動」等々に関する内容の充実が図られ，なかでも高等学校では「理数探究」や「理数探究基礎」の科目が新設された。いずれの学校段階においても，課題解決の学習や観察・実験などに重点を置いた「学習の質の向上」がいっそう図られることとなった。また高等教育段階では，「数理・データサイエンス・AI 教育プログラム認定制度（リテラシーレベル）」創設の準備が進められ，教育プログラムが公募される（2021 年 2 月）など，新たな取り組みの具体化が着々と始まっている。

このように，科学技術のさらなる進展に資するものとして教育の役割が重視されている。それだけでなく，実際には，デジタル化をはじめとするさまざまな技術革新によって，教育の方法や教師の役割・仕事もまたいっそう変化していくだろう。しかし，経済や産業の磁場にいっそう強く絡めとられることともなったこの新たな基本計画の描く見通しは，私たちをいったいいかなる未来へと向かわせるのか。こうした科学技術によって導かれる新しい人間中心の未来社会やそうした未来に関与する教育は，いったい誰のための社会となり，誰のための教育となるのだろうか。

2　科学技術と支配

科学技術への過信に裏打ちされた未来は，火を盗みゼウスに罰せられたプロメテウスの神話のように，人間にとって常に明るい希望をもたらしてくれるわけではない。「先見（プロ・メテイア）」を意味するプロメテウスは，しばしば「後悔（エピ・メテイア）」を意味するエピメテウスを弟にもつ神として描かれる（村田［2009］）。科学技術が可能にしてくれるものがあるのと同様，現代では，それによって引き起こされる新たな課題や困難もかつて以上に軽視できないものとなりつつある。そのようにみるならば，経済や産業の限りない成長と科学技術の未来に期待を膨らませる展望のなかで，かえって見えなくなってしまう問い，そこにおいて見落とされてしまう類の問いも，当然のことながらあるだろう。そのような問いかけのなかには，そもそも人間にとって「技術」とは何か，そしてまた，社会において「科学」が今日いかなる特質を内在させる営みとなっているか，といった科学技術に対する根本的な反省も含まれている。

人間にとって「技術」とは何か。人間の歴史は，道具をつくり，道具を使用してものをつくりだす「ホモ・ファーベル（*homo fabel*）」の歴史として描かれることがある。ギリシア時代の自然を「模倣する」技術（アリストテレス）は，近代になり，自然を「支配する」技術（フランシス・ベーコン）へとその意味を変化させた（村田［2009］）。ホモ・ファーベルとしての人間は，みずからの力を超えた，意のままにならない「自然」を統御し，それを開発し利用する道具としての「技術」を巧みに発展させ，人間の暮らしや社会の仕組みを劇的に変化させていった。しかし，こうした「技術」は，必ずしも人間とその社会の意図どおりに生みだされ，人間や社会に都合のよい道具として，一方的に使用されるものではなかった。反対に，「技術」それ自体が人間や社会のありようを支配し，方向づけてしまうという側面もある。このような見方は，「技術決定論」ともいわれている（村田［2009］）。

技術が人間や社会のありようを方向づけていくという側面は，積極的な面にしろ，消極的な面にしろ，日常のさまざまな場面でみいだすことができる。たとえば私たちは，音声入力，文字テキストの読みあげ，画面拡大といったツールにとどまらず，コミュニケーションや記憶を支援するためのアプリケーションを有効に活用したり，ロボティクスやクラウド技術のさらなる開発を推し進めIoTやAIを積極的に導入したりすることで，より多くの人たちの思考や活動の自由が広がる社会を構想することができる。そうした技術がさらに進歩し広範囲に実装されることで，能力や境遇などを異にするあらゆる人を歓待し共生を可能としていくようなインクルージョン（社会的包摂）を当たり前のことと受けとめる社会が日常の光景となり，技術が人々の暮らし方や意識をよりよく方向づけていくこともあるだろう。

けれどもその一方で，消極的には，技術が人間の思考や活動を制約し，不自由にしてしまうということも生じうる。ウェブページやソーシャル・メディアのなかに組み込まれた「ライク」や「リコメンド」のボタンによって，私たちの思考がつねに「支持するか，しないか」の二者択一を迫られ，その結果，中庸やその中間に位置するものに想像をめぐらせたり，それとは別の選択肢の存在を創造したりすることができなくなってしまうというのはその一例だろう（ガブリエル／中島［2020］）。技術が，こうした不自由をもたらす仕組み――アーキテクチャやアルゴリズムが生みだす反民主的なシステムの不自由（第3章コラム）――に気づくことすらできない不自由を，人間や社会にいっそう強いてくることもあるかもしれない。それをディストピアとみなすかはともかく，このように，技術は人間や社会をある一定のあり方へとかり立て，巻き込み，方向づけていくことがある。

マルティン・ハイデガーは，こうした技術の一側面を深く洞察した哲学者の一人である。ハイデガーは，隠されていたものを顕現させることを表わすギリシア思想における「アレーテイア（真理）」の意味を踏まえて，技術の本質を「こちらへと前にもたらして産みだすこと」すなわち「顕現させるあり方の一つ」であると語っていた（ハイデガー［2019］）。たとえば，石材や木材といった材料から「家」や「船」をつくりだすとき，これらの材料には「家」や「船」へとなりうる「真相」や「真理」があらかじめ「隠されていた」と考えることができる。この「隠されていたもの」を「こちらへと前にもたらして産みだすこと」を「テクネー（技術）」は行っているのだとハイデガーは説明する（ハイデガー［2019］）。

ハイデガーによると，さらに現代の技術において特徴的な「顕現させること」のあり方は，自然を「挑発する」という点にみられるという。たとえば大気から窒素を，土地から鉱物を，鉱物からウランを，ウランから原子力を，原子力から破壊や平和利用のためのエネルギーを「挑発」し「かり立てる」ことによって，「自然のうちに秘め隠されたエネルギーが開発され，開発されたものが変形させられ，変形させられたものが貯蔵され，貯蔵されたものがふたたび分配され，分配されたものがあらためて変換され」ていく。それのみならず，現代の技術においては，「自然エネルギーをむしり取るように」と人間それ自体が「挑発」され，「人間を徴用して立てる」ような「ゲシュテル（総かり立て体制）」へと人々が巻き込まれ，それに支配されるようになっていく（ハイデガー［2019］）。

「技術」の進歩がときに「科学」の研究それ自体を発展させたこと，そしてハイデガーが論じたように自然の挑発へとかり立てる「ゲシュテル」の全面的支配へと「人間」が組み込まれていく現代の技術のありようとを考慮に入れれば，同じく「スキエンティア（知ること）」としての「科学」の営みもまたその特質を大きく変化させてきたことに気づく。なかでも，マイケル・ギボンズらが指摘するように，探求心にもとづく研究者たちの自律的営みによって進められた古典的な科学研究の様式（モード1）とは異なり，現代においては，研究者共同体の外側で設定されるミッションや政治的・経済的力学との関係のなかで進みゆく分野横断的な科学研究の様式（モード2）が出現しつつあるといわれてきた（ギボンズ［1997］，金森［2015］）。

加えて，現代の科学が「技術化」し，「巨大化」し，「体制化」し，「産業化」していることへの厳しい批判も，これまで繰り返しなされてきた。たとえば，戦後の科学批判の代表的論客の一人である廣重徹は，科学研究が技術開発とより密接なものとなり，実験装置が大規模化することによって，科学が自らの研究体制を維持するために既存の社会制度や産業構造の秩序体制へとますます深く組み込まれていったことを指摘する。廣重によれば，巨額の投資や大型の研究費を拠出する体制やそれを後押しする科学技術政策を推進してくれる体制に否応なく依拠せざるをえない現代の科学研究の営みは，「現状に対する批判を提起する代りに，現状に迎合するために内容のない見せかけをととのえることに熱中するという学問的退廃」（廣重［2016］）と隣り合わせのものともなりうる。

こうした人間にとっての「技術」の意味と社会のなかでの「科学」の新たな特質とが集約された最たる事例は，いうまでもなく原子力技術・産業をめぐる議論だろう。原子力開発が国家の政治や経済の力学と密着しながら「原子力帝国（アトム・シュタート）」としての支配を強めていく過程に警鐘を鳴らしたロベルト・ユンクは，「核分裂を技術的に利用することによって，権力のまったく新たな次元をめざす飛躍がなしとげられた」（ユンク［2015］）と論じている。ユンクによれば，原子力を取り扱う不完全な技術は，本質的に誤りやすい「人間の直接的な関与」を必要とすることで，絶えずリスクにさらされている。それればかりか，放射性物質の管理と監視は，人間の労働の性質を変え，国家や特定の専門家に権力を集中させ，市民生活のあり方と未来のかたちに後戻りのきかない深刻な影響を及ぼしてきたとユンクは告発する。「原子炉がひとたび「動き始める」と，長期にわたりもはや世界から取り除くことのできない過程がはじまる……幾世代にもわたって持続する核分裂過程は，あらゆる生物に対する放射能汚染の危険をともなっており，その開始後は，もっとも注意深く，永続的に管理されなければならない」（ユンク［2015］）。原子力発電所の労働者たちが自らの労働環境を改善するための権利としてストライキを起こすことすらできなくなる――「一時間以上停止すれば重大な災害を招かずにはいない化学―物理反応がおこなわれている」ため「簡単に仕事を止めることはできない」（ユンク［2015］）――というユンクの報告は，政治と経済の力学に組み入れられた原子力技術・産業の織りなすゲシュテルの全面的支配が自然をかり立てるのみならず，民主主義と相容れない人間の統制を導き，社会のあり方を決定づけていく一面をつぶさに描きだしている。

3　探究する市民を育む

以上のように，科学技術は，自然に対してのみならず，人間や社会に対してもきわめて両義的な帰結をもたらしうる。医療技術の進歩が私たちの死生観や生命観や身体観を変質させ，原子力技術の導入が数万年の管理を必要とする廃棄物を未来へと委ね，遺伝子技術の進展が種子市場の拡大と一部のグローバル資本による種子の独占的支配を招き入れるように，科学技術は人間や社会に多くの可能性を与えるとともに，さまざまなリスクや脅威を生みだしもする。しかし，だからといって，科学技術それ自体が単独で矛盾や課題の源泉となっていると判断するのは早計である。なぜなら，現実的に，純粋な技術決定論というものは想定しにくいからである。むしろ「社会構成主義」と呼ばれる観点に立てば，科学技術のあり方は，つねにすでに状況や文脈に埋め込まれており，私たち人間や社会のあり方が互いに分かちがたく織り込まれているものだと考えられる（村田［2009］）。

機械，コンピュータ，建築，農業，水産，原子力，医療，遺伝子，資源，マテリアル，情報通信，宇宙機器など，想定する「科学」や「技術」がいかなる分野のものかによって，科学技術と人間や社会との関わりのありようは，むろん異なってくる。ただし，こうした科学技術はいずれも，それらを必要とするに至った社会構造や政治・経済体制への問いかけ，それらが生みだす帰結を意味づけ評価する人間の文化や道徳・倫理への問いかけを必要とする点では変わらない。そのように理解しなおすならば，私たちの未来社会にとっての教育の論点は，科学技術によって諸々の社会的課題を解決し，経済成長に貢献する人的資源をいかに生産するかということのみに尽きるものではない。その手前で，こうした成長のあり方を希求する社会とはいったい何か，またそうした解決を多く必要とする矛盾をもたらしてきた人間とはいったい何かと問いなおすこと，そしてそのような問いかけとともに科学技術との向き合い方をあらためて探っていくような公衆や市民を育んでいくことが，教育を考えるための重要な論点として立ち現われてくるはずである。

それでは，このような科学技術と向き合うための公衆や市民はいかにして育まれるのだろうか。そのひとつの方法として，民主主義の経験をより豊かにしていくということは考えられるかもしれない。たとえば，さきに触れた第 6 期基本計画では，私たちの科学技術リテラシーやリスクリテラシーを高めたり，多様な立場からの対話的・協働的活動を奨励したり，科学技術政策を形成する過程のなかに人々が主体的に参画したりするような「知の共創」や「科学技術コミュニケーションの強化」が提案されていた（内閣府［2021］）。「科学の公衆理解」，「素人の専門性」，「市民参加型の民主主義」の活性化など，従来の科学技術社会論や科学コミュニケーション論のなかで強調されている論点の意義も考慮に入れれば（藤垣・廣野編［2008］），科学者や科学共同体の社会的責任だけにとどまらず，科学技術と向き合うにあたって，私たち一人ひとりが探究する公衆や市民として科学技術に対する関心や理解を深め，科学技術をめぐる議論に参加していく動き自体を活性化させることは，たしかに重要である。

科学や技術への問いは，一部の「専門家」のみが扱っていく問いではない。事実，科学技術がもたらす帰結は専門家だけでは評価できず，多くの人々の参加と議論がなければ決定できない社会的・政治的な次元を内在させているともいわれている。科学社会学者の平川秀幸は，科学的知識が「価値依存性」をもつことに着目しながら，「きわめて「科学的」にみえるリスク評価でも，そもそもどんなリスクを評価対象とするかは，根本的には社会が何を避けるべき重大なリスクとみなし，何を受け入れ可能とみなすかという価値選択に依存している」（平川［2005］）と指摘する。いいかえるなら，たとえ科学的証拠に裏づけられた合理的結論であっても，その証拠が拠って立つ前提に納得できるか，またその結論をどの程度許容できるかというかたちで，科学的証拠は絶えず社会的・政治的な次元において争われる。低線量被ばくのような閾値の存在しないところに生じる健康リスクをはじめ，科学的証拠を明確に提示できない帰結を評価しなければならない場合もあるだろう。社会のなかである種のリスクをどこまで引き受けていくかという議論は，科学のみでは判断できない社会的・政治的次元を含んでいる。同時にそれは，私たちの社会における熟議を通した合意の質や意思決定のあり方がよりいっそう重要な論点となりうることを示している。

したがって，科学技術と向き合うためには，そうした議論に参加しともに探究していく公衆としての市民の存在が不可欠となる。しかしながら，私たちの科学技術に対する社会的関心自体はそれほど高まっているとはいえないことも課題として付記しておこう。内閣府による「科学技術と社会に関する世論調査」（2017 年 9 月）では，科学技術や科学研究に対する関心はいくらか「低下傾向」を示しているともいわれている（表 12-1）。市民一人ひとりが積極的に科学研究や政策との関わりをもつことの重要性はある程度認識されているといえなくないが，依然としてそこには多くの課題が残されている。年代別の差に

表 12-1　科学技術に対する社会的関心

質問	回答	2010 年 1 月調査[1]	2017 年 9 月調査[2]
あなたは，科学技術についてのニュースや話題に関心がありますか	関心がある	24.7 %	26.1 %
	ある程度関心がある	38.3 %	34.6 %
	あまり関心がない	23.9 %	25.5 %
	関心がない	11.8 %	12.9 %
あなたは，機会があれば，科学者や技術者の話を聞いてみたいと思いますか	聞いてみたい	26.8 %	18.2 %
	できれば聞いてみたい	35.0 %	29.0 %
	あまり聞いてみたいとは思わない	24.2 %	32.2 %
	聞いてみたいとは思わない	13.1 %	19.0 %
科学技術に関する政策の検討には，科学者や政府だけでなく，一般の国民の関わりがより一層必要となってくる	そう思う	42.1 %	41.9 %
	どちらかというとそう思う	29.6 %	37.2 %
	あまりそう思わない	6.9 %	11.9 %
	そう思わない	3.1 %	3.3 %

出典）内閣府政府広報室［2017］「科学技術と社会に関する世論調査」の概要より作成。
注 1）「全国 20 歳以上の者」を対象とする。
　2）「全国の日本国籍を有する 18 歳以上の者」を対象とする。

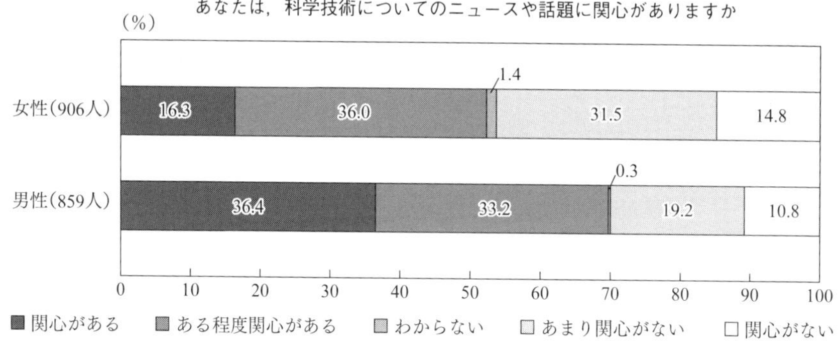

図 12-1　科学技術に対する関心のジェンダー差

出典）表 12-1 に同じ。

加え，関心の抱き方にジェンダー差がみられるというのも，そうした課題のひとつといえる（図 12-1）。興味や関心のもち方，時間のとり方，情報の受けとり方など，科学技術と向き合うにあたって，現実には，さまざまな社会的・文化的・物理的要因が人々の議論への参加を難しくさせている。このことは，科学教育や理数教育に関する学校での学びのあり方を考えなおす必要性にとどまらず，私たちの社会における民主主義のあり方，民主主義を育む市民教育や政治教育のあり方といったさまざまな問題を内包する。それはまた，科学技術への問いが改めて人間や社会のあり方に関わる問いであることを物語っている。

おわりに

現代のプロメテウスたる人間は，パンドラの箱から開かれた諸悪を再び封じ込めるために，科学技術を駆使して，自らをがんじがらめにする制度づくりに奮闘している。思想家のイヴァン・イリイチは，そのように人間の構造的限界を批判し，近代型の教育観からの脱却を説こうとした（第 8 章）。限界を抱えているのは，近代の教育だけではない。政治学者の篠原一が指摘するように，「科学主義」，「産業主義」，「資本主義」，「個人主義」，「近代国家」といった近代社会を構成し駆動させた原理はいずれも——科学万能主義への不信，産業廃棄物等の公害や環境問題，大量消費と資本の偏在にもとづく経済格差，社会的連帯を難しくする孤立と分断，グローバル化による国家の基盤の揺らぎと排外主義的揺り戻しなど——これまで多くの限界を露見させている（篠原［2004］）。

子どもを「制作技術の対象」とみなし，子どもの「自然（本性）」に対して「目的意識的に」介入を行ってきた教育における「ホモ・ファーベルのまなざし」も大きく揺らぎ，原理的な問いなおしが迫られている（宮澤［2011］）。しかしながら，現実に起こっているのは，皮肉にも，コロナ禍とオンライン化の下で，近代型の教育の不足と供給を求める声が高まりをみせたということだった。近代教育の不徹底をいま一度徹底することが求められ，近代教育からの脱却という近代の構造的原理を揺るがせた批判の構図それ自体がその反動で揺らいでいる。新しい災厄と危難を前にして，再び近代の夢が呼び戻されようとしていることもまた，私たちの直面する事態の一面を表わしている。

コラム

教育における因果とエビデンス

教育するということの帰結は，「不確実な」ものだといわれている。そしてそれがうまくいったかどうかは「事後的に」しか説明できないものともよくいわれる（田中智志［2010］『学びを支える活動へ――存在論の深みから』東信堂）。子どもは，ときに教師の授業計画やねらいを裏切るものとして存在する。逆説的だが，教師の統制の下に（アンダーコントロール）前もって収まりきらないところに，実践の妙味があるともいえなくはない。反対に，優れた実践家の取り組みでさえ，何がうまくいったか説明できないこともある。今日うまくいった取り組みが，明日の教室でうまくいくわけではない。さらに実践が一回限りのものであることを踏まえれば，こうすれば必ずこうなるという原因と結果の必然性は示しにくい。むしろ，教育には予測不可能なものがあると考えるからこそ，そこに新たなものが生まれ，異なるもののための余白が生まれる。

科学における原因と結果についても，実のところ，両者がどのような「必然的結合」（デイヴィッド・ヒューム）をもつかについては，哲学的には口をつぐむしかない。そのため，原因と結果の必然性にこだわり過ぎると，かえって非科学的な囚われが生じてしまうかもしれない。疫学研究者の津田敏秀は「医学的根拠とは何か」という点からこの問題を吟味している。津田によれば，日本における医学研究のエビデンスは，とりわけ動物や試験管を通した実験研究におけるメカニズムの解明という因果の必然性を示すことに主眼が置かれ，臨床データの数量的分析を通した疫学研究の示す確率的因果が，根拠としてはそれほど重要視されてこなかった。そのことが，しばしば病因物質への過度な執着を生みだし，公害事件や食中毒事件などの迅速な対応の妨げや早期解決への立ち遅れの原因ともなってきた（津田敏秀［2014］『医学者は公害事件で何をしてきたのか』岩波現代文庫）。科学的エビデンスにもとづく医療（Evidence-based Medicine : EBM）の国際的動向をみれば，医学や医療の根拠づけはむしろ「臨床研究」の方にあるとされると津田は説明する。つまり「患者から得られた情報を数量化し一定のルール（疫学方法論）に従って一般法則を得て，それを個々の患者の診療に活かしていく」ことが求められているのである（津田敏秀［2013］『医学的根拠とは何か』岩波新書）。

こうしたEBMにおけるエビデンス理解から，教育は何を学ぶことができるだろうか。こうした意味でのエビデンスの蓄積は，教育の現場や研究において決して十分ではなかったというべきか。いずれにしてもいえるのは，エビデンスにもとづく教育（Evidence-based Education : EBE）のデータや根拠が学校査察や教員評価のためだけに産みだされるとき，そこでは手段が目的となり，往々にして子どもの教育が不在となってしまうことがあるということだ。いったい何のために，誰のために教育とその評価がなされるのかという問いを忘れてはいけない。

> 戦争とはこわいものだ。それに，原子力もこわい。そのこわいものをたどっていくと，なんでも人間になる。ぼくは，人間てなんてこわい生き物なんだろうと思う。核兵器にも原ばくというおそろしいものがあるし，そういうものを，どのようなことで作るんだろう。（鳥山［1985］）

1980 年代，教育者の鳥山敏子が実践した「原発の授業」に対して，ある児童はそのように感想を述べていた。鳥山が熱心に試みたのは，私たちの日常にある生きることに目を向けること，そうした人間の日常の問いとのつながりのなかで，教育のあり方を原理的に組みなおしていくことだった。鳥山は，自らの授業について次のように語っている。「子どもたちをかんたんに「原発反対」という子にしてはならない。しかし，いま，原子力発電がどういうしくみになっていて，どういう問題をかかえていて，どういう人たちによって支えられ，好むと好まざるとにかかわらずその恩恵をうけているか知らせたかった。／そこから，もしできることなら，もっといい原子力発電は考えられないものか，どうしてもその可能性がないのなら，別なものをつくらなければということを考えさせたかった。これは人ごとでなく，自分が生きていくための問題としてとりくむ姿勢の片鱗でももたせたいと思った……わたしは，子どもたちのなかに人間に視点をあててものをとらえる力が育っていれば，子どもたちのからだは，深いところで問題をとらえることができると思った」（鳥山［1985］）。

科学技術と向き合うために議論し，人間や社会のあり方を問いつづける公衆や市民を育てていくという提案もまた，結局のところ，「人間中心主義」の射程を踏み越えるものではなく，人間や社会によって課題を克服していく物語の延長でしかないかもしれない。しかしこのこと自体に疑問を抱くとき，科学技術や教育の力というプロメテウス的な欲望によって問題を克服しようとすること自体の（不）可能性への問いかけが開かれることとなる。STEM 教育から STEAM 教育へと議論の焦点が移動し，「科学（Science）」，「技術（Technology）」，「工学（Engineering）」，「数学（Mathematics）」のなかに「芸術（Art）」が付加された。自然科学の枠に収まらない「新しい価値観や社会の在り方を探究・提示する」ような，人文・社会科学を含めた「総合知の創出」の必要性が説かれている（内閣府［2021］）。こうした「芸術」や「総合知の創出」の営みも，結局，経済と産業の発展の道具としてかり立てられるだけになってしまうのか。人文学的・社会科学的な「想像力」を日常においていかに発揮できるかが重要な鍵を握っているといえるだろう。（生澤繁樹）

【さらに探究を深めるための読書案内】

山名淳・矢野智司編［2017］『災害と厄災の記憶を伝える――教育学は何ができるのか』勁草書房。

災厄を後にして生きる私たちはその記憶をいかにつなぎとめ，分かち，伝えていくのか。そのとき教育の営みはいかなる意味をもちうるだろうか。若者たちとともにじっくり考えてほしい。

西平直［2015］『誕生のインファンティア――生まれてきた不思議，死んでゆく不思議，生まれてこなかった不思議』みすず書房。

「科学技術と人間」という問題から本章で扱えなかったテーマはたくさんある。生まれること，死ぬこと，生まれてこなかったことをみつめなおすことから，人間についての洞察をぜひ深めてほしい。

杉田浩崇・熊井将太編［2019］『「エビデンスに基づく教育」の閾を探る――教育学における規範と事実をめぐって』春風社。

推進か批判かの膠着状態を超えてエビデンスと教育とのつながりを解きほぐす一冊である。エビデンスが教育に開いてくれる／閉じてしまうものの「境界」や「閾」を丁寧に思考してみてほしい。

Taking Sides

科学的事実は社会的に構成されるか

近代になって〈子ども〉が発見されたといわれる。人類の誕生から近代という時代まで，歴史を通じて子どもが存在しなかったわけではない。保護され，教育され，大人になるものとしての〈子ども〉という観念が，近代という状況のなかで成立したということだ。教育の対象として格別のまなざしを向けられる〈子ども〉は，私たちの文化や歴史が生みだした「社会的構成物」にすぎない。

社会的に構成されたものは，〈子ども〉だけにとどまらない。〈母性〉，〈男らしさ〉，〈拒食症〉，〈児童虐待〉，〈情動〉，〈狂気〉，〈人種〉，〈知識〉など，哲学者のイアン・ハッキングがいうように，「X が社会的に構成される」と考えるときの「X」には，実にさまざまな事柄が挿入される（イアン・ハッキング［2006］『何が社会的に構成されるのか』出口康夫・久米暁訳，岩波書店）。教育の対象として「子ども」を位置づける近代的まなざしを批判する，そうした批判の枠組み自体の信憑性をさらに批判したいと思うなら，「近代になって〈子ども〉が発見された」という言説さえも「X」のなかに代入し，疑ってかかることもできるだろう。

それでは，科学的事実と考えられているような事柄についてはどうか。たとえば，物体としての火成岩，エタノールのような物質，肉眼では観察できない電子やクォーク，熱力学第二法則で説明される諸現象，あるいは加速器で合成された超重元素の存在など，これらは私たちの心性や社会のあり方と独立して存在している「実在」なのか。それとも，私たちが生みだした「社会的構成物」と考えるべきなのだろうか。

まず，科学的事実は明らかに社会的に構成されたものではない，とする実在論的な考えがある。たとえば 113 番元素が 2004 年に合成され，2015 年 12 月に日本の理化学研究所の研究グループがその命名権を獲得し，Nh（ニホニウム）と名づけたことはよく知られる。合成された元素はもちろん肉眼で実物を見ることはできず，すぐに崩壊するものであるため，その存在はアルファ崩壊過程をたどって確認される。仮に，理研の実験が不首尾に終わったとしても，やはり異なる方法でこの元素を確認していたロシアとアメリカの研究者たちが，やがてその物理的対象の存在をよりよく証明したかもしれない。別の元素名がつけられたとしても，対象としての 113 番元素の存在自体は変わらない。このように，科学的対象，性質，理論が説明している現象など，科学者が解明に勤しむ「世界」は，科学者や科学共同体のあり方とは無関係な何らかの「構造」を備えている。科学が発見したさまざまな法則や方程式，実験の方法や検出装置は，たとえ当初は失敗や誤りを含むものであったとしても繰り返し修正が加えられ，そうした世界の構造を開示し，真理へと近づいていく過程のなかで，特定の社会や文化や歴史のあり方に左右されず，必ず不可避的にたどりつくような，科学そのものとしてのより安定した説明をもつことができるだろう。

これに対して，社会的に構成されたものだとする考えも存在する。科学的事実は知識や理論として把握されるものである。何が有力な科学的知識であるか，何が最も信頼に足る科学理論であるかが決定されていく過程には，常に科学にとって外在的であるような要因が関わってくる。したがって，そうした知識や理論によって説明される科学的事実もまた，必ずしもそれでしかありえなかったものとして存在するわけではない。たとえば，さきの113番元素の合成とその確認は，ビスマスに衝突させる亜鉛原子核のビームを強くする装置やGARISという113番元素を選り分けてくれる装置がなければ，決して実現することはなかったといわれる。科学研究には，こうした装置に与えられる大型の予算措置が講じられるかどうかをはじめ，社会的・政治的要因がつきものである。構成主義からみれば，科学的事実の発見は，国家の政策や制度，あるいは科学者や科学共同体のなかでの資金獲得競争，覇権争いの力学といった偶然的な要因に規定されている。もし，そうした条件が大きく異なっていた（たとえば，加速器に予算が割かれず，そうした装置を使った研究が発展することのない世界であった）とするならば，当然，いまのものとはまったく異なるかたちで支持を受けるような科学的説明がオルタナティブとして考えられていたかもしれない。

とはいえ，議論は実在論か反実在論か，構成主義か否かといった，それほど単純なものではない。「構成的実在論」や「半実在論」のように実在論的な立場からもさまざまな議論が展開されている（戸田山和久［2015］『科学的実在論を擁護する』名古屋大学出版会）。社会構成主義もまた，サイエンス・ウォーズのなかで一時的な隆盛をみせたものの，その後はいくらか停滞したともいわれる（金森修［2014］『新装版サイエンス・ウォーズ』東京大学出版会）。さらに現代では，カンタン・メイヤスーらの「思弁的実在論」のように，素朴実在論だけでなく，人間の認識が媒介した現象として世界を捉えるカント以降の相関主義の哲学そのものをいかに乗り越えるかということも別のかたちで目指されている。ただし，こうした問題が，ハッキングがみてとるように，唯名論か実在論か，経験主義か合理主義か，アリストテレスかプラトンか，ロックかライプニッツかといった古典的対立の焼きなおしであったことを思い起こすならば，両者のあいだの葛藤はいつでも素朴なかたちで，私たちの前にやってくるのかもしれない。

第13章

学校教育とケア

――ケアと学びの関係

はじめに

「ケア」は，英語で“take care!”（気をつけて，さようなら）などと日常的に用いられる言葉であると同時に，家事や育児，看護や介護など，人間が生活し，また生きていく上で不可欠な，一人ひとりのニーズに応える個別的な営みとして認識されている。こうした営みの経験からキャロル・ギリガンがみいだしたのがケアの倫理である。ケアの多くが女性に担われていたため，それらの営みにおいて善悪を判断する原理は，家父長制度を基盤とする近代社会において，倫理とみなされてこなかった。女性にも男性と同等の処遇を求めていたフェミニズムは，1980年代以降，ケアを倫理として提示し，その営みの社会的意義を認めるよう求める動きを新たに展開した（差異派フェミニズム）。しかしその後，この動きは女性にケアの役割をさらに押しつけるものと批判され，ケアをめぐる動向は民族・経済・文化的背景により分派していった。とはいえ，ケアしケアされる関係，いいかえれば依存関係を人間に不可欠，社会に不可避のものとして提示した点は，ケア倫理の功績であろう。

近年，育児放棄や「毒親」，貧困，「ヤングケアラー」など，子どもとケアをめぐる問題は後を絶たない。学校において，たとえば貧困家庭の子どもを教師が個別にケアすることは従来からあった。しかし，それを公教育機関である学校の役割としたことは近年までなかった。これらの問題は，自己責任という考えにもとづき，「私」的領域である家庭で解決するべきものとされ，子どもを特別扱いするようなケアは「公」教育でなされるべきではないとして無視されてきたため，そうした子どもは排除されたままであった（柏木［2020］）。

しかし幼児教育は，Early Childhood Education and Care（ECEC）とされている。またわが国の保育所において，養護（ケア）と教育は一体的に行うものとされている。（乳）幼児期の子どもを対象としているから，教育にケアが必要なのだろうか。それでは学齢期以降の子どもの教育にとっては，ケアは付随的で周縁的な営みであるのか。あるいは，ケアは教育と不可分のものだろうか。

1　学校における「ケア」

学校に関連してケアという語が用いられる時は，平常時でない，子どもが健常でない，普通に学校に通えないなどの場合に対応することを意味している。以下，その用いられ方を概観していこう。

1）災害や事件・事故後の「心のケア」

1995年9月から学校にスクールカウンセラー（以下，SC）が導入され，同年に起きた阪神大震災の被災地には「心のケア」を目的として追加配置された。また2001年の大阪教育大学附属池田小学校事件後，被害者などへの十分かつ長期的な「心のケア」の実践が求められた。2011年には東日本大震災が発生し，文部科学省は翌年「非常災害時の子どもの心のケアに関する調査」を行った。同省は，その結果にもとづき，災害や事件後だけでなく「生活習慣の乱れ，いじめ，不登校，児童虐待などの心の健康問題」に対する「心のケア」を危機管理のひとつに位置づけ，2014年に，教職員がSCや専門機関との連携体制を整え，健康観察をはじめとした心のケアを実践するための指導参考資料「学校における子供の心のケア――サインを見逃さないために」を発表した。

2）インクルーシブ教育と医療的ケア

障がいのある子どものケアについては，2007年度に「特殊教育」から「特別支援教育」制度に移行した。これをうけて，特別支援学校の創設と同時に，小中学校においても特別支援教育を行うための「特別支援教育支援員」が地方財政に措置され，その適用は2009年度からは公立幼稚園に，2011年度には公立高等学校にまで拡充された。2012年に中教審初等中等教育分科会報告「共生社会の形成に向けたインクルーシブ教育システム構築のための特別支援教育の推進」がまとめられ，障がいのある子もない子も同じ場で学習活動に参加し，充実した時間を過ごしつつ，生きる力を身につけられるインクルーシブ教育の推進が図られている（第2章 Taking Sides）。

2017年改訂学習指導要領においては，小中学校において特別支援学級や通級で指導を行う際，通常学級の教師との連携や，個別の教育支援計画・指導計画作成が義務とされ，通常学級に在籍する障がいのある児童生徒についても計画作成が努力義務とされている。また特別支援教育コーディネーターを，特別支援教育委員会における実態把握や具体的な支援方法・校内体制の検討を目的とした保護者との連携，巡回相談や，専門家チームなどの学校内外の連携・活用を円滑に行う調整役として，校務分掌上に位置づけることとしている。

通常学級での支援については，障がいのある児童生徒だけでなくすべての児童生徒に対する支援（ユニバーサル・デザイン）として，指示の明確化と視覚化，見通しのある授業（時間内のスケジュールを板書），分かりやすい授業の展開（視覚教材の利用），ほめたり認めたりするかかわりが挙げられる（国立特別支援教育総合研究所［2020］）。

とくに，たんの吸引・経管栄養・気管切開部の衛生管理等の医行為（医療的ケア）を必要とする子ども（2018年には幼稚園から高等学校までで1000人余りが在籍）については，2019年に文部科学省から「学校における医療的ケアの今後の対応について（通知）」が出された（国立特別支援教育総合研究所［2020］）。

しかし，そうした子どもの受け入れは各教育委員会や学校の判断に委ねられている。たとえば，川崎市立の小学校へ医療的ケアを必要とする子どもの入学を希望した保護者が，それを認めず特別支援学校への入学を指定した教育委員会を相手に裁判を起こしたが，横浜地方裁判所は2020年3月に訴えを退けた。その後，子どもと保護者は東京都世田谷区に転居し，公立小学校に子どもを通わせることができるようになった。その小学校には学校看護師が配置され，さらに学校内外の人材との連携体制が確立されている（福原［2020］）。

3）貧困へのケア

2008 年は子どもの貧困がマスメディアに取りあげられた「子どもの貧困元年」といわれる。朝食欠食の生徒に弁当やパンを持参して食べさせる，入浴せず着替えもなく異臭を放って登校する生徒を風呂に入れその衣服を洗濯させるなど，教室での学びに安心して参加できるよう子どもたちをケアする教師らの姿が報告されている。

2013 年に成立し，2014 年に施行された「子どもの貧困対策推進法」にもとづき，政府は 2014 年「子供の貧困対策に対する大綱」を閣議決定した。そこでは子どもの学力保障が求められると同時に，学校は福祉的支援との連携を図る拠点，すなわち「プラットフォーム」として機能することが期待された。しかし，子どもの貧困対策の計画策定は都道府県の努力義務にとどまり，実態把握についても自治体によって格差が生じていると山野［2017］は指摘している。

山野［2017］によれば，2007 年の国連総会で示された「単にお金がないというだけでなく，子どもの権利条約に明記されているすべての権利の否定」という子どもの貧困の新しい定義（ユネスコもこれを支持）を受け，2016 年に児童福祉法が「すべての子どもは適切な養育を受けて発達が保障される権利を有するとともにその自立が保障されるべきである」と一部改正（翌年一部施行）された。こうした子どもの貧困の再認識を契機として，「絶対的貧困（衣食住の危機や医療を受けられないなどの状態）」や「相対的貧困（世帯の所得が，その国や地域の等価可処分所得の中央値の半分に満たない状態）」それ自体だけでなく，貧困によって子どもが抱える困難の解決に向けた対策が求められている。

柏木［2020］は，「子どもが，その所属する社会で当然とみなされている活動をするための資源を欠き，モノや文化を剝奪され，それゆえに学校で繰り広げられるさまざまな活動への十全なる参加をなしえずに周縁化され，人間としての権利や尊厳およびウェルビーイングを奪われつつある状態」を子どもの貧困と定義している。さらに，校長や教師らによる個別的なケア，また学校へのスクールソーシャルワーカー（以下，SSW）の配置や彼らとの連携にとどまらず，奪われているものの回復にいかに寄与するかが，教師や学校に問われていると指摘する。

4）学校へ来られない子どもへのケア

文部科学省の調査によれば，小中学校における病気や経済的理由を除いた「不登校」の児童生徒数の割合は，2018 年度，2019 年度において全児童生徒数の 1 割強に達し，それ以前より上昇している。

飯塚［2020］は教諭・管理職として，登校したくなる学校（楽しい学校）づくりを行ってきた。学校内に登校支援のチーム（担任，担任外教員〔児童支援教員等〕，養護教員，市費で配置されている支援員，主席〔教員のリーダー，主幹教員ともいう〕，管理職）が構成され，それぞれ役割を分担する。普段，不登校・遅刻傾向のない子どもが理由もなく登校していない場合については，児童支援教員が迎えに行く，またそれらの傾向がある子どもについては保護者とあらかじめ決めた時刻に児童支援教員または担任が電話を入れるか迎えに行く。週 1 回，上記メンバーに SSW を追加した「児童支援委員会」の会議を開催し（担任は授業のため会議に出席することはできないが，担任外教員を通じて情報共有），1 週間の登校状況や気になること，保護者とのやりとりについて情報共有する。とくに深刻な状況の案件は，担任を入れてケース会議を放課後に別途開催する（ケースによっては SC や教育委員会指導主事，子ども支援センターなど行政の関係機関職員も参加）。そこでこれまでの経緯や子どもの背景について情報を詳細に共有してアセスメントを行い，役割分担しながらコンセンサスをもって支援を実施する。

飯塚［2020］によれば，知的障がいや精神疾患のある母親と 2 人で暮らす児童，保護者が朝起きられず体調不良で病院に行くなどと嘘をいったり無断で欠席したりする児童，家族関係が不安定で昼夜逆転生活になっている児童などに，SC や子ども家庭センター，生活保護ワーカーなどと連携して継続的にケアを行うことで，安定した登校がみられるようになった。

2　ケアを基盤とする学校教育

飯塚［2020］のケアは，2 つの学力保障の取り組みへと展開している。ひとつ目は，子どもが安心して授業を受けられる，分からないことを質問できる，周りに助けを求められる，ペアや班での学習を中心とし，主体的に協働的に学ぶことができる，といった特徴をそなえた授業づくりである。2 つ目は，放課後に開く「学びルーム（家庭で算数の宿題をするのが困難な高学年児童対象／学力保障担当教員)」，「ワールドルーム（日本語指導の必要な児童，外国にルーツのある児童対象／日本語指導教員)」，「支援ルーム（支援学級在籍児童対象／支援学級担任)」における，主に宿題への取り組み支援である。また，長期休業中（夏休みなど）は宿題教室を数日開く。学童保育の指導員と連携をとり，それを利用している子どもも参加する。ここでは宿題支援だけでなく，家庭での経験知の不足を埋める体験や出会い（健康管理，防災・防犯，異文化体験，一流アスリートとのスポーツ，昔の遊びなど）を計画・実施している。

このように飯塚［2020］の実践では，学校に来られない子どもへのケアが，登校支援にとどまらず，さまざまな特性をもつ子どもが安心して学ぶことのできる授業づくりや学校づくりへと展開されている。このような，ケアを基盤とする学校づくりは，1990 年代から提唱されてきた。こうした動向を次にみていこう。

1）佐藤学の「学びの共同体」論

佐藤学の「学びの共同体」論は，1990 年代末頃から茅ヶ崎市立浜之郷小学校をはじめとして実践され，現在では海外でも展開されている。彼の理論においては，児童生徒，教師，保護者，地域の人々が個々人間の差異をオーケストラのように交響させる，学び合う場としての学校が「共同体」と表現されている。20 年以上にわたる実践と理論の継続においては変遷もあるが，ここではケアのあり方に焦点を当てて概観する。

佐藤［1995］は，「よい学校」を「「問題」を「問題」として共有し，その困難を受けとめ苦しみながら，学校内外の人びとと連帯して解決を探りつづけている学校」とする。その上で，近代の学校教育制度が，共同体における文化継承の営みを含む「ケアリング（慈しみ世話をすること）」や「ヒーリング（癒やすこと）」を切り離し，「ティーチング」の機能に特化したことを，現在の学校の諸問題の要因と捉える。

彼によれば，「ティーチング」は教師の「主導的で能動的な活動」であるが，「ケアリング」は「対象の要求に応える応答的で受動的な活動」であり「他者（対象）の傷みや脆さや叫びや願いに応答する実践」である。有償無償にかかわらず，高齢者，病人，子ども，障がい児（者）といった社会的弱者，地球上の生物や植物，海や森林などへのケアが展開されているように，「ケア」の重視は「生産と消費と支配と競争を原理としてきた現代の社会とその文明の見直しを推進」する動きとなっており，「ケアリング（心を砕き世話をすること）」による学校のみなおしが教育再生へのひとつの道筋だと佐藤［1995］は訴える。

佐藤の諸著書においては，養護学校および小学校での子どもの姿や授業の記録（佐藤［1995］）の他に，小学校低学年のペア学習，3年生以上のグループ学習，外国にルーツをもつ子どもやダウン症の子どもと隣り合わせになった子どもとの関わり，中学校における英会話の学習で場面緘黙の生徒とペアになった低学力の生徒との関わりなどが綴られている。そこには，「学び」のためのハードルを前に，脆さや弱さ，傷みを抱える子どもを他の子どもがケアしつつ，ともにそれを乗りこえようとしている姿をみてとることができる。

2）ノディングズの「ケアリング教育」論

佐藤が学校再生へのひとつの道筋としてケアの関係，ケアリングを掲げる際，繰り返し言及するのがアメリカの教育哲学者，ネル・ノディングズの教育理論である。

発達心理学者ギリガンは『もうひとつの声』（［1986］，原著1982年）において，社会を自立した個人の集団と捉え，正義（justice）の原理にもとづき普遍的な判断を下す自立（自律）的人間を道徳性発達の最高段階に据えた師匠のコールバーグに対し，ケアしケアされる関係のネットワークから成る社会観を提示し，状況に応じて個別的な道徳的判断を下す人間像を提示した（第4章も参照のこと）。第一派のフェミニズムが女性に男性と同等の処遇を求めたのに対し，ケアを担う女性の経験に着眼し，価値をみいだしたのが，ギリガンやノディングズら差異派（第二派）フェミニズムの提示するケア倫理である。『もうひとつの声』の2年後，ノディングズ［1996］は『ケアリング――倫理と道徳の教育 女性の視点から』において，政治哲学者ジョン・ロールズやコールバーグの提示する正義を男性あるいは父の声にみられる倫理，ケアリング（ケアしケアされる関係）を女性あるいは母の声にみられる倫理とし，「あえて2つの立場を，明確に区別したうえで，ともに弁護しなければならない」とした上で，後者の倫理による「学校教育の再組織化」を示唆し，両者の声の対話に読者を招待するとした（のちに性的役割分業を肯定するものと批判され，副題にあった「女性的（feminine）」は「状況依存的（situational）」に置き換えられた）。

『ケアリング』においては，道徳教育の4つの要素が示されているが，これらは学校教育全体にわたり教師と子どもとの間にみられる関わりである。ひとつ目は対話（dialogue：互いに語り合い，傾聴し合い，分かち合い，応答し合う営み，また最初ははっきりしないものへの理解，共感，あるいは感謝をともにすること），2つ目は模範（modeling：ケアされる者との関係においていかにケアすべきかを示すこと），3つ目は練習または実践（practice：ケアを提供する技術を獲得し，ケアリングに特徴的な態度を学ぶこと，さらにそれを通して学校や究極的には社会を変革すること），4つ目は奨励または確証（confirmation：ケアされる人と信頼関係を築いた上で，ケアされる人のなかの最善のものを特定し，ケアされる人のよりよい自己の可能性をみいだすこと）である。

その上でノディングズ［2007］は，学校教育のカリキュラムを，伝統的な学問分野ではなく，自己，親しい他者，遠方の他者，植物，動物，人工の世界，理念というケアのテーマにもとづいて組織すべきとし，そうした学校教育を次の6点から始めるよう主張する。ひとつ目は，教育の主目的を，有能（competent）でケアし愛し愛される人の輩出とすること，2つ目は居場所に関するニーズを満たすこと，3つ目は管理しようとする衝動を緩めること，4つ目はプログラムの階層をなくすこと，5つ目は，1日の少なくとも一部をケアのテー

コラム

「自立」の見直し

「自立」しているかと問われると，そうではないと答える大学生は多い。経済的に自立しているわけではないからだという。就職して社会に出ることを自立と考えているようだ。

2006 年の改正教育基本法では，保護者に子の教育の第一義的責任があるとし，生活に必要な習慣を身につけさせ，「自立心を育成し，心身の調和のとれた発達を図る」（第 10 条）ことを求めている。また義務教育を「各個人の有する能力を伸ばしつつ社会において自立的に生きる基礎を培い，また，国家及び社会の形成者として必要とされる基本的な資質を養うことを目的とする」（第 5 条 2）普通教育と定めている。このように保護者と国家は，家庭や義務教育機関（小中学校等）において，ともに子どもの「自立」を目的とした教育をするものとされている。ここから，新生児期の周囲への絶対的依存状態から義務教育（やその後の学校教育）を修了し国家や社会の一員となる自立への一方向的な流れがみてとれる。近代の学校が工場のごとく人材を輩出する過程に，自立の過程が重ねられたといえよう。

ただし「障害による学習上又は生活上の困難を克服し自立を図るために必要な知識技能を授ける」（学校教育法第 72 条）ことを目的とする特別支援学校における「自立」は，「それぞれの障害の状態や発達段階に応じて，主体的に自己の力を可能な限り発揮し，よりよく生きていこうとすること」を意味している（国立特別支援教育総合研究所 [2020]）。

吉永 [2020] は，障がい者や幼児の自立について検討し，特定の他者への依存を足場に世界を広げ，新たな依存先を獲得しながら「何ものにも依存していない」かのようになる過程を「自立」と重ねる。その上で，「自分の困りごとやわからなさを表現し，支えられる体験を重ね……複数の他者に依存する……関係を構築していく」，すなわち「依存することを学ぶ」ことを，自立を支え育む授業の視点のひとつとして提示する。

就職で社会に出ることを社会の一員になること，すなわち自立とする見方もここから捉えなおせるかもしれない。就職しても家事（や育児等の無償労働）を家族に依存している人は自立しているといえるだろうか。ケアの倫理は，有償労働による経済的自立を，国家や社会の一員となることと同一視せず，ケアしケアされる関係を広げ，そのなかで自らの意志を主体的に表現したり，自らの力を主体的に発揮したりすることを自立として捉えなおすよう求める。公教育の目的をこのような自立観のもとで捉えなおすことは，誰一人取り残さない社会を目指し，「共助」を強調する政策にとって，無駄なことではないだろう。

マにもとづく教育とすること，最後は，どの分野におけるケアリングも能力（competence）を含意していること，つまりケアリングとは，ケアの受け手を成長させるために，ケアする人が自身の能力を継続的に働かせる責任を引き受けて行うものであることを，生徒に教えることである。

3）ケアする学校の実践

ノディングズの提唱するケアリングを基盤とした学校教育は，わが国でも実践がみられるようになってきている。それと明示されているわけではないが，発達障害や不登校の子どもなどが通い続けられる学校を目指し，ドキュメンタリー映画「みんなの学校」（2015 年全国公開，関西テレビ制作）にもなった大阪市立大空小学校（初代校長は木村泰子）の実践，また柏木［2020］がノディングズの理論を踏まえ調査（フィールドワーク）しまとめた実践がある。

柏木［2020］は，貧困に抗する「ケアする」学校とは，「以下の 3 点を教職員で共有し，正当な仕組みを通じて実施している学校」であるとする。「①物質的・文化的剥奪を防ぐ，あってはならない差異を埋めるための異なる処遇，②子どもの差異を尊重し，選択の自由を認める，あってもよい差異を認めるための異なる処遇，③異なる処遇とそれによる人権保障に取り組む地域をモデルに，子どもたちの批判的思考とケアする能力を育むカリキュラム」である。これらは同時並行で行われる必要がある。

実際には①について，「学習に必要な学習用品や生活用品」を「貸与または供与する仕組みが学校として整備され」る。しかし②の実践としてそれらの利用や利用のタイミングについては，子どもたちの間の「差異」を安易に平準化せず，利用する子どもの判断が尊重されている。そして登校支援や宿題支援，また洗濯支援などを通して，学校生活で求められる習慣やルール，生活習慣を身につける仕組みが整備されている。また③の実践として，あってはならない差異を埋める（①），あるいはあってもよい差異を認めるために（②），ケアとそれによる人権保障について学ぶ地域学習を行っている。そこでは貧困の問題は家族で解決すべきものという自己責任論で片付けず，社会への批判的思考をもち，同時に自他のニーズを捉えケアする能力や態度，価値観を，ケアを実践する大人から学んでいる。

これら 3 要件が揃った学校において，「子どもの排除を生み出す仕組みを排し，ケアの倫理を基盤に子どもを包摂する文化を創造することができるようにな」る。そこで子どもは「安心した空間の中で，教師や地域で活動する人々……をケアモデルとしながら，貧困に負けない力を十分に身につけられる」（柏木［2020］）。このように，佐藤［1995］が指摘した，「生産と消費と支配と競争を原理としてきた」社会における学校，すなわち「水面下での序列化や競争」によって「学級規範を維持・強化させる」「一斉体制・一斉主義の学校」から，「差異を前提に，それぞれの特性を尊重して「みんな同じく」子どもが選択できるよう教師が処遇」し，子どもがそれを受け入れることを通して（柏木［2020］），自他をケアする人を育む教育を行う学校への変化が現れはじめている。

4）被災地の教育実践

ギリガンのケアの倫理，ノディングズのケアリング教育論においては，孤立が最も避けられねばならないものとされる。孤立の問題に直面した東日本大震災の被災地において，「つながり」の再構築を目指した，小学校の復興教育の実践をみていこう。

徳水［2018］は，勤務先の石巻市雄勝小学校が大津波によって壊滅し，自身も住居と義母を失った。震災後，同小学校において「学習指導要領」にもとづいた「学校の旧（震災前の）秩序」や「元の学力競争の世界」に子どもを連れ戻そうとする教育行政側の発想に対し，徳水らは，震災前にもっていた多くの人や物事との「つながり」が震災によって切れた，と子どもたちの実態を捉え，「つながり」の再構築を教育方針とした。その上で，最も教育効果が期待される活動は，「地域の人たちと《つながり》，地域の復興活動に参加すること」であると仮定し，「地域を学び，復興に参加する活動」を中核に据えた教育課程を自主編成した。

そこでは，震災後の新年度に，6 年生が 1 学期にソーラン節を地域のイベントで踊り，2 学期には，雄勝硯という特産工芸品の技術を職人に学び仮設住宅の住民の表札を制作してプレゼントし，3 学期には，子どもたち自身が考えた復興計画（まちづくり）を地域住民から成る「まちづくり協議会」に提案するという実践が行われた（防潮堤を作らず避難経路を整備するという子どもたちの提案は協議会に継承された）。震災後 1 年間の実践について，支援を受け取るだけの受動的存在ではなく，復興に立ち上がる地域の大人の姿をモデルとしつつ復興に参加することで，子どもたちが自分自身を癒し希望を紡ぐことができた，と徳水はまとめている。

3　学校と地域の関わり

ここまでみてきたように，学校教育をめぐるケアは，たとえば SC や SSW などの専門家が行う特性をもった子どもへの個別的営み（第 1 節）をはじめとする，学校教育において周縁的とされる営みだけでなく，貧困に抗する「ケアする学校」や雄勝小学校の実践（第 2 節）にみられるような，学習を支える，あるいは学習と密接につながる，人や物事との関わりを意味する。後者においては，学校の隅ではなく，ノディングズの提唱する，ケアしケアされる関係のネットワークが学校内外にわたってみられる。

1）地域人材の活躍する学校教育

徳水［2018］の実践は，被災地で復興に尽力する大人（まちづくり協議会，硯職人など）をモデルとしている点で，地域人材の活躍する学校教育の好例といえるだろう。SC や SSW，さらにスクールロイヤー，また部活動の指導者や学習支援を行う学生ボランティアなどにとどまらない，多様な地域人材の活用が今日の学校の課題となっている。2016 年 1 月文部科学大臣決定の「「次世代の学校・地域」創生プラン――学校と地域の一体改革による地域創生」は，2015 年 12 月の中央教育審議会の 3 つの答申，すなわち「新しい時代の教育や地方創生の実現に向けた学校と地域の連携・協働の在り方と今後の推進方策について」，「チームとしての学校の在り方と今後の改善方策について」，「これからの学校教育を担う教員の資質能力の向上について――学び合い，高め合う教員養成コミュニティの構築に向けて」にもとづく，新たな学校像，多様な人材が協働する場としての学校像を提示している。それは，地域の人々のケアしケアされるネットワークから成る社会観を提示するケア倫理と照応する学校像であるといえるだろう。

2）学校を含めた地域社会におけるケアおよび教育の実践

ケアの倫理は学校像の変容を求めるだけではない。マーティン［2008］は文化を継承させる機能をもつ多様な教育エージェントを挙げ，学校や家庭はそのひとつであるとした。上述した学校に来られない子どもへの登校保障の取り組みは必要だが，他方で，学校以外の教育エージェントの社会的価値をみなおす時期に来ている。たとえば児童養護施設や児童自立支援施設，児童相談所，一時保護所における学習支援や学習指導は，すべての子ども（人間）の学習権の保障という観点から改善や充実が求められよう（伊藤［2012］）。また地域のボランティアが行っている学習支援や学習指導については，市町村から経済的支援を受けているとしても，十分な教材教具や人材があてられているとはいいがたい。

学習指導・学習支援だけでなく生活面での支援も施設や学校の外（地域）で行われている。全国的に展開されるようになった「こども食堂」に加え，上村・武井［2020］が報告する「フリースペース」はより個別的なケアを実践している。週に 1 日夕刻から，保護者の代わりに，夕食と入浴を含め，ボランティアやソーシャルワーカーがほぼ一対一で関わっている。そのなかで，学校生活を円滑に送ることのできない（モノや文化が剝奪されている）子どもが，「地域の中で他者とのあたたかなつながりを実感」し「生を支え」られることを通して，学校での学びに意欲をもつようになっていく。フリースペースという地域資源を創出することは容易ではない。しかし，経済的困窮や，それによってもたらされる，不十分な衣食住，文化的資源やさまざまな体験の不足，また親からの虐待やネグレクトなど，子どもたちは複合的な困難さを抱えており，これらを福祉行政や学校だけで解決することは困難である。上村・武井

［2020］は，通常の生活ができず学校で排除されるような子どもたちに生活支援を行うフリースペースなどの取り組みのように，学校の外において「ケアを基盤とする関係構築の実践が地域に広がることは，複合的困難を抱える子どもの包摂を実現させようとする行政・学校の取り組みの一助となる」としている。

おわりに

学校教育においてケアは，第 1 節でみてきたように，医療的ニーズを抱える子ども，心のケアを必要とする子ども，朝食欠食や入浴や洗濯が不十分な子どもなど，ある特性や事情を抱えた子どもを対象として個別に行われるもの，すなわち学校において周縁的な営みと認識されている。しかし第 2 節で紹介した，貧困家庭の多い地域の小学校や東日本大震災で被災した小学校の実践からは，子どもを学びへと誘い促す，地域の人材や SC などの専門家といった学校内外に広がるケアリング（ケアの関係）のネットワークをみいだすことができる。それは，ケア関係のネットワークによって成立している社会のなかの学校という学校像を示すものである。

この学校像は，新自由主義政策がもたらした格差社会において，家庭や学校を開き，子どもだけでなく親や教師をも誰一人取り残さない社会の実現に向け，求められているものといえよう。中央教育審議会の答申は，学校が「全人格的な発達・成長の保障，居場所・セーフティネットとしての福祉的な役割」を担っていることを「日本型学校教育」の強みとしている（中央教育審議会［2020］）。令和の時代においては，「個に応じた指導」が「孤立した学び」を招かないよう「協働的な学び」と一体的に充実させていくこと，教師が学校内外の専門的人材とチームとして組織的・協働的に業務を運営しつつ学校の業務などを精選・縮減・重点化し，また人的資源・物的資源を国家が十分供給・支援すること，さらに学校と地域がパートナーとして一体となって子どもたちの成長を支えていくことを求めている。ケアは，困難やつらさを抱えた子どもへの特別な個別的ケアという，学校において周縁的な営みという位置づけではなく，どの子どもも（そして子どもにかかわる教師や地域の人々なども）一人にせず，その学びの基盤となる関係であることが，コロナ禍を経験したいま，明らかにされたといえるだろう。（伊藤博美）

【さらに探究を深めるための読書案内】

ネル・ノディングズ［2007］『学校におけるケアの挑戦』佐藤学監訳，ゆみる出版。
教育界におけるケア理論の先駆者による，ケアリングという関係概念を基盤とする学校教育の改革を提唱した書。

柏木智子・武井哲郎編［2020］『貧困・外国人世帯の子どもへの包括的支援』晃洋書房。
学校外も視野に入れた包括的支援の実践から，子どもの多様な困難を軽減し包摂する学校の可能性を開く書。

木村泰子［2015］『「みんなの学校」が教えてくれたこと』小学館。
多様な子どもを受け入れる公立学校としての責務を，「みんなでつくる，みんなの学校」を合言葉に果たそうとした公立小学校長の書。

Taking Sides

ケア倫理はリベラリズムの継承者か

リベラリズム（liberalism，自由主義）とは，市民革命期に生まれた，自由と平等を基礎とする政治体制の確立を目指す思想である。しかし 19 世紀においてリベラリズムは，産業革命を正当化する政治思想として展開し，体制や現状を維持する思想へと反転していった。そこで 1970 年代以降は，ロールズらが，再定義した自由と平等にもとづく理想的な社会制度を構想し，改めて「正義」をめぐる議論を展開している。政策としては，イギリスではサッチャー，アメリカではレーガン，わが国では遅れて 1990 年代以降，本格的には小泉首相の下，市場原理にもとづく規制緩和などが実施され，これらの政策をとる立場は，ネオリベラリズム（neoliberalism，新自由主義）と総称されている（渡辺治［2007］「日本の新自由主義」〔デヴィッド・ハーヴェイ『新自由主義——その歴史的展開と現在』渡辺治監訳，作品社〕）。

他方のケア倫理は，差異派（第二波）フェミニズムのなかで提示された。リベラリズムは，近代の社会秩序が「ケア」の営み（家事・育児・介護など）を私的領域（家庭や家族関係）に囲い込み，それらを「個人的なこと」として「政治的なこと」から排除していることを，公的領域において問わない。ケア倫理は，こうしたリベラリズムを批判する。またリベラリズムが公的領域における政治的主体として，経済的に自立した男性をモデルとしていることを問題視すると同時に，ケアを女性化していることも批判する。

ケアを有償労働と，女性を男性と平等に扱うべきというのがケア倫理の主張ならば，ケア倫理はリベラリズムを継承しているといえる。しかし，ケア倫理を，リベラリズムの公私二元論や経済的に自立した男性をモデルとする公的領域における個人という想定を批判するものであるとみるならば，そうはいえなくなる。

前者（リベラル・フェミニズム）の立場においては，ケアは営みや働き（work）であり，近代において家庭など私的な領域において，主に女性が無償で担ってきた，家事や育児，また看護や介護などの，ニーズに応える行為を指す。したがって，リベラル・フェミニズムは，ケアの営みやそれに結びつけられた女性に対する不平等を是正することを主張する。

後者（ラディカル・フェミニズム）の立場において，ケアの倫理は，社会が依存し合う人間の関わりによって成り立つという人間観・社会観を提示するものである。ケアの関係は，家族だけではなく，社会全体においてみられる（べき）ものである。したがって，誰かを傷つけないことはもちろん，あってもよい差異の尊重，誰かを一人にすることなく他者を注視し配慮する責任といった価値や態度が重視されるべきだとラディカル・フェミニズムは主張している。

このように，ケアの捉え方に対してその出自であるフェミニズムそのものが一枚岩でないのと同様に，正義論を展開するリベラリズムも一枚岩ではない。これを踏まえながらも，江原［2001］は次のように書いている。

> 近代フェミニズムは，近代市民革命期の思想に淵源を持つという意味で，リベラリズムと同根を持っている。しかし実際の市民革命後の社会においては，この二つの思想は全く異なる道を歩んだ。リベラリズムは体制を擁護する政党思想となっていたのに対し，フェミニズムは市民権を与えられなかった女性たちの解放を求める思想として生き続けた。婦人参政権成立後の社会において，フェミニズムは，既存の「法の下での平等」だけでは実現しえない問題に直面した。この時フェミニズムにとってリベラリズムは，みかけの「価値中立性」の装いの下に，ジェンダー・バイアスを持つ「暗黙の価値前提」を強要する思想として立ち現れることになった。
>
> （江原由美子［2001］「価値中立性と暗黙の価値前提をめぐる闘争」
> 〔江原由美子編『フェミニズムとリベラリズム』勁草書房〕）

すべての人間の「法の下での平等」を訴える点からみれば，女性の不平等の是正を主張するフェミニズムはリベラリズムの継承者であるが，ラディカル・フェミニズムは「法の下の平等」がみかけだけにすぎないと訴え，リベラリズムを批判する。しかしここでの問いはフェミニズムが主語ではなく，ケアの倫理が主語である。女性をケアの担い手から解放し，ケアを搾取の手段から解放するとき，ケアの倫理は，あってはならない差異を埋めるため，またあってもよい差異を認めるための，異なる処遇とそれによる人権保障を課題とした，理想的な社会制度を構想するリベラリズムに合流する可能性をもつといえるだろう。

昨今のコロナ禍において，いわゆるエッセンシャルワーカーが着目された。ケア倫理は，自由の名の下で市場原理に委ねられてきた政治に，私たちの生活を支える営みやそれらを担う人々の重要性の再認識と，誰も一人にしない持続可能な社会の構築を求める。そして学校という公教育が，その担い手一人ひとりを育むエージェントのひとつとして機能することを，ケアの倫理は大きく期待しているといえよう。

第 14 章

性の多様性と教育

はじめに

LGBT，トランスジェンダー，性同一性障害，性別違和，同性愛，同性パートナーシップ制度，同性婚……近年，人間の多様な性をめぐる課題を考える用語が広く認知されるようになってきた。性別について自分自身はどう理解しているか，どのような人を好きになり，どのような生き方をしたいのか。私とあなたの考える「女性」は同じ内容，同じ意味を指しているのか。他人の性についての考えはどのようなものか，もはや人それぞれというしかない。

性の多様性という観点から，現在の教育を考えるとき，児童生徒学生そして教師が直面している問題や課題とは何か，どのような取り組みが行われているのか。この章では，個々人の生／性が尊重された学びの環境づくりについて考えていこう。

1　性の多様性という視点

1）個人の性の捉えかた

今日，個人の性のあり方については，性自認（gender identity），身体の性（sex），性的指向（sexual orientation），性表現（gender expression）という主に 4 つの観点から理解することができる。それぞれの要素について自分がどのように認識しているか，その組み合わせは，人の数だけ多様である。ある個人が，「男でもなく女でもなく」，「男でも女でもあり」，「そのどちらでもなく」生きていくことは個人の自由であろう。しかし，現状では本人の意思にかかわらず，他者はその人を男性あるいは女性という2つの性別集団のどちらか（の身体をもつ者）として認識する場合が多い。社会制度上，たとえば日本では戸籍上ですべての人が男性か女性のどちらかの性別に割り当てられる。このように，現代社会においては，男性・女性という2つの性別集団を前提としたルールが存在する。これを性別二元制という。

現代社会で性的マイノリティとされる存在は，性的マジョリティとの対比で表現される。性的マジョリティとは，たとえば，出生時に割り当てられた性別は「女性」で，自分のことを「女性」と認識しており，好きになる相手は「男性」である，というように，割り当てられた性別と自身の認識する性別が同じであり（cisgender，シスジェンダー），好きになる相手の性別（指向する性別）が異性（異性愛）であるという性のあり方である。

性的マイノリティとは，性的指向のレベルでは，同性あるいは両性を好きになる人（レズビアン，ゲイ，バイセクシュアル）を指し，性自認のレベルでは，出生時に割り当てられた性別（身体的性別や戸籍上の性別）とは異なる性同一性やジェンダー表現（トランスジェンダー）をもつ人のことを指す。近年では，これらの頭文字をとって「LGBT」と総称される。その他にも，性分化が非典型であるインターセクシュアル，恋愛相手の性別を意識しないパンセクシュアル，恋愛や性愛の感情を誰にももたないアセクシュアル，女性と男性の2つで性別を捉えないジェンダー・ノンバイナリー，性自認や性的指向が分からない，決めたくないといったクエスチョンという用語もあり，特定のカテゴリーに集約できないほど性のあり方は多様である。現在では，性的マイノリティの総称として，LGBT’s，LGBT＋，LGBTIQ＋という表現もみられる。

LGBTという言葉の認知度の高まりは，多様な性のあり方や性的マイノリティの生きづらさや社会的課題への着目につながった。しかし一方で，性の多様性をめぐる問題は性的マイノリティという「特定の人たち」の問題として捉えられがちであった。そこで，近年では，異性愛の指向をもつ人や性別違和がない人も含む，すべての人の性のあり方を示すSOGI／SOGIE（Sexual Orientation and Gender Identity, Expression）という用語が使われている。

SOGIという概念は，性に関するすべての人の属性を意味するものである。LGBTからSOGIへ，性のあり方はすべての人の生き方や人権に関わる事柄であるという認識へと変化している。

2）SOGI／SOGIEと人権

SOGIに関する問題は国際社会において人権問題として理解されている。2006年，国連人権理事会は「性的指向・性自認に関する国際人権法の適用に関する原則」（ジョグジャカルタ原則）において，人間の属性であるSOGIによる差別は人権侵害であることを明確にし，国や国際機関の法的義務を示した。そして2011年には，「性的指向・性自認と人権に関する決議」（SOGI決議）が採択され，SOGIを理由とする暴力や差別は解決すべき人権課題として位置づけられ現在に至っている。また，国際労働機関（ILO）は，2012年より「プライド・プロジェクト」として労働や雇用における性的マイノリティの権利保障に向けての調査研究を始めている。国連人権高等弁務官事務所は，2017年に「LGBTIの人々に対する差別への取組み――企業のための行動基準」を公表し，経済界の取り組みを支援するための5つの行動基準，すなわち，常に人権を尊重すること，職場で差別をなくし，支援を提供すること，市場において他者の人権侵害を防止すること，地域社会や公共の場で行動を起こすこと，という基準を策定している。このように国際的動向として，性的マイノリティに対する差別や暴力の問題解決およびSOGIに関する権利保障は人権施策の主流となっている。

日本政府は，上記の国連の施策に積極的に賛同する立場を取っている。しかしながら，国連諸機関からは，日本国内におけるSOGIを理由とした差別禁止などの法的整備，防止措置が十分ではないとして，これまでに何度も改善勧告（2008年：自由権規約委員会，2013年：社会権規約委員会，2014年：自由権規約委員会，2016年：女性差別撤廃委員会，2019年：子どもの権利委員会）を受けている状況にある。

日本国内における SOGI に関する取り組みは，2010 年代あたりから，自治体による同性パートナーシップ認定制度の導入など，政治・経済・教育などの分野で徐々に大きな動きとなってきている。しかし，各国の男女格差を測るジェンダーギャップ指数（2020）は 153 カ国中 121 位と主要 7 カ国（G7）で最下位となっており，ジェンダーやセクシュアリティの平等に向けてはいまだ多くの課題を抱えている。それでも，2021 年 3 月には，婚姻の平等をめぐる裁判（札幌地方裁判所）において，同性カップルに婚姻を認めないことは「合理的な根拠を欠いた差別的な扱い」であるとして，憲法第 14 条の法の下の平等に違反するという国内初の判断が下された。性に関する社会認識や社会情勢が変化するなか，SOGI の多様性が尊重される社会に向けて，教育分野における取り組みは重要性を増している。

2　学校教育とジェンダー・セクシュアリティ

1）性的マイノリティの子どもたちが学校で直面する困難

教育という場において，性的マイノリティの子どもたちが差別やいじめの被害など多くの困難に直面していることはさまざまな調査によって明らかになっている。

日高康晴らのゲイ・バイセクシュアル男性を対象とした調査（2015）では，「ホモ」「オカマ」という言葉を投げかけられいじめられた被害が 54.4％，そのうち自殺を考えた割合が 65.9％，さらに 14％は自殺未遂を経験したことが明らかにされている。

2013 年の市民団体「いのちリスペクト。ホワイトリボン・キャンペーン」［2014］による LGBT の学校生活に関する実態調査では，全体の 84％が小学校から高校時代の学校生活の中で LGBT についての冗談やからかいを見聞きしたことがあると回答している。また，冗談やからかいを見聞きしたときにどう対応したかについては，「何もしなかった」が 7〜8 割，次に「自分がいじめられないよう一緒になって笑った」が多く，「やめてほしいと言った」は 14％，

「学校の教師や親など周囲の人に相談した」のは数%にすぎないという結果である。そして，全回答者の68％が「身体的暴力」「言葉による暴力」「性的な暴力」「無視・仲間はずれ」のいずれかを経験し，そのうちの72％は複数学年にわたり継続的に被害を受けていたことが明らかにされている。

国際NGO組織ヒューマン・ライツ・ウォッチは日本国内のLGBTの若者へのいじめ実態調査を行い，報告書『「出る杭は打たれる」日本の学校におけるLGBT生徒へのいじめと排除』を公表している。報告書では，約8割以上が教師や他の生徒によるLGBTに対する暴言，否定的な言葉や冗談の見聞経験があることを明らかにしている。また，いじめ被害にあっても助けを求めるのが困難である理由としては，自分のSOGIについて話さないといけないことや，教師をはじめとする周囲の存在のジェンダー，セクシュアリティ，および性的マイノリティに関する知識や理解が不十分であることなどが挙げられている（ヒューマン・ライツ・ウォッチ［2016］）。

2019年LGBT法連合会が公表した「性的指向および性自認を理由とするわたしたちが社会で直面する困難のリスト（第3版）」の354事例のうち，子ども・教育分野に関しては78事例が挙げられている。性的マイノリティに関して日常的に侮辱的な言葉が使われ，教員や同級生が日常的に笑いの対象やネタにしているので「自分のセクシュアリティがバレたら生きていけないと思った」「その場の空気で一緒に笑わざるを得なかった」「「うちの学校にはいない」と言われ，何も言い返すことができなかった」という例が示されている。

以上のような調査や先行研究によれば，性的マイノリティの子どもたちが抱える困難は，自己受容や自己開示の困難，人間関係構築の困難，正しい知識や情報へのアクセスの困難，相談する場所・人の不在，修業上の困難，心身の安心・安全に関わる困難などに分類されるという。また，それらは，性的指向が異性愛ではないことを理由に生じるもの，性自認がシスジェンダーではないことを理由に生じるもの（その両方を含む）とで異なる側面があるといわれている。人間形成が営まれる重要な教育機関である学校において，ジェンダーやセクシュアリティで悩む子どもたちが同級生との人間関係から切り離され，相談できる人や場所が存在しないとき，そこは安心で安全な居場所ではない。そして，それが現状なのである。なぜそのような困難が生じるのか，その背景に何があるのか。それを紐解くための重要な概念であるジェンダー規範と異性愛規範についてみていこう。

2）学校・教室におけるジェンダー規範と異性愛規範

ジェンダー規範とは，「女性は○○した方がよい」「男性は○○すべき」といった，性別に関して社会や人々が共有している約束事のようなものである。約束になっているので，約束どおりの行動をとれば肯定的な評価を受け，約束を守らなければ否定的な評価を受ける。たとえば，「女性は言葉づかいがきれいな方がいい」「親戚の集まりで女性が家事を手伝わなければならない雰囲気」「集団のリーダーは男性の方がいい」といったものである。ジェンダー規範は，学校や教室にも作用しており，そのような空間のなかで子どもたちは自己形成していく。

木村涼子は，男女平等原則を謳う学校においても，実際には男女は異なる存在として同じことはしてはいけないというセクシズム（性差別）が「隠れたカリキュラム」として併存していることを指摘した。隠れたカリキュラムとは，教師が意図する・しないにかかわらず，暗黙のうちに子どもに強要され，了解されている，学校生活を営む上での知識・行動の様式や意識のことをいう。性別二元制にもとづくジェンダー規範も隠れたカリキュラムのひとつといえる(木村［1996］)。木村は，授業観察を通して，教室では子どもたち自身によって「女らしさ」「男らしさ」の具体的な内容が概念化され，性別に応じた適応を互いに強制するプロセスがみられるという。教育の場である学校や教室においては，ジェンダー秩序やジェンダー規範が子どもたちに伝達されるだけでなく，児童生徒たち自身もその再生産の担い手となっているのである。

近年の性の多様性をめぐる社会状況の変化にともない，学校文化においても変化がみられる。たとえば，中学高校における制服の選択制の導入である。制服はその学校に所属する者であることと同時に個人の性別属性を表すものとして機能している。性別違和のある生徒にとって，自認する性別とは異なる性別の制服を着用することは大きな悩みとして挙げられていた。その対応について，

2015 年に文部科学省は「自認する性別の制服の着用を認める」という通知を出し，全国の中学高校において制服の選択制が導入されつつある。制服の選択制は，特別な誰かのためではなく，個性豊かなすべての生徒のためである，という意識が肝要である。

水泳の授業時における水着着用に関しても同様である。スクール水着に限らず，多くの水着は男女別仕様になっている。性別違和のある児童生徒が身体に対応するとされる性別の水着を着用することに苦痛を感じ，授業への参加や意欲が下がるという例がみられる。文科省の示す具体的配慮の例では，水泳の授業において本人の望む水着着用が認められている。たとえば，上半身裸であることが苦痛であれば T シャツやラッシュガードの着用を，女子用水着に対する抵抗があれば，パンツ型水着とラッシュガードの着用を認めるなどの配慮が考えられる。これらは，特定の児童生徒への対応にとどまるものではなく，全員に選択を認める点にこそ意義がある。特定の誰かが「特別視」されることなく，誰もが安心して授業に取り組むことのできる学修環境を保障するという観点を見落としてはならない。

続いて，異性愛規範（ヘテロノーマティビティ）とは，異性愛が「正しい」という規範を形成するために，異性愛以外の性的指向である同性愛を排除するような権力作用のことである。身体の性別と性自認が一致しており，性的指向が異性に向くことが当然視されるとき，それ以外のあり方は「異質」なものとされ，攻撃や排除の対象となる。そして，個人の内に生じる同性愛に対する恐怖や嫌悪感や攻撃性などの感情のことを，同性愛嫌悪（ホモフォビア）という。

この用語は 1972 年にジョージ・ワインバーグが「社会と健康な同性愛者」という論文において提唱した心理学的概念である。これはのちに，個人にそのような嫌悪感情を生じさせる社会的要因への着目につながり，現在では同性愛に対する差別や抑圧的な社会的要因・社会構造を示すものとして用いられる。また，性別違和のある人，および性別を越境する人や行動（トランスジェンダー）に対する否定的な態度・感情をトランス嫌悪（トランスフォビア）という。

学校や教室という社会空間は，同性愛嫌悪やトランス嫌悪という構造と決して無縁ではない。それらは，シスジェンダーで異性愛者のいわゆる性的マジョリティの子どもだけでなく，性的マイノリティの子どもにも内面化される。その内なる同性愛嫌悪は，自身の性のあり方に対する悩みや苦悩を抱える時期，とくに思春期における自己受容の困難につながることは前述したとおりである。

精神科医のエメリー・レトリックと教育学者のダミアン・マーティンの研究によれば，同性愛者の孤立には，社会的孤立，感情的孤立，認識的孤立の 3 つの側面があるという。社会的孤立とは，社会において同性愛やトランスジェンダーに対する嫌悪や否定にさらされるなかで，同性愛者同士がつながりにくくなり，自分と同じ気持ちをもつ人と出会う機会がないまま孤立する状況を指す。感情的孤立とは，家族や友人など親しい人が同性愛に対して否定的な感情をもっているかもしれないという不安を感じたり，自身の性についてカミングアウトした後の状況を恐れたりすることで孤独感を深めることを指す。認知的孤立とは，同性愛や性的マイノリティに関する正しい情報にアクセスしにくい状況や，メディアやインターネットなどで否定的な情報を目にするなかで，ロールモデルとなる情報が少なく，自身の生き方や将来像を描くことが難しい状況のことである。

性的マイノリティが孤立状態におかれるその背景には，学校生活において，意図的であれ非意図的であれ，日常的に交わされる言葉や行動による侮辱（マイクロアグレッション），その背景にある異性愛規範と同性愛嫌悪が強固に作用している。

3）学習指導要領と SOGI

異性愛規範が隠れたカリキュラムとして教育現場に存在していることをみてきた。それでは，顕在的なカリキュラムにおいては，SOGI や性的マイノリティに関する内容はどのように扱われているのか。学校教育の基準である学習指導要領を見ていこう。SOGI に関わる内容の記述は，おもに「体育」「保健」「家庭科」においてみられる。

2017 年に改訂された小学校学習指導要領「体育」の「保健」（第 3 学年および第 4 学年）の内容には，「体の発育・発達について，課題を見付け，その解決を目指した活動を通して，次の事項を身に付けることができきるよう指導する」とあり，その事項のひとつとして，「体は，思春期になると次第に大人の体に近づき，体つきが変わったり，初経，精通などが起こったりすること。また，異性への関心が芽生えること」とある。あくまでも，異性への関心のみの記述であり，同性や両性への関心が芽生える子どもの存在には触れられていない。

中学校学習指導要領の保健体育「保健分野」の内容には，「思春期には，内分泌の働きによって生殖に関わる機能が成熟すること。また，成熟に伴う変化に対応した適切な行動が必要となること」とあり，その内容の取扱いについては「妊娠や出産が可能となるような成熟が始まるという観点から，受精・妊娠を取り扱うものとし，妊娠の経過は取り扱わないものとする。また，身体の機能の成熟とともに，性衝動が生じたり，異性への関心が高まったりすることなどから，異性の尊重，情報への適切な対処や行動の選択が必要となることについて取り扱うものとする」とある。

思春期の性的発達に関する内容は，「異性への関心の高まり」という異性愛のみを想定したものになっている。ちなみに，妊娠の経過は「取り扱わないものとする」という「はどめ規定」（扱い方を制限する規定）が，教育現場において「性交」について扱うことの障壁になっていることは指摘しておきたい（本章コラム参照）。

また，中学校学習指導要領解説「特別の教科 道徳編」では，「性差がはっきりとしてくる中学生の時期には，異性への関心が強くなるとともに，意識的に異性を避けたり，興味本位の情報や間違った理解から様々な問題が生じたりすることもある」「異性であっても，相手のものの見方や考え方を理解するなど，友情を築き，共に成長しようとする姿勢が求められる。各自の異性に対する姿勢を見直すきっかけとなるよう指導することも必要である」「独立した一個の人格としてその尊厳を重んじ，人間としての成長と幸せを願うという点において，異性間における相互の在り方は基本的に同性間におけるものと変わるところがない」という記述がみられる。

異性に対する理解や尊重は，同性のそれと同じく重要であることに変わりはない。多くの異性愛指向のある児童生徒にとっては，「性差がはっきりしてく

コラム

包括的な性教育にむけて

近年，若い世代の性感染症，人工妊娠中絶，性被害の増加が社会問題となっている。その要因のひとつに，若者の性に関する知識不足が指摘されている。子どもたちが性に関する知識を学ぶ機会はあるのか。日本の性教育は体育科，保健体育などの関連教科や特別活動などで相互に関連づけて指導することとなっており，ひとつの教科にはなっていない。学校で性を学べば「寝た子を起こす」ことになる，という論調や，学習指導要領の「はどめ規定」などによって，子どもたちが性についてじっくり考え学ぶ時間が十分に提供されているとはいいがたい。

2020 年，文部科学省は「性犯罪・性暴力対策の強化の方針」において，子どもを性暴力の当事者にしないための「生命（いのち）の安全教育」の推進を示した。具体的には，幼児期や小学校低学年において「水着で隠れる部分については，他人に見せない，触らせない，もし触られたら大人に言う，他人を触らない」ことの指導，高学年や中学校では SNS などで知り合った人に会うことの危険性や被害対応，中学校・高校ではデート DV や被害対応，高校・大学ではレイプドラッグの危険性，酩酊状態に乗じた性的行為，セクシュアルハラスメントなどの問題や，被害対応や相談窓口の周知などである。性犯罪や性被害からのリスク回避の対策だけでなく，自分の性を守ることが生命（いのち）を守ることにつながることこそを学ぶ必要がある。

国際社会では性教育を受ける権利は基本的人権として理解されている。ユネスコは，国際標準の性教育手引きとして『国際セクシュアリティ教育ガイダンス』(2018 年改訂）を公表している。手引書では，人間関係，価値観，人権，文化，社会，ジェンダー理解など，性をめぐる問題を包括的に理解するために，発達段階や科学的根拠，人権の視点にもとづく体系的かつ具体的なカリキュラムが示されている。子どもたちが，性的・社会的関係において責任ある選択を行うための知識・スキル・価値観を獲得することが目指される。

リスク回避のための性教育もさることながら，社会や個人のあり方，生／性の多様性を射程に入れた包括的な性教育がいまこそ必要である。

ると異性への関心が強く」なり，「意識的に異性を避け」たりすることもあるであろう。しかし，性の多様性という観点からすれば，そうではない児童生徒の存在は想定されておらず，そのことに関する記述もない。さらにいえば，ここで記述された「異性」は，個人が認識する「異性」，すなわち自分と異なる性自認をもつ他者という理解が必要だと思われる。

高等学校の学習指導要領では，保健や家庭科において将来の生き方や自立に関する内容が含まれる。「人の一生と家族・家庭及び福祉」の内容では，「家庭や地域のよりよい生活を創造するために，自己の意思決定に基づき，責任をもって行動することや，男女が協力して，家族の一員としての役割を果たし家庭を築くことの重要性について考察すること」とあり，あくまでも異性愛のカップルや家族を前提とした家庭像の記述になっている。多様な家族像・家庭像は想定されてはいない。以上，これまでみてきたように，フォーマルカリキュラムである学習指導要領において，性的マイノリティの児童生徒は不可視化されている。

眞野豊は，性の多様性を前提とした学習指導要領の記述に関する具体的な提案を行っている（眞野［2020］）。たとえば，小学校保健の内容にある「異性への関心が芽生える」という箇所を「性的な関心が芽生えることがある」また内容の取扱いについての箇所を「性的な関心は，異性に向くことが多いが，同性に向いたり，両性に向かったりすることもある。また，必ずしもすべての人が性的な関心を抱くとは限らないことについて触れることにする」へと変更することで，異性愛だけではなく同性愛，両性愛，無性愛など多様な性的指向が包含されることになる。カリキュラムにおける性的マイノリティへの言及は，これまで想定されていなかった／存在しないとされたものを追加するということ以上に，異性愛も含めた性の多様性に関する理解やSOGIの尊重という意味をもつものである。

3　多様な性が尊重される学習環境づくり

1）LGBT等に関する教育分野での取り組み

1990年代の当事者による社会運動やマスメディアからの注目をきっかけとして，日本における性的マイノリティをめぐる問題は可視化され広く認識されるようになった。2003年の性同一性障害特例法の成立以降，性別違和や性的指向に悩む子どもたちの声が大きくなるにともない，文部科学省は学校教育に

表 14-1　性的マイノリティの児童生徒に関する取り組み

年	具体的な取り組み
2003	性同一性障害の性別の取扱いの特例に関する法律
2010	文部科学省事務連絡「児童生徒が抱える問題に対しての教育相談の徹底について」
2012	自殺総合対策大綱（8 月 28 日閣議決定）で性的マイノリティに言及
2014	文部科学省「学校における性同一性障害に係る対応に関する状況調査」を公表
2015	文部科学省通知「性同一性障害に係る児童生徒に対するきめ細やかな対応の実施等について」
2016	文部科学省手引き「性同一性障害や性的指向・性自認に係る，児童生徒に対するきめ細やかな対応等の実施について（教職員向け）」
2017	「いじめ防止対策推進法」，文部科学省「いじめの防止等のための基本的な方針」の改定，学習指導要領の改訂 ※性的マイノリティの記載は，保護者や国民の理解，教員の適切な指導の確保などを考慮すると難しい，として見送られた
	日本学術会議「性的マイノリティの権利保障をめざして（I）――婚姻・教育・労働を中心に」
2018	独立行政法人日本学生支援機構「大学等における性的指向・性自認の多様な在り方の理解増進に向けて」
2020	日本学術会議「性的マイノリティの権利保障をめざして（II）――トランスジェンダーの尊厳を保障するための法整備に向けて」

おける対応や取り組みの方針を打ち出した（表 14-1）。2010 年，「児童生徒が抱える問題に対しての教育相談の徹底について」（事務連絡）を発出し，性別違和のある児童生徒に対してその心情に配慮した対応を要請した。2012 年には，「自殺総合対策大綱」において，「自殺対策に係る人材の確保，養成及び資質の向上を図る」ために，「自殺念慮の割合等が高いことが指摘されている性的マイノリティについて，無理解や偏見等がその背景にある社会的要因の一つであると捉えて，教職員の理解を促進する」ことが示され，性的マイノリティの児童生徒に対する対応と教職員に対する普及啓発が要請された。

その後，文部科学省は，2014 年に全国の学校の対応状況を調査し，606 件の報告があったことを公表，2015 年，「性同一性障害に係る児童生徒に対するきめ細やかな対応の実施等について」を通知し，性同一性障害に関する特有の支援の具体的事項をとりまとめている。2016 年には「性同一性障害や性的指向・

性自認に係る，児童生徒に対するきめ細かな対応等の実施について」という教職員向けの周知資料が出されている。

教育現場においては，当該の児童生徒への対応も含めたすべての児童生徒に対する教育，教員の SOGI に関する理解促進，また具体的な相談対応や組織的な相談体制の充実という課題が浮かび上がってきた。2010 年代半ばになると，性の多様性を尊重した対応や配慮に関する積極的な取り組みが行われるようになり，教職員向けの LGBT 等に関する研修の実施や各自治体の教育委員会による啓発資料の作成など，学校教育における SOGI に関する理解と対応が進められている。その流れは，初等中等教育だけでなく高等教育における取り組みへとつながっている（次節）。

さきに述べたように，性的マイノリティの児童生徒が直面する困難が明らかになるにつれ，その困難は SOGI に関する人権問題であるとされ，個人の性は多様性をもつという社会認識の広がりとともに，SOGI をめぐる問題は人権教育の一環として位置づけられてきた。この点について，渡辺大輔は，文部科学省等の取り組みは，①「性同一性障害」への対応として困難をかかえる「障害」のある子どもへの支援，②自殺予防対策，③いじめ防止対策という点にあり，性的指向・性自認という個人の性的アイデンティティについて学ぶ機会を提供することにはなっていないと指摘する（渡辺［2017］)。彼が主張するのは，特別な配慮やいじめ防止といった側面だけでなく，子どもたち一人ひとりの SOGI に対する理解と尊重に関する学びの重要性である。性の多様性についての学びは，ジェンダーやセクシュアリティに関する社会構造を理解すること，個々人の意識の違いを認識すること，自身の感情や経験と照らし合わせる作業を通してアイデンティティを（再）形成していくことにつながる営みといえる。

2）SOGI に関する大学施策

初等中等教育における性的マイノリティの児童生徒への対応に関する取り組みが進むなか，高等教育については 2018 年，日本学生支援機構が文部科学省や専門の有識者の協力を得て，「大学等における性的指向・性自認の多様な在り方の理解増進に向けて」という教職員向け理解・啓発資料を発行している。

その資料では，一部の大学において SOGI の多様性に配慮した取り組みがなされているものの，いまだに学校や職場，社会生活などにおける理解が進んでいるとは必ずしもいえない状況にあるとされ，性的マイノリティである学生が学生生活を送る上での配慮，たとえば，性別情報の取扱いや管理方法，授業や学生生活などの配慮に関する内容が示されている。また，大学などにおいては，特定の部署や教員・担当者のみならず，既存の組織の活用を含めた組織的な対応や取り組みによって SOGI の多様なあり方に関する理解の増進と学生対応の充実を図ることが望ましいと指摘されている。

2020 年の日本学術会議の提言には，「高校までに配慮を受けた生徒が大学に入学するようになっている以上，大学にも配慮の継続が求められる」こと，「大学における SOGI ハラスメント防止対策の整備，教職員の啓発・助言体制の拡充」だけでなく，SOGI 研究支援や LGBT 当事者である研究者の支援にも積極的に取り組むべきであるという主張が盛り込まれた。2020 年に行われた「大学における性的指向・性自認（SOGI）に関する施策及び取り組みに関する全国調査」（風間他［2021］）では，全国の約半数の大学が LGBT 等の学生から配慮や要望の問い合わせを受けており，約 4 割の大学が，健康診断やトイレの対応，通称名での学生証・学籍簿の記載，授業における呼称，更衣室等に関する対応などの特別な配慮を実施していることが明らかにされている。その一方で，LGBT 等の学生支援のための手引きやガイドラインを作成している大学は 1 割弱であり，大学の組織的な対応は遅れている傾向にあることが示されている。

2020 年 6 月，「労働施策総合推進法（パワハラ防止法）」が施行され，すべての自治体と事業主はパワハラ防止のための雇用管理上の措置を行うことが義務化された。それに先立ち制定された「パワーハラスメント防止のための指針」（厚生労働省）には，パワハラ類型の「精神的な攻撃」の該当例に「人格を否定するような言動を行うこととして，相手の性的指向・性自認に関する侮辱的な言動を行うことを含む」として SOGI ハラスメントが示され，また「個の侵害」の該当例にはアウティング（性的指向・性自認などの機微な個人情報について本人の了解を得ずに他の人に暴露すること）が明記されている。これらの防止措置は大学にも適用されており，2020 年 11 月には文部科学省は全国の大学に対し，教職員間のパワハラ防止について内部規則等に反映すること，また学生に対しても教職員と同様の方針を示すことが望ましいことを通知している。

以上のように，大学もまた時代の急速な変化や社会の要請に適正に対応することが求められている。大学は「学術の中心として，高い教養と専門的能力を培うとともに，深く真理を探究して新たな知見を創造し，これらの成果を広く社会に提供することにより，社会の発展に寄与するもの」（教育基本法第 7 条）である。その目的に照らし，大学もまた SOGI に関する偏見や差別のない安全で安心できる学びの場となるために，大学構成員全体の SOGI の多様性に関する理解を深めること，そして個別対応のみならず組織的な対応が求められる。

3）性の多様性教育——教師の役割

最後に，性の多様性が尊重される学びの場の構築のために，教師の役割について考えてみよう。人は教えられたこと／教えられることによってのみ，学ぶのではない。教えられたこと以外のことも学ぶし，教えられなくても学ぶことはある。ゆえに，学びをよく理解するには，学びを支える場や環境への洞察が必要である。

批判的教育学の知見では，学校教育はアイデンティティの政治と切り離されたものではなく，教室空間での文化をめぐる権力関係のなかで，学習者のアイデンティティ形成が営まれる場と理解される（第 8 章）。そこでは，多様なアイデンティティをもつ者が出会い，他者の異なる経験や意見を聞き，対話することを通して，平等な社会へと変革する主体を育むことが要請される。

この批判的教授学の潮流のひとつであるフェミニスト・ペダゴジーは，性の平等に向けた社会変革とそのための批判的主体の育成というねらいをもつ。フェミニスト・ペダゴジーにおいて，教師は，学習者の経験や感情にもとづく多様な意見が交錯するなかで，互いの差異を尊重する方向に導くために積極的に関与する。これまで述べてきたように，性別二元制や異性愛の規範が浸透する学校や教室では，性的マイノリティは周辺化され，その声を沈黙させる力が作用する。それゆえに，教師には，学びの場における性をめぐる序列化や権力関係に対する批判的なまなざしをもち，その構造を読み解く力が求められる。

性の多様性を教える作業においては，教師自身もまた学習者として自らの性に関する意識やアイデンティティを問われる。いかに学校や教室の内外におけるSOGIをめぐるポリティクスを理解し，自らの社会的位置を省察し，性的マイノリティの声を意味づけるか。性の多様性が尊重される学びの場の創造には，多種多様な声・経験を想定し，教師自身が批判的主体となっていくこと，自身の視野を拡げ，変化することに開かれていなければならない。

おわりに

教育界において，個性の尊重，個性を伸ばすという表現はよく使われる。教師や親は，一人ひとりの子どもの個性を大切にする／したいと願う。しかし，その「個性」にジェンダー，セクシュアリティ，SOGIという観点は含まれているだろうか。

大学のジェンダー関連科目の授業で受講生（約100名）に次の問いをたずねた。「あなたに3歳児の息子がいるとします。その子が，「女の子向け」とされるアニメのキャラクターのついた女児用水着を着たいと強く言いました。さて，あなたはその水着を購入しますか」。受講生の意見は，購入すると購入しないで6：4に分かれた。

買う理由には，「子どもの好きなものや自ら選んだものを否定したくない」「周りに何か言われるかもしれないけど本人が着たい気持ちを尊重したい」「幼稚園に着て行かせるのは躊躇するけど，家のプールで遊ぶときだけ着せる」「周りに何か言われたら園に連絡して対応してもらう」「3歳なら男子も女子もあまり見た目が変わらない」「子どもがもしトランスジェンダーだったときに「親からは認められない」と思ってしまい，生きづらくなるのは嫌だから」などの意見があった。買わない理由には，「からかわれたり，いじめられたりするかもしれないと心配」「周りの子から何か言われて傷ついてしまう恐れがある」「自分が周りの親の目を気にする」「自分の行動の先を想像できるようになるまで待つ」「男児用の水着にそのキャラクターを縫いつける」などの意見があった。

どの意見が正しいと判断できるものではない。子どもの年齢段階や男児という性別属性，水着という設定に関連するジェンダー状況やジェンダー問題を考えさせるための問いかけがねらいである。上記の意見は，現在のジェンダーをめぐる状況で子どもの性別属性を踏まえたときに生じうる課題を想像した回答である。親として，子どものありのままのジェンダー表現を尊重したいという思い，からかいやいじめから子どもを「守りたい」という思い，それぞれの思いに自身のジェンダー意識が表れるのでないか。

教育という営みは，個人の性を抜きに語ることはできない。性別二元制，ジェンダー規範，異性愛規範が作用する社会において，一人ひとりの人間がいかにその人のジェンダーを生き抜いていくか。個性のうちにある性の多様性を尊重した教育のあり方について問い続けなければならない。（藤原直子）

【さらに探究を深めるための読書案内】

三成美保編［2017］『教育と LGBTI をつなぐ――学校・大学の現場から考える』青弓社。
教育現場で起こっている SOGI をめぐる問題を示し，性の多様性を尊重した教育への具体的方策を提言。

眞野豊［2020］『多様な性の視点でつくる学校教育――セクシュアリティによる差別をなくすための学びへ』松籟社。
性差別をしないことを学び，性の多様性を尊重することの意義と学校教育のあり方について網羅的に考察する。

石田仁［2019］『はじめて学ぶ LGBT――基礎からトレンドまで』ナツメ社。
性的マイノリティに関する Q&A。マンガや図表入りで読みやすく，素朴な疑問から知識と知恵へとつながる。

Taking Sides

性別を入学要件とする教育機関は廃止すべきか

1980 年代以降，日本における男女別学の高校は大きく減少し，大学も同様の傾向にある。2020 年現在，日本の高校は 4874 校，女子のみ在籍する高校は 289 校（5.9 %），男子のみ在籍する高校は 101 校（2.1 %）である。大学は 795 校のうち，女子のみ在籍する大学が 76 校（9.6 %）である。高校・大学の 9 割は男女共学で，女子校・男子校の共学化が進んでいる。

男女共学は，戦後日本の民主主義教育によって制度化され普及した。男女共同参画社会の形成を推進する現在，性別を入学要件とする教育機関，すなわち女性／男性と性別を二分化し，一方の性別の者のみが通う学校は必要か。共学化推進の立場と別学存続の立場の主張についてみていこう。ちなみに橋本［1992］によれば，男女共学とは「男女同一の学校，学級で基本的に同一の教育課程にしたがって学習し，教育される形態，制度およびそれをささえる教育思想」とされる。

戦前の日本では，女性には男性と同じ教育水準の学校（旧制高等学校）への入学が認められていなかった。中等教育は男女別学かつ異なる教育内容で修業年限にも差があるなど，女性が教育を受ける機会は著しく制限されていた。そのなかで，明治初期から女子教育と女性の社会的地位の向上のために，女子の中等高等教育機関が設立された。この歴史的経緯を踏まえ，教育基本法には，男女平等，教育の機会均等が謳われている。

共学化推進の立場からは，男女が等しく教育を受ける機会が保障されていること，現実社会では男女が共存しており，社会で活躍する人材育成には男女が同じ教育空間で同一のカリキュラムによって学ぶことが妥当であると主張される。性別を理由に希望する学校で学べない，受験できないという状況こそ，性差別なのではないかという主張がある。一方別学存続の立場は，いまだ男女が対等な社会とはいえず，学校のなかにも性差別やジェンダーバイアスが存在するため，性別に囚われずに個人の能力や適性を十分に伸ばす学びが可能であることに別学の意義をみいだす。したがって，学校が女子のみの入学を認めることは一定の合理性があり，差別ではなく合理的区別として理解できると主張する。

学校が男女平等とジェンダーバイアスという矛盾したメッセージを子どもたちに発

していることは従来の研究で指摘されている。別学存続の立場からは，ジェンダー・トラック（性別を理由とする進路選択の偏りや制約）や性役割意識の刷り込みが共学よりも少なく，異性を気にすることなく勉学に励むことができる別学について，人間性を重視した関係性の構築やリーダーシップの育成の場としての機能が語られる。

一方，共学推進の立場からは，共学では男女がともに学び，異性と関わる経験のなかで互いの個性を理解することで，同性間・異性間においても個性を発揮する力が育成されるとする。この点について，別学の環境では，具体的な他者としての「異性」の仲間が存在しないことで，逆に同一集団内での「女／男らしさ」の競い合いなどを通じて，性役割やジェンダー意識が強化されるという指摘や，「性別特性」にもとづく教育の賛否が議論されている。共学・別学の環境において，ジェンダーを意識するかしないかは，個人によるところが大きいかもしれない。しかしながら，教師と学生生徒，学生生徒同士の関わりの中で，個々人はジェンダー化された主体として存在する。性をもつ一人の人間として快適に学べる環境とはどのような場なのか。

近年，トランスジェンダー学生の受け入れを認める女子大学が出てきている。それらの大学は，自学の女子教育の理念に照らし，「多様な女子」が学ぶ教育機関であると自己表明している。教育という営みは，文化的・政治的・経済的・社会的状況と切り離されるものではない。社会において二元的なジェンダー体制がゆらぎ，ジェンダーの流動性や多様性が顕在化し，性の多様性に関する社会意識も高まるとき，「女性」「男性」という性別カテゴリーとその中身は問われ続けるものとなろう。「男女」共学にせよ，別学にせよ，一人ひとりの多様な性のあり方が尊重され，個人の希望や意思に応じた学びの機会が確保される場の創造が不可欠である。

第 15 章

ポスト世俗化社会における宗教教育

はじめに

中部圏のあるモスクを訪れたとき，日本で暮らすムスリム第 2 世代の生きづらさやアイデンティティ・クライシスの話をうかがった。彼らの多くは日本の学校で居心地の悪さを経験している。授業中に「イスラーム関連の事件」（イスラームと結びつけて語られる事件）が話題に出たときの自分に向けられる級友の視線や，それに対して自分を守ろうとしてくれない教師の対応に傷ついている。彼らはまた，日本に生きる宗教的マイノリティとしての自分と，宗教的マジョリティとして宗教的な行動規範を当然のものとして育った親との感覚のずれにも葛藤を感じている。その辛さから逃れるために彼らがとる方法は，外国にルーツをもつ自分，ムスリムとしての自分のアイデンティティを脇に置くことであるという。

日本では「宗教」が，どこか不可解で危険なものと捉えられがちである。前述のモスクでは，イスラームを理解するためにモスクを訪れた大学生の親がわが子を心配し，モスクを出たら無事を連絡するように言われたと語る大学生が例外ではないこともうかがった。宗教に対するまなざしは，とりわけイスラームに対して厳しい。その一方，日本では「スピリチュアルなもの」や「癒し」に関する関心が高く，神社仏閣やパワースポットめぐりが地域の観光資源となっている。神社仏閣のなかには，観光客を惹きつけるための新たな商品開発に力を入れているところも多い。「宗教」は受け入れがたいが「スピリチュアルなもの」は「宗教」ではないから受け入れられるという感覚は日本独特なものであるようにも思われる。

2006 年に改正された教育基本法第 15 条では，「宗教に関する寛容の態度，宗教に関する一般的な教養及び宗教の社会生活における地位は，教育上尊重されなければならない」とされ，改正前の教育基本法にはなかった「宗教に関する一般的な教養」の文言が新たに追加された。日本では政教分離の原則にのっとり，公教育において特定の宗教や信徒のための宗教教育は禁じられている。そのため，この原則を遵守しつつ，宗教に関する寛容の態度や宗教に関する一般的な教養を涵養することが必要となる。いまの日本の学校教育でこれは達成されているだろうか。達成されていないとすればどのようなかたちで実現できるだろうか。

以下，本章ではまず，公共圏における宗教の役割を論じた公共宗教論を取りあげる。続いて，視点を教育へと移して宗教教育の類型を示した上で，諸外国の事例をみる。そして，知識論の観点から一般知と宗教知の分離と融合の問題を取りあげ，最後に日本の課題に立ち返りつつ，ポスト世俗化社会における宗教教育の方向性を論じることとする。

1　公共宗教論にみる宗教の公的役割

科学が発展して近代化が進むと社会のなかで脱宗教化が進み，もはや宗教は必要とされなくなる（世俗化）。この予測は次第に問いなおされるようになっている。イラン＝イスラーム共和国が成立した 1970 年代末のイラン革命とその余波に加え，アメリカでの福音派の台頭などにみられる宗教復興の機運は 1980 年代前半に高まり，1990 年代には世界的な宗教復興ともいえる現象が各地に広がっていった。また，2001 年 9 月のアメリカ同時多発テロ（以下，9.11 事件）以降の世界情勢は，宗教が私たちの社会生活のなかで決して軽視できないものであることを広く認識させた。

公教育における宗教に関する議論の足がかりとして，ここでは 1990 年代か

コラム

「文明の衝突」以降

アメリカの政治学者サミュエル・P・ハンティントンは,『文明の衝突』のなかで,冷戦後の世界の紛争の要因は文明間の対立となり,そのひとつとして西洋とイスラームの間に「文明の衝突」が起こると主張した。一方,フランスの歴史人口学者エマニュエル・トッドは人口学的分析を用い,欧米のイスラーム脅威論を否定している。

ハンティントンは,冷戦が終わった現代世界においては,文明と文明との衝突が対立の主軸であり,とくに文明と文明が接する断層線（フォルト・ライン）での紛争は激化するとした。彼はこの背景として,文化の多極化や地域主義の進展を挙げている。そして,文化は人間が自らのアイデンティティを定義する決定的な基盤であり,世界各地で文化摩擦や文化復興,さらには宗教に対する新たな態度がもたらされるなかで宗教復興が起こっているとする。ハンティントンはまた,今後西欧文明が衰退するなかで,西欧文明と非西欧文明の対立が起こるとし,対立する文明として中華圏とイスラーム圏を挙げた。さらに、宗教復興,とりわけイスラーム復興運動はアイデンティティを求める文化・政治運動であり,西欧文明とは異なるイスラーム文明が再構築されつつあるとする「イスラーム脅威論」を展開した（ハンティントン［1998］)。

トッドは,人口統計と家族構造の分析によって世界を認識し,宗教や文化のみで文明を分けるべきでないとして,ハンティントンの考察に反論している。トッドは,イスラーム圏を専門とするユセフ・クルバージュとの共著による『文明の接近』において,人類がいくつかの部分に分割されているとする見方を否定する。そして,近代性とは西洋固有の事柄であるとする西洋主義イデオロギーに異を唱えている。西洋主義イデオロギーのもと,西洋の対極にイスラームを置き,イスラームに民主主義や近代性を認めないことは誤った見方であることをトッドはイスラーム圏の現実と多様性を示すことで反論している。それによれば,イスラーム圏は着実に近代化しており,散発するイスラーム圏の混乱は他の地域との本質的な違いによるものではなく,過渡期特有の現象である。トッドは,ハンティントンが欧米をひとつの文明として論じた点についても反論すると同時に,イスラーム諸国とキリスト教系の諸国との間に存在する差異は,本質的な違いではなく時間的ずれに由来する差異であることを示そうとしている（トッド／クルバージュ［2008］)。

ら論じられるようになった公共宗教論を取りあげてみたい。簡単にまとめると,この論の主旨は次の通りである。世界は近代化を経験したことによって普遍的かつ不可逆的に世俗化していくと考えられていた。しかし,どうやらそうではないらしい。それならばこの時代を世俗社会の後（ポスト）の「ポスト世俗化社会」として位置づけてみてはどうか。そして，宗教復興を不可解なもの，あるいは避けられるべき事態と捉えるのではなく，いっそのこと必然的なものとして捉え，公共圏における宗教の役割を考えるべきではないか。つまり，宗教には公共圏における積極的な役割があるのではないか。ここで公共圏とは，他者や社会と相互に関係をもつ時間や空間，そして制度的な空間と私的空間を介在する領域を意味する。

この論の先駆者はホセ・カサノヴァである。カサノヴァは，『近代世界の公共宗教』のなかで次のように論じる。近代化の進展にともなって宗教は私事化する（公共の領域ではなく私的な領域に属するものとなる）わけではなく，現実的には脱私事化している（私的な領域を超えるものとなる）と論じ，宗教が市民社会で果たす公共的役割を積極的に評価する。つまり，より良き市民社会の構築に寄与し，諸価値や共通善をめぐる公共討議を促進する社会統合機能をもつものとして宗教を捉え，それを公共宗教と表現した。

チャールズ・テイラーもまた，公共圏と宗教の問題について興味深い議論を展開している。テイラーは，公共圏における宗教の役割を評価しつつ，公共圏に占める宗教の位置を「特殊な事例」とみなすべきではないとする。この点でカサノヴァとは強調点が異なっている。テイラーは，多様な善に関する多様な主張の均衡と調整という観点から，世俗主義の定義をみなおすべきであると考える。具体的には，キリスト教会と国家の対立という，地理的にも歴史的にも西洋特殊的な歴史から生まれた世俗主義の定義を改めてみなおし，複数の基本的信条の間での自由と平等を確保するために多様性を包摂する体制をつくりだすべきであると主張する。その際，基本的信条は現代にあっては多様化しており，宗教的，非宗教的，無宗教的なものへと分岐しているため，宗教のみを特別なものとみなす態度の危うさを指摘している（メンディエッタ／ヴァンアントワーペン［2014］）。

カサノヴァとテイラーの議論をもとに，私たちがここで考えるべき論点は以下の 2 つになるであろう。第一に，より良き市民社会の構築に寄与し，諸価値や共通善をめぐる公共討議を促進する社会統合機能をもつものとして宗教を捉える視点（公共宗教の視点），第二に，世俗主義の定義をみなおし，宗教的，非宗教的，無宗教的なものへと分岐する複数の基本的信条の間での自由と平等を確保する多様性を包摂する視点（多宗教・多文化社会において多様性を包摂する視点）である。このことを教育学の観点から考えるために，以下，公教育において宗教をどのように教えるのか（教えないのか），教えるとすればどのように教えるのかという問題，つまり公教育における宗教教育の問題に焦点をあててみたい。

2　宗教教育の形態と役割

1）宗教教育の類型

宗教教育と聞くと，特定の宗教の信徒が自身の宗教について学習するものと一般的には理解されがちであるが，実は幅広い概念である。ただし，各国の宗教教育を単純に類型化することは難しく，論者によっても分類は異なるため，ここでは価値や信条がどの程度内容に含まれるかによって，①宗派教育，②宗教理解教育・宗教文化教育・宗教学習，③宗教知識教育に分類しておきたい。

宗派教育は狭義の宗教教育を意味し，ある特定の宗教の立場において行われるもので，特定の価値や信条が最も強く反映される宗教教育である。カトリック教徒のためのカトリック宗教教育，ムスリムのためのイスラーム宗教教育がここに該当する。理念上，その対極に位置づけられるのが，特定の宗教にはもとづかず，特定の価値や信条を含まない宗教知識教育である。たとえば，哲学や倫理，歴史といった教科のなかで各宗教の歴史や思想を事実として扱う場合がここに該当する。宗教的事実の教育と称されることもある。そして，宗派教育と宗教知識教育の間に位置づけられるのが，宗教理解教育・宗教文化教育・宗教学習である。それぞれ名称は異なるが，この範疇に位置づけられる宗教教育の目的はおおむね一致しているため，ここでは便宜的にまとめて宗教理解教育としておきたい。宗教理解教育は，ある特定の価値や信条を教えるものでも，反対に知識や事実だけを教えるものでもない。異なる宗教を信仰する人々の宗教観や世界観を理解し，さまざまな解釈や理解が可能な世界観や哲学的探究を含むものであり，諸宗教の共存・共生を最終的な目標とするものである。その意味で，それぞれの価値や信条を排除するものではなく，その包摂が目指される。各国・各地域では，目的や理念に応じて 3 つの類型のいずれか，あるいはこれらを折衷した宗教教育が行われている。

ただし，宗教教育の形態は，各国が公教育のなかで宗教をどのように位置づけているかによって異なる。たとえば，アメリカやフランスでは政教分離の原則が採用されているため，公立学校での宗派教育が禁止されている。そして，歴史や哲学，公民などの教科で宗教知識教育が行われている。一方，逆に，教科としての宗教教育を必修とする国として，イギリス，ドイツ，トルコ，マレーシア，インドネシアなどが挙げられる。これらの国では，宗派教育の他，宗教理解教育に近い宗教教育が行われている。なお，日本は，アメリカやフランスと同じく政教分離の原則が憲法で規定され，国公立学校における宗派教育は教育基本法によって禁止されている。ただし，私立学校については法令で定められた課程の外ではあるものの，学則に明記するなどの条件をもとに宗派教育が認められている。また，価値教育を担う「道徳の時間」，そして 2017 年以降新設された教科「道徳」では，「自分を超越するものに対する畏敬の念」や「生命の神秘」など，人間を超越する存在に関する記述があり，宗派教育とも宗教知識教育とも異なる日本独自の「宗教的情操教育」が行われている。

2）宗派教育から宗教理解教育への方向性

上述のように宗教教育を 3 つに類型化した場合，21 世紀における宗教教育の世界的な潮流は宗派教育から宗教理解教育へと向かっているように思われる。もしくは，宗教理解教育に近い宗派教育や宗教知識教育の重要性が認識されるようになっている。

このことはさきに触れた公共宗教論の議論とも重なっている。つまり，現代において宗教は脱私事化しており，私たちが社会生活を送る上で無視できない存在感をもっている。そうであれば，それを避けるのではなく，公共圏における宗教の役割を考えるべきである。さらに人々の信条や価値が多様化する現代社会にあっては宗教のみが特別視されるべきではなく，多様な宗教的，非宗教的，無宗教的信条や価値を理解し，共存を目指すための何らかの装置が必要とされる。その一翼を担うのが宗教教育であるといえよう。世界的にみると，宗教教育の重要性に対する認識と期待は，2001 年の 9.11 事件以降，高まったとされる。

次節では，教科として宗教教育を必修とするイギリス，ドイツ，インドネシアを取りあげ，各国でどのような宗教教育が行われているかをみていきたい。これらの国をみたのち，政教分離の原則の下，特定の宗教にもとづく宗教教育を行わないフランスを取りあげる。

3　諸外国における宗教教育

1）多宗教的＝非宗派教育的アプローチ——イギリス

イギリス（ここでは主にイングランド）では，すべての小中学校で「宗教」が必修教科とされている。政教分離の原則をとる国とは異なり，国家と宗教が密接な関係を有する国教制がとられているがゆえである。イングランドの国教は英国国教会，スコットランドはプロテスタント長老派である。藤原［2008］によれば，イギリスの宗教教育は，制度的には保障されていても現場で実施されているとはいいがたい時期もあったが，2001 年の 9.11 事件以降，宗教教育に対する認識が変化したという。9.11 事件を転機に，現代社会で暮らす上で宗教に関する理解は不可欠であるという意識が高まり，宗教教育の必要性が改めて認識された。それまで公共圏からは宗教を排除するのが共通認識であったヨーロッパにおいても，宗教をタブー視するよりもそれについて公的に議論するべきであるという認識が広まった。

このような議論を受けて 2004 年に資格・カリキュラム当局が発行した国家による初のガイドラインである『宗教教育 ナショナル・フレームワーク』には，意味深い宗教教育の目的が示されている。それによると，宗教教育の目的は主として 3 点に集約される。第一に，宗教教育は「人生の究極の意味や目的，神への信仰，自己とリアリティ（実在）の本性，善悪の問題，人間であることの意味」といった問題に向き合うことになるため，その目的はこれらの問題に対して，生徒一人ひとりが「キリスト教や他の主要宗教，それら以外の宗教伝統や世界観（無神論などの世俗的な世界観）がどのような答えを出しているか」を知り，精神的に成長する機会を提供することにある。このことは同時に，諸宗教の信仰・教え・実践・表現形式や，宗教の個人・家族・地域・文化に対する影響を生徒が理解することにもつながる。第二に，宗教教育の目的は「自分自身の信仰や意味の問いを探究する」と同時に，「真理・信仰・倫理の問題についてじっくり考え，分析・解釈を施し，判断するように，さらにそれに関する自分の意見を人に伝えるよう」生徒に働きかけることにある。最後に，宗教教育の目的は「生徒たちがアイデンティティ意識と帰属意識を高め」，将来的に「地域共同体の中で個人として輝き，また多文化社会やグローバル共同体の市民として活躍すること」を促すことにある。このことは同時に，生徒が，宗教や信念を異にする他者に対して敬意を払い，偏見に立ち向かうよう力づけることになるとされている（藤原［2008］）。ここから，イギリスの宗教教育が宗派教育に限定されることなく，多宗教共生のための教育の幅広くかつ重要な役割を負っていること，さらに自らの存在の意味を問いなおすという哲学的な要素も含んでいることが分かる。

上記の目的を達成するため，宗教教育の実施にあたっては次のような配慮がなされる。たとえば小学校低学年においては，①キリスト教，②キリスト教以外の主要宗教から少なくともひとつ，③その地域で信者が多い宗教があればその宗教についても適宜，④世俗的な世界観についても必要に応じて学ぶこととしている。中学校になれば通常，イギリス国内に多い宗教として，キリスト教，イスラーム，ヒンドゥ，シク，ユダヤ，仏教の計 6 宗教，さらに世俗的な世界観（無神論など）を学ぶ。つまり，児童生徒が主要な宗教と世俗的な世界観を学ぶことができるように構成されている。

宗教教育の内容に関しては，各宗教の宗教者と教員が合意の下に作成し，地方教育当局が採択する「アグリード・シラバス」が基準として用いられる。ただし，6 つの宗教や世界観をどのような配分で取りあげるかについては，6 つの宗教に同じ頁数を割くべきか，国教であるキリスト教に重点をおくかといった論争もあるという。

このようにイギリスでは，各宗教について学びつつも宗派教育に留まることのない，多宗教的 = 非宗派教育的アプローチによる宗教理解教育が実践されている。さらに 2010 年代になると，異文化理解ではなく社会統合を最終目標に掲げ，方法としては社会的争点に対する諸宗教の見解を討議シミュレーションのかたちで学ぶ「レジリエンスのある社会の形成に貢献する宗教教育」を推進する動きが生まれた（藤原［2015］）。

2）宗派教育と哲学・倫理教育の連携――ドイツ

ドイツでは，ドイツ基本法（1949 年）において「神と人間に対する責任の自覚」の下での人間形成が謳われている。宗教教育については，キリスト教（カトリック，プロテスタント）の宗派教育を基本とするものの，各州の地域の必要性に応じてユダヤ教やギリシア正教，シリア正教，さらにイスラームなどに関する教育も加えられた「宗教科」が導入されている。宗教科は非宗派学校を除き，公立学校における必修教科に定められている。同時に同基本法では保護者が宗教科への子弟の参加を決定する権利をもつことも規定されており，宗教科の代替教科としての「倫理・哲学科」も導入されている。なお，旧東ドイツの州では，東西ドイツ統一にともない「宗教科」の導入が検討され，州によって「宗教科」を正規の教科としたところもあれば，宗教学を内包した新しい教科である「LER（生活形成・倫理・宗教学）科」を正規の教科として導入している州もある（濱谷［2020］）。

このようにドイツでは宗派教育が伝統的に行われてきたが，近年は他宗教・宗派に対する宗教理解教育を包摂する宗教教育への変化がみられる。同時に，「近代化＝世俗化」という図式を修正する試みが「宗教科」にも「倫理・哲学科」にもみられるという。具体的には，1960 年代後半以降，宗教科カリキュラムにおいて宗派間・宗教間の対話の重要性が強調されるようになり，1990 年代から 2000 年代前半にかけて，カトリックとプロテスタントの宗教科では，宗派間の協同作業や宗教間学習が教育内容に反映された。カトリックの宗教科教科書では宗教別に学習内容が編成され，生徒は他宗教に関する系統的な学習ができるように配慮されている。このように，宗教科は宗派教育を行うだけでなく，他宗教や他宗派に対する理解を促進し，社会生活で必要とされる共生の態度を育むことを目指すようになった。さらに，カトリックとプロテスタント以外の宗教・宗派への配慮の観点から，前述したように州の必要性にもとづきイスラームの宗教科も導入されるようになっている。イスラーム宗教科を制度化する試みは，トルコからの労働力の移入にともない急増したムスリム家庭の児童生徒の宗教教育が問題として浮上した 1970 年代末頃から存在した。当初は宗派教育に近いものであったが，2010 年代になると，「イスラーム学」を強調する内容から，市民社会で必要とされる共生の態度を育成する内容が含みこまれるようになっている。

宗教科の代替措置として，あるいは並行して設置される「倫理・哲学科」においては，個人の価値判断の育成とともに，多宗教・多文化社会のなかで市民として生活するために必要とされる共生の態度・能力を育成するという点で宗教科との共通性がみられる。たとえば，ブランデンブルグ州で導入されている「LER（生活形成・倫理・宗教学）科」は，伝統的な意味での宗教科と異なり，宗派・宗教・世界観から中立なものとされ，多様な価値観が共存する社会のなかで児童生徒が生きていくために，責任ある自己決定ができるように支援することが目標とされている。具体的には，社会的価値にもとづく生活形成のための基礎知識，哲学的な倫理観の諸伝統，倫理的判断形成の諸原則，諸宗教・諸世界観に関する知識などが提供されている。第 7 学年から第 10 学年の指導要領によると，LER において取り扱われるべき主題領域は「生活形成（L）」，「倫理（E）」，「宗教知識（R）」の三大主題に対応して以下の 6 つに分けられている。すなわち，①社会的諸関係（友情，学校，家族，紛争と暴力，愛と性，世界倫理など），②実存的経験（感情，喪失感，正義，幸福，生と死，自由など），③個人的発達課題（人間のかけがえのなさ，男子・女子，学習，成人，人生設計，儀礼など），④世界・自然・人間（神話とメルヘン，世界の成立・世界観，人間像，グローバル化など），⑤世界像と諸文化（世界認識，祝祭，生活形態の多様性，ヨーロッパ文化圏，労働，世界像，異文化間交流など），⑥平和と正義（世界の将来，将来に対する責任，ユートピア，公正な世界の形成，諸宗教と諸世界観，エソテリック・オカルティズムなど）である。このように，LERにおいては「宗教」が社会的・個人的生の他の諸領域との関係性のなかに位置づけられている（久保田［2008］）。

以上のことから，宗派教育を基本とするドイツにおいても，他宗教・他宗派を学ぶ配慮がなされると同時に，宗教科に代替して，あるいは並行して倫理・哲学科や「LER（生活形成・倫理・宗教学）科」が提供されることにより，児童・生徒が無神論を含むさまざまな価値や信条を学習し，責任ある自己決定ができるように促されている。

3）公認宗教にもとづく宗派教育と公民教育――インドネシア

インドネシアでは，宗教教育が必修科目とされており，生徒の信仰に合わせて6つの公認宗教（イスラーム，プロテスタント，カトリック，ヒンドゥ，仏教，儒教）別に分かれて行われる。内容としては宗派教育の類型に入るが，それぞれの宗教の教科書では異なる宗教との共存を謳うなど，他宗教に対する配慮もみられる。また，公立の学校には礼拝所が設置されていることが多く，学校での礼拝が認められている。インドネシアではこれとは別に，「パンチャシラ・公民教育」という市民性教育に相当する教科も必修に位置づけられている。パンチャシラ（パンチャは5，シラは「徳」をあらわすサンスクリット語）は建国五原則であり，その第一原則には「唯一神への信仰」が掲げられている。神への信仰の重要性が第一に強調されるが，特定の宗教を国教とはせず，憲法によって国民の信仰の自由が保障されている。

上記の2つの教科は国民形成を促進する車の両輪にたとえられることが多く，必修教科のなかでもとくに最重要教科に位置づけられている。2013年カリキュラムを例にとると，小学校の場合，宗教教育には週4時間，パンチャシラ・公民教育には週4時間から6時間が割り当てられている。なお，1年生から3年生までは理科と社会科を独立した教科としない統合アプローチがとられているため，パンチャシラ・公民教育は，インドネシア語，数学，保健体育などの教科のなかで教えられる。宗教教育，パンチャシラ・公民教育どちらにおいても，多宗教・多民族が共存するインドネシアで必要とされる「寛容」が強調されている。

小学校 6 年生用の教科書『宗教教育と道徳』をみると，次のように寛容が説明されている。それによれば，「すべての人は他者に対して寛容（tasamuh）の態度をもたなければならない。寛容は，友情，同胞意識，社会の結束を生み出し，良好な人間関係を保つために不可欠なものである」。「寛容は，秩序をないがしろにしない態度である。寛容があれば，人は他者のすべての行為を尊重あるいは尊敬することができる」。また，宗教が異なる場合は，他者の信仰に関する領域には干渉せず，社会生活の領域において寛容の態度で他者に接することが推奨される。つまり，異なる宗教の信徒を尊重し，彼らに宗教の強要はしないという態度が明確にされる。このような説明がなされた上で，単元のまとめでは，寛容の態度を習慣化するために参考にできる行動と，その実践によって得られる効果が説明されている。たとえば，「他者に対する寛容の態度を習慣化する上で，私たちは以下の例を参考にできる」として，「①違いがあることを尊重する，②友情と同胞愛を築く，③多様性が確かなことであり，自然の法則であることを理解する，④礼儀正しく親しみやすく，親切丁寧な態度を何よりも心がける，⑤違いを分裂ではなく，善にたどりつく過程で競い合う媒介とする」といった行動が奨励される。また，「正しいかたちで実践される寛容の態度は，以下の事柄を実現するだろう」として，「①調和的な環境，争いのない生活，平穏，②社会のなかの親密性や同胞意識の強化，③信仰をもつ信徒同士の慈愛，④暮らしやすい生活，⑤人間同士の敵対の回避」の実現が挙げられている。このように，『宗教教育と道徳』では，イスラームの教義を前提とした宗教的な「寛容」の説明にとどまらず，そこから導き出されるより普遍的な寛容の態度と行動に関する説明がなされている。

小学校 5 年生用の教科書『パンチャシラ・公民教育』においても，寛容の態度が強調されている。たとえば，「統一の諸価値」という単元では，パンチャシラ五原則の第一原則「唯一神への信仰」が取りあげられ，次のように説明される。「インドネシア民族は偉大な神に対する信仰と敬虔さを表明している。すべての国民はそれぞれの宗教を信仰し，他の宗教の信徒を軽んずることなく，宗教の諸規範に沿った生活を歩み」，「それぞれの信仰と宗教に沿った信仰行為」や，「信徒間の生活の調和が創り出されるように，信徒間でお互いを尊重し協力する態度を実践」し，「異なる宗教の信徒間の生活の調和を育て」ている。そして，「他者に対して，特定の宗教や信仰を強要せず，各個人にはそれぞれの宗教や信仰を信じる自由が与えられている」。つまり，『パンチャシラ・公民教育』では，パンチャシラ五原則の説明に絡めるかたちで，それぞれ個人の信仰の重要性とともに，インドネシア国民としてともに生きる上での寛容や国家の調和のための寛容が強調されている。

このようにインドネシアでは，宗教教育では原則として宗派教育を行いつつも，市民性教育においてはそれぞれの宗教を平等に取り扱い，寛容の態度を涵養する宗教理解教育が行われているといえる。

4) 政教分離の原則に沿った宗教知識教育——フランス

前述したように，フランスでは政教分離の原則にもとづき，公立学校での宗派教育が禁止され，歴史や哲学，公民などの教科で宗教知識教育が行われている。フランスにおいてライシテ（国家と宗教を分離し，信仰の自由を保障するフランスの憲法原理）の原則は非常に厳格に遵守されるため，学校におけるムスリムの習慣とライシテを原則とする公教育との間でしばしば軋轢が生じている（本章 Taking Sides）。

歴史や哲学，公民などの教科で行われる宗教知識教育のあり方については，1980 年代に若者の宗教的無教養に対する懸念が指摘され，それを改善する必要性が提言されるようになった。1990 年代後半以降，歴史のプログラムを改正して宗教により重要な位置を与えること，フランス語や哲学，美術などの既存の教科で宗教に関する知識の伝達を通教科的に行うべきことが確認され，諸教科のプログラムが改正された。さらに，イギリス同様，9.11 事件を受け，フランスにおいても宗教問題に無関心ではいられない状況となり，ライック（世俗的）な学校における「宗教的事実の教育」は，複雑な現代世界を理解するために必要であるという認識が生まれた（伊達［2008］）。ただし，宗教的価値の問題に深入りすればライシテに抵触する恐れもあることから，いかに「宗教的事実の教育」を行うのか，それは純粋な知識の伝達にとどまるべきか，価値の問題をどのように扱うのか，しかしそもそも没価値的な教育はありうるのかという問題をめぐる議論がなされている。

すでに触れたように，宗教的事実の教育は，フランスでは通教科的に行われている。たとえば,「歴史」の教科書では，歴史的な事実が中心ではあるものの，ユダヤ教，キリスト教，イスラームに関する説明に多くの紙面が割かれている。宗教的事実に関係する内容については，時間数や資料，言及すべき人物などが具体的に指定されている。たとえば第 6 学年で教えられる「キリスト教のはじまり」では,「イエスを当時の歴史・精神状況のなかに位置づけ，福音書をキリスト教信仰の主要な源泉として示す」とされ，新約聖書を資料として用いるように指示される。第 5 学年で扱う「ムスリム世界」では,「拡張に由来する政治体制よりも，たとえばある都市などを取りあげて，イスラーム文明とその威光の方を強調すること」とされている。その際，聖書などの啓典の記述を歴史的事実と混同することのないように配慮されている点が「宗教的事実の教育」の特徴である（伊達［2008]）。

「市民教育」の教科書では，たとえば第 6 学年で「学校のライシテ」が取りあげられ，フランスの公教育がライシテの原則にもとづいていることが児童に示されている。これを説明した箇所では，教師は生徒の良心の自由を尊重しなければならないことが述べられる一方，公立校内でこれ見よがしの宗教的標章を着用することを禁じた法律が引用され，それを遵守することの重要性が説明されている（伊達［2008]）。

このようにフランスでは，政教分離の原則を厳格に適用し，フランスにおけるライシテの重要性を市民教育で教えると同時に，宗教的事実として各宗教の歴史や教義を教えることにより，児童生徒に現代世界を理解するために必要な知識を提供している。

4　一般知と宗教知

最後に少し，一般知と宗教知の乖離の問題について触れておきたい。これまでみてきた政教分離や宗教教育の問題の根底には，「知」をどのように捉えるかという問題がある。イスラームを例にとって考えてみたい。

イスラームでは宗教と科学の分離を前提とせず，「科学は神が創造した宇宙の摂理を探究する」という考え方に立つ。人間が求めることのできるあらゆる知識は神のものであり，神が許す限りにおいて人間に知識が与えられる。つまり，知の最上位には常に神の存在があり，合理的・科学的なものの上に神の存在があるとされる。アラビア語で知識，学問，学知を意味する「知（ilm）」はイスラームの知を表す単語として最もよく使用され，宗教から自然科学に至るすべての領域に用いられる。また，イスラームでは，「行為」をともなわない「知」は役に立たないものとみなされる。ここに，イスラームにおける知の捉え方と西欧を中心に発展してきた近代以降の知，つまり神と切り離された世俗知との乖離がみられる。

これまで宗教教育を中心にみてきたが，そもそもイスラーム圏の学校教育の特徴のひとつは，いわゆる世俗の学問を中心におく一般系の教育とは別に，宗教系の教育機関が存在する点にある。これらの教育機関は国によっては宗務を扱う宗教省によって管轄されており，教育省管轄の学校系統と宗教省管轄の学校系統という二元的な教育体系を形成している。たとえば，インドネシアの学校は，教育文化省管轄の一般学校系統と宗教省管轄のイスラーム学校系統に分かれている。この二元的教育制度の背景にはさきに述べた世俗知と宗教知の乖離の問題があり，このような状況を克服するため，イスラーム諸国では知の融合が試みられている。たとえば，マレーシア国際イスラーム大学では，イスラーム的価値やイスラーム哲学を土台とする科学観にもとづく「知のイスラーム化」が推進されている。

教育学の議論においても，近代学校教育の浸透とともに，いわゆる近代知＝世俗的な知識と宗教的知識（神の存在・叡智と結びついた知識）が二項対立的に捉えられたために，世俗的な知識と宗教的知識をどのように位置づけるかが常に論争となってきた。しかし，すでにみたように，「近代化」＝「世俗化」（近代教育＝世俗教育）であり，それが同時に「非宗教化」（非宗教教育）であるといった見方や，「世俗」と「宗教」（世俗教育と宗教教育）を二項対立的に捉える見方に再考を迫る議論が次第に起こりつつある。

おわりに

以上，ポスト世俗化社会における宗教教育を考えてきた。各国の取り組みからは，ポスト世俗化社会における宗教教育の方向性について，ある程度の共通認識がみられる。それは，現代社会で暮らす上で宗教に関する理解は不可欠であるという意識であり，宗教をタブー視するよりも公的に議論するべきであるという認識である。社会を統合する機能をもつものとして宗教を捉えなおし，多宗教・多文化社会で共存する多様な基本的信条の理解を促進する宗教教育が期待されているように思われる。

翻って日本の宗教教育は今後，どのように展開していくのだろうか。少なくとも，ヨーロッパ各国が抱く共通認識が日本でも共有されているとはいえない状況にある。今後，教育基本法に明記された「宗教に関する一般的な教養」をどのように保障し，いかにして「宗教に関する寛容の態度」を涵養していくのか，具体的な道筋が必要とされているように思われる。　（服部美奈）

【さらに探究を深めるための読書案内】

エドゥアルド・メンディエッタ／ジョナサン・ヴァンアントアーペン編［2014］『公共圏に挑戦する宗教――ポスト世俗化時代における共棲のために J. ハーバーマス, C. テイラー, J. バトラー，C.ウェスト』箱田徹・金城美幸訳，岩波書店。

公共圏と宗教の問題を論じる第一線の研究者が登壇・議論したセミナーをもとに編まれた書物。各論者の差異が浮き彫りにされており，大変読みやすく興味深い。

ホセ・カサノヴァ［1997］『近代世界の公共宗教』津城寛文訳，玉川大学出版部。

近代化によって必ずしも世俗化しない社会をポスト世俗化社会と捉え，そのような社会のなかで宗教が果たす積極的な役割を論じた先駆的な書物。

濱谷佳奈［2020］『現代ドイツの倫理・道徳教育にみる多様性と連携――中等教育の宗教科と倫理・哲学科との関係史』風間書房。

ドイツの中等教育段階において，倫理・道徳教育の役割を担ってきたカトリックとプロテスタントのキリスト教を基軸にした「宗教科」と，世俗的価値教育として開設されてきた「倫理・哲学科」の，併存から連携への関係性の変化を丁寧に描き出した重厚な書物。

Taking Sides

公立学校においてムスリムのスカーフ着用を認めるか

フランスで，公立学校に通うムスリム（イスラーム教徒）女子生徒のスカーフ（頭髪を覆うスカーフ，ヒジャブ）着用をめぐる議論が表面化したのは1989年であった。同年秋の新学期，パリ北部の公立中学校でマグレブ出身の3人の女子生徒がスカーフを着用して教室に入ろうとしたところ，校長が彼女たちに授業への参加を禁じ，教室でスカーフを外さなかったという理由で退学処分となった。

この出来事以前からフランスでは，学校でのムスリム女子生徒のスカーフ着用をめぐって議論があったが，教師と保護者，生徒との対話によって穏便に解決されてきたという。この学校でも，学校側と保護者会やマグレブ関係の協会との相談の機会が設けられ，教室の入口までの着用は許可し，教室内では肩にかけることで一応の「合意」があったという。しかしこの合意が反故にされたことにより，生徒の退学処分に発展した。

この出来事はフランス社会を二分する大論争を巻き起こし，その後，「スカーフ事件」と称されるようになる。大論争に発展した背景には，第一にこの事件がフランス共和制の基本理念であるライシテ（国家と宗教を分離し，信仰の自由を保障するフランスの憲法原理）に対する脅威として論じられたこと，第二に宗教的・文化的に多様な背景をもつ移民の統合が社会問題になっていたことが挙げられる。加えて，当時の世界情勢を象徴するものとして，同年2月に起こった『悪魔の詩』の著者サルマン・ラシュディ氏に対するイランのホメイニ師による死刑宣告，11月のベルリンの壁崩壊などがあった。そして2001年に9.11事件が起こる。

その後，2004年には公立校での「これ見よがしの（顕示的な）」宗教的標章の着用を禁じる法律が制定された。この法律にもみられるように，フランスでは学校や教師に宗教的中立性や世俗性を求めるのみならず，生徒にも宗教的標章を規制している点が特徴的である。

2004年以降，議論はさらに公共空間におけるスカーフ着用の規制に展開した。2008年には，託児所に勤務するムスリム女性がスカーフ着用を理由に解雇される事件が起き，最終的に解雇を妥当とする判決が出された。私立の託児所も，将来の市民となる子どもを預かる施設として公益性が高いという理由であった。また2010年には，顔を含めた全身を覆うムスリム女性の服装（ニカブやブルカとよばれる）を公共の場で禁じる法律（「公共空間」でのブルカ着用を禁じる法律），公共ビーチでのブルキニ（手先と足先を除き全身を被うムスリム女性用の水着）の着用を禁じた 2016 年夏の条例が成立している（伊達聖伸［2019］「フランス「スカーフ事件」から 30 年，いまだ分断が加速する理由――ヴェール問題の争点はどう変化してきたか」〔https://gendai.ismedia.jp/articles/-/67112?page=2 2021 年 5 月 18 日アクセス〕）。

イスラームは基本的に世俗と宗教を分ける社会を構想しない。一方，フランスの市民社会は，多様な人々の宗教的性向を超えた次元に構想されている。結果として，世俗と宗教に対する考え方の根本的な相違が，「スカーフ事件」として顕在化した。

まずムスリム女子生徒はスカーフ着用によって政治的・宗教的プロパガンダをしているわけではないと考えてみよう。であれば，教室でのスカーフ着用は 2004 年法にある「これ見よがしの（顕示的な）」宗教的標章にはあたらない。そして，市民である彼女たちが有する教育を受ける権利は優先的に保障されるべき事項である。

宗教は「私的領域」に属するものであっても，私的領域だからといって「公的空間」に進出できないわけではない。「私的領域」が「公的空間」まで広がるのは当然のことであり，厳密に分離できるものではない。ライシテは信仰の自由を保障するものであり，自発的にスカーフを着用する子どもの権利を妨げる法律であってはならない。

では，逆の立場ならどうか。ムスリム女子生徒による教室でのスカーフ着用は，2004 年法にいう「これ見よがしの（顕示的な）」宗教的標章にあたるとしてみよう。学校は，個別的な民族や宗教や文化の差異を超えて，普遍的な共和国の市民，批判的精神を持つ普遍的市民を育成する使命を帯びているのであり，子どもは宗教の圧迫から自由でなければならない。したがって，「公的空間」としての学校には普遍性に反する差異を持ち込んではならない。宗教は，民主主義社会にあって個人的なものであり「私的領域」に属する。そのため，「公的空間」から宗教は排除されるべき，あるいは「私的領域」と「公的空間」の分割は維持されるべきであるということになる（田中浩喜［2017］「現代フランスにおける「公共宗教論」？――ライシテ研究者の議論を比較して」『東京大学宗教学年報』XXXV）。

このように，宗教をめぐる「公的空間」と「私的領域」の議論には多様な解釈があり，その根底には世俗と宗教に対する異なる認識論がある。「スカーフ事件」は，フランスに限らず，それぞれの建国理念を掲げる国家が，多様な文化的宗教的背景をもつ人々の権利をいかに保障するかというきわめて現代的な問いを投げかけている。

第 16 章

共生時代における「グローバル市民」の育成

はじめに

今世紀に入って急速な技術革新や人口増加が進むなか，私たち人類社会は大きな変化を経験してきた。資本主義経済の支配は，経済成長のスピードを加速させるとともに，その影響を及ぼす範囲を地球規模に拡大させた。また，交通網の発達や情報通信技術の革新により，国境はますます想像上の産物としての度合いを高め，人々の交流はリアルな空間でもヴァーチャルな空間でも大いに活況を呈している。人類の活動は，私たちが日々意識するかしないかにかかわらずグローバルにつながっており，そのネットワークは地球の隅々にまで達するようになった。

人類の活動の拡大がもたらす問題には，たとえば，社会の分断と対立がある。人々の物理的な移動の拡大によって各国・地域社会の多様化がこれまで以上に進行した結果，文化的，経済的な葛藤は多面的に，より一層複雑化している。欧米で深刻化した難民問題は，地域社会の分断を顕在化させることとなった。新型コロナウイルスのパンデミックからも明らかなように，国境を超えた人の移動が日常的な世界では，感染症の蔓延を局地的なものに抑えることは困難である。そして，化石燃料の莫大な消費をともなう活発な経済活動は先進諸国の人々を中心にその生活を豊かにしたが，その結果引き起こされた環境破壊の影響の深刻さは改めていうまでもない。ノーベル化学賞受賞者のパウル・クルッツェンは，人類の活動が地球環境に大きな影響を及ぼすようになった現在を

「人新世（Anthropocene）」と呼ぶ。人新世にあっては，環境問題をはじめとする地球規模の諸課題への取り組みが，人々にとって喫緊の課題であることを意味している。

したがって私たちには，これらの諸課題に積極的に関わり，解決に向けて努力する態度や責任感が求められる。自然環境の持続可能性も強く意識しなければならないこの時代は，「地球との共生」の時代ともいえる。それぞれの国内で内向きの傾向を強め，環境や人権，他者との協調に無関心あるいは敵対的な態度を示すことは，社会そして地球の持続可能性の模索に逆行する動きであろう。それでは，地球の構成員である私たちはグローバルな課題に取り組むために，どのような資質や能力を身につける必要があるのか，どのようにしてそれらを育むことができるのか。本章では，グローバルな諸課題に向き合う個人を「グローバル市民」という概念で捉え，地球との共生を意識する時代の「市民」の理念や育成について論じる。

1　グローバル人材とグローバル市民

2015 年 9 月に開催された国連サミットにおいて採択された「持続可能な開発のための 2030 アジェンダ」では，2030 年までに実現を目指す国際目標として「持続可能な開発目標（Sustainable Development Goals, SDGs）」が示された。SDGs は 17 のゴールと 169 のターゲットから成るが，その 4 番目のゴールが「質の高い教育をみんなに」である。そしてそのターゲットの 7 番目（SDGs 4.7）には次のように記載されている。

> 2030 年までに，持続可能な開発と持続可能なライフスタイル，人権，ジェンダー平等，平和と非暴力の文化，グローバル市民，および文化的多様性と文化が持続可能な開発にもたらす貢献の理解などの教育を通じて，すべての学習者が持続可能な開発を推進するための知識とスキルを獲得するようにする。
> (SDGs 4.7)

これによると，持続可能な開発の推進に必要な知識やスキルを獲得するための方策のひとつとして「グローバル市民」の育成が掲げられている。では，グローバル市民とはいったいどのような「市民」なのか。日本の政策でしばしば言及される「グローバル人材」とどのように異なる概念なのか。グローバル市民の性格を明らかにするために，まずグローバル人材に関する日本での議論を整理しておこう。

「グローバル人材」という用語は，日本では主に政治的・経済的な文脈で取りあげられてきた経緯がある。日本で使われるグローバル人材という言葉の意味は，大きく 2 つに分けられよう。ひとつは，日本国内で働く外国人をさす意味で，主に専門的な知識や技能を備えた，いわゆる「高度外国人材」を示す。もうひとつの意味は，グローバル社会で活躍する日本人を想定する。後述するように，2010 年以降の政策の場で語られるグローバル人材はもっぱら後者であり，本章で言及するのもこの意味でのグローバル人材である。

それでは，主に日本人を想定するグローバル人材とはどのような存在なのか。経済産業省と文部科学省が共同で事務局を設置した「産学人材育成パートナーシップ グローバル人材育成委員会」は，2010 年 4 月公表の報告書において，グローバル人材を次のように定義する。

> グローバル化が進展している世界の中で，主体的に物事を考え，多様なバックグラウンドをもつ同僚，取引先，顧客等に自分の考えを分かりやすく伝え，文化的・歴史的なバックグラウンドに由来する価値観や特性の差異を乗り越えて，相手の立場に立って互いを理解し，更にはそうした差異からそれぞれの強みを引き出して活用し，相乗効果を生み出して，新しい価値を生み出すことができる人材
>
> （産学人材育成パートナーシップ グローバル人材育成委員会［2010］）

そして，「グローバル人材育成推進会議」による 2011 年 6 月の「グローバル人材育成推進会議 中間まとめ」および 2012 年 6 月の「グローバル人材育成戦略（グローバル人材育成推進会議 審議まとめ）」では，グローバル人材は次のような要素を含む概念として整理されている。

要素Ⅰ：語学力・コミュニケーション能力
要素Ⅱ：主体性・積極性，チャレンジ精神，協調性・柔軟性，責任感・使命感
要素Ⅲ：異文化に対する理解と日本人としてのアイデンティティー

（グローバル人材育成推進会議［2012］）

これらの定義から類推すると，近年の日本の政界や経済界で注目されるグローバル人材とは，外国語によるコミュニーケーション能力に長け，自身が属するのとは異なる社会や文化において，あるいは多様なバックグラウンドをもつ人々との疎通において主体的，協調的に行動できる資質・能力をもつ人材をさすといえよう。しかし，こうした概念が導出されてきたプロセスを振りかえりつつ解釈するならば，政策の場で語られるグローバル人材とは，産業界からの要請にもとづいて自国の経済的発展を牽引する人材であることが分かる。そして，そのような人材の養成機能を期待されているのが大学である。日本でのグローバル人材に関する議論がしばしば高等教育段階から産業界への接続との関連で行われるのは，こうした背景があるためである。そもそも「人材」という言葉には「役に立つ人」という意味があるが，グローバル人材の育成はまさに日本経済に役に立つ人物の育成を目指すものにほかならない。そうした意味で，政府の視線はグローバル社会で勝ち抜くための「競争を前提としたグローバル人材の能力育成」（小林［2019］）に向けられているといえる。

グローバル人材が，時としてこのような一国家あるいは一個人の利益を追求する狭窄的な概念，あるいは矮小化された個人像をとりうるのに対し，グローバル市民はより広い意味をもつ。ここでいう「市民」とは，国家の下における「国民」とは異なり，国による統制を前提とせずに，より自律的に社会に参画する，責任ある主体としての「個人」を念頭においている。グローバル市民は，「グローバル」を冠していることからも明らかなように，必ずしも国境にとらわれることなく，地球全体的な文脈において活動する「市民」である。地球規模の課題が山積する現代において求められるのは，国民国家の発展に寄与することが期待される狭隘なグローバル人材ではなく，より広い視野をもって社会

および自然環境の持続に参与するグローバル市民であろう。

冒頭でも述べたように，科学技術の発達や人口増加，経済のグローバル化などの進展にともない，環境問題や感染症，人権，ジェンダー，経済格差，文化や宗教を背景とする葛藤など，地球規模で取り組むべき多くの課題が山積している。これらの問題について，他者の立場を理解しつつ，主体的に考えることができる「市民」の育成が肝要となる。そうした「市民」にはどのような資質や能力が求められるのか，ユネスコが提言する「グローバル・シティズンシップ（Global Citizenship）」を手がかりに考えてみたい。

ユネスコは「グローバル・シティズンシップ」について，より広いコミュニティや共通の人間性への帰属意識をもち，ローカルからグローバルへ，ナショナルからインターナショナルへと関心を向けることに言及する。それは，普遍的な価値，多様性や多元性の尊重にもとづいて考え，行動し，他者との関係性を構築することも含んでいる（UNESCO［2014］）。これを踏まえると，グローバル市民とは，国民国家の枠組みにとらわれず，国家を超えたより広いコミュニティ，最終的には多様な価値から成り立っているグローバルなコミュニティの構成員としての自覚をもち，グローバルな諸課題を自身に深く関わる問題として意識し，それらの課題に主体的にコミットする態度を備えた個人ということができる。

やや話が逸れるが，東日本大震災による津波の被害により引き起こされた福島第一原発の事故は，都市部の生活が危機と隣り合わせの地方の負担によって実現していることを明らかにした。大震災を機に初めて，東京電力の電気を利用する関東地方の人々は，自分たちの快適な暮らしが遠く離れた東北地方の負担の上に成り立っていたことに気がついたのである。こうした問題は，一国内に限って生じるような話ではない。地球規模でみたとき，先進国は多くの負担を開発国に負わせることで，自国の社会の維持と発展を実現している。

このように，私たちの世界は非対称性を帯びている。ウォーラーステインの世界システム論では，「中心」に位置する国が「周辺」に位置する国を支配し，搾取する構造が想定されているが，グローバル化の進展が著しい現代も，こうした支配・被支配の構造は消滅していない。先進諸国の物質的に豊かな生活は，開発国の廉価な労働力と当地の環境破壊によって支えられている。私たちの世界は対称的な関係性にもとづいておらず，人々や各地域の間には多くの不公正が存在している。国連「環境と開発に関する世界委員会」は，「世代内の公正」と「世代間の公正」として，現世代のすべての人々が豊かな生活を営む権利をもつことと，将来世代のすべての人々が生活を脅かされない権利をもつことの双方の重要性を指摘した（北村・佐藤［2019］）。これら 2 つの「公正」の必要性と重要性を想像できること，「公正」を実現する自身の責任を感じることがグローバル市民には求められる。

もっとも，こうした理念の実現が可能であるかどうか，その限界にも目を配らなければなるまい。たとえば，内向きの政策志向で自国第一主義の経済施策を推し進め，環境破壊や移民排除を躊躇しないアメリカのトランプ政権が，想像よりも多くのアメリカ国民の支持を得たことは記憶に新しい。そもそも，市場原理主義とグローバル市民の理念は相対する部分も多く，相互の摩擦は決して小さくない。グローバル市民は，実際の社会生活においてある意味「妥協」を迫られるのもまた事実であり，日々の生活でさまざまな葛藤が生じるのは避けられないといえる。

しかし，そうした理念と実際の間に横たわる限界性を認めつつも，地球規模で増幅する多様な問題に対処する責任が私たちにはある。理想と現実の折り合いを探りつつ，グローバル市民としての認識や責任感，そしてそれを土台として行動する力を養うことが求められる。それでは，教育を通してこうしたグローバル市民に求められる資質や態度を育成するためには，どのような枠組みがありうるだろうか。

2　グローバル市民の育成——ESD と GCED

ユネスコは，SDGs 4.7 を実現するための主要な枠組みとして，「持続可能な開発のための教育（Education for Sustainable Development, ESD）」と「グローバル・シティズンシップ教育（Global Citizenship Education, GCED）」を提示する。両者はその目的や内容において重なり合う部分も多いが，力点の置き所が微妙に異なるところもあり，相互に補完し合いながらグローバル市民の育成に重要な機能を果たすものといえる。

ESD は，「現代社会の課題を自らの問題として捉え，身近なところから取り組む（think globally, act locally）ことにより，それらの課題の解決につながる新たな価値観や行動を生み出すこと，そしてそれによって持続可能な社会を創造していくことを目指す学習や活動」である（日本ユネスコ国内委員会ウェブサイトより引用）。ユネスコは ESD の統一的な学習モデルを示していないが，日本で取り組むべき課題としては「世代間の公平，地域間の公平，男女間の平等，社会的寛容，貧困削減，環境の保全と回復，天然資源の保全，公正で平和な社会」の実現などが挙げられている（森田［2016］）。

「身近なところから取り組む」実践として，たとえば環境教育は一般的なもののひとつである。筆者の郷里は熊本県水俣市であるが，企業の環境汚染により引き起こされた公害病が当地の自然と人々の生活を破壊したことは広く知られているだろう。水俣の学校では，悲劇の記憶を紡ぐとともに，その教訓を後世と他の地域の多くの人々に伝えるため，環境教育が熱心に行われている。『心ゆたかに水俣』や『水俣市ふるさと学習資料集』といった副教材を活用した学習活動は，地域学習でありながら，すべての地域に当てはまる課題として環境問題を捉えることが目指されている。

水俣の事例は一地域での取り組みであるが，ESD で扱われるさまざまな課題に関連する教育の拠点としてより広く普及しているものに，ユネスコスクールがある。ユネスコスクールは，ユネスコ憲章に示されたユネスコの理念を実践する学校で，世界で 1 万 1000 校以上が加盟している。2018 年 10 月現在，日本には 1116 校のユネスコスクールがあり，1 カ国のスクールの数としては最多である。その点では，日本は ESD を積極的に推進する土壌が整っており，国内外に向けてその成果や課題をより積極的に共有する政策的な取り組みが期待される。

ESD がどちらかといえば人と環境との関係性に重点をおいているのに対し，GCED は人と人との関係性に重点をおく。GCED では，グローバル社会の構成

コラム

日韓のユネスコスクールの教員交流

ユネスコの理念を実践するユネスコスクールの加盟校は，北海道から沖縄まで日本全国に広がっており，加盟校同士の交流を促進する取り組みも地域単位から全国規模のものまで幅広く存在している。加盟校同士のネットワークを深める取り組みは，日本国内にとどまらず国外にも広がっているが，そうした学校間の国際交流の基盤構築ともいえるのが，教職員間の交流である。

ユネスコ・アジア文化センター（Asia Pacific Cultural Centre for UNESCO, ACCU）は，文部科学省の委託事業として初等中等教育機関の教職員の国際交流事業を行っている。二国間の交流事業としては，韓国や中国，タイ，インドなどを相手国として，日本の教職員の派遣や当該国の教職員の招聘がある。韓国との交流事業では，教職員の派遣と招聘の両方を行っており，2019 年までに日韓合計で約 3800 名の教職員が参加した。双方の教職員が相手の国を訪問し，学校教育の現場や教育行政の実際に触れることで，お互いの教育や社会・文化の同異に気づき，相互の理解を深めることが目指されている。この交流事業の特徴は，児童生徒の交流ではなく，教職員の交流の基盤づくりに焦点を当てていることである。教職員のネットワークが構築されれば，それを土台として学校同士の自発的な交流の活性化が期待できる。実際，プログラムに参加した日本の教職員の所属校が韓国からの招聘教職員の受け入れ先となり，その後，受け入れた韓国の教職員の学校と交流事業を推進するに至った事例が多くみられる。

ただ，こうした取り組みは「異文化理解教育」の促進の一助にはなりうるが，より広いコミュニティへの帰属意識を育むという点では限界もある。他者の想定により自己を客観視することはできても，他者との共生のためにはより高次の共通認識の涵養に向けた試みが必要であろう。歴史認識の問題は，学校レベルにおいても積極的な姿勢をとることが困難な課題であり，日韓関係の現状を反映した限界のひとつである。近年のアメリカに代表されるように，ナショナリズムの強まりが指摘される状況では，国を超えた地域のアイデンティティの育成はこれまで以上の試練にぶつかるかもしれない。

員である他者との共生を重んじる価値観を形成し，共生するために必要となる対話のための能力や態度を培う。ユネスコが提唱する GCED は，「より公正に，平和的に，寛容に，包括的に，安全に，そして持続可能なものとして世界を保持するために必要な知識や価値観，態度を育む枠組み」（UNESCO［2014］）である。ユネスコは，「世界」の構成員である私たちがお互いに排除しあうことなく，相互の尊重を通して，持続可能な世界の実現を目指すための教育のあり方を提言している。その実践にあたっては，カリキュラムにおける関連内容の活性化や情報通信技術の活用，スポーツや芸術を通した取り組み，地域を基盤とする学習，教員訓練・養成，若者主導の活動，モニタリングと評定といった方法が提示されている（UNESCO［2014］）。端的には多面的アプローチによる「市民」の育成が示されているのだが，ユネスコが主な実践の場として想定するのは学校であり，学校段階に応じた年齢別の学習課題なども設定されている。

その実際の学習課題について，UNESCO は心理学的アプローチにもとづき，「認知（Cognitive）」，「社会情動的側面（Socio-Emotional）」，「行動面（Behavioural）」という 3 つの領域に分類し（小林［2019］），領域ごとに「主要な学習成果（Key Learning Outcomes）」，「学習者の主要な特性（Key Learner Attributes）」，「学習テーマ（Topics）」を設定している（UNESCO［2015］）。これらの内容のうち，小林亮はとくに社会情動的スキルの学習課題の内容に注目し，グローバル市民教育においては「個人のアイデンティティのあり方が問われており，アイデンティティの多元的な構造を受け入れる心性の獲得と，特に人類全体への所属意識の醸成」が目指されていると指摘する（小林［2019］）。このアイデンティティのあり方の再考は，そのプロセスそのものがグローバル市民の育成と重なるという点で重要である。グローバル化の進行により，これまで以上に複雑化している社会において，個人はただひとつのアイデンティティを有する存在ではない。地域社会の内部では構成員の多様性が拡大し，各自の自己認識の再定義が行われることで，個人のアイデンティティの複合化が進んでいる。国家というある意味理念的ともいえる枠組みのボーダーが薄れ，もはや国民という概念のみではアイデンティティのよりどころになりえない状況下で，私たちは「グローバル社会」の一員としての自己を認識することを迫られている。さらに，情報通信技術の発達により，仮想空間も含めてさまざまなコミュニティが形成されることを通しても，自己に対する理解の複雑性は増していくだろう。こうした意味で，グローバル市民とは，自身の多元的なアイデンティティを認知すると同時に，他者のアイデンティティの価値も認めることができる個人である。

そうした個人の育成には，どのような方法的な枠組みがありうるだろうか。

他者のアイデンティティへの理解を深めるために，学校教育において実践される取り組みの例のひとつとして，多文化教育が挙げられる。「マイノリティの視点に立ち，社会的公正の立場から多文化社会における多様な人種・民族あるいは文化集団の共存・共生を目指す教育理念であり，その実現に向けた教育実践であり教育改革運動でもある」（松尾［2013］）とされる多文化教育は，マイノリティの文化について知るだけではなく，異なる社会・文化集団と共生するための態度や倫理観を育むことを目指す。そして，異なる文化との共生を探るなかで，自身のアイデンティティのゆらぎを通してその多面性を認識することが，グローバル市民教育においては重要となる。それゆえ，習得した知識や技能を何のために，どのように使うか，課題にどのような態度で向かい合うのか，という学びのあり方に重点がおかれることになるだろう。コンピテンシー・ベースのカリキュラムの開発と充実はすでに世界的な潮流になっているが，まさにグローバル市民時代の学びのあり方といえよう。

3　東アジアにおけるグローバル市民教育

これまで述べてきたように，グローバル市民は地球規模の諸課題に関心を持ち，当事者としての意識をもって，主体的に参与していく個人である。そうした参与は同時に，国や地域それぞれの特殊性を認識し，それを考慮して他者との「対話」を進めていく過程でなければならない。「普遍的・グローバルでありつつも文脈的（contextual）でもあるような「市民」のあり方」の模索のためには，「アジア，欧州，中南米，アフリカといった地域ごとの状況を丁寧にみることが欠かせない」（北村［2016］）。すなわち，歴史や社会，文化的な側面で共通の要素をもつ地域の視点を導入することで，よりローカルな視座から課題を考察することが可能となる。

このような観点から，地域的なアイデンティティの醸成の重要性を指摘しておきたい。小林は，「国民アイデンティティ」と「地球市民アイデンティティ」との間に「広域アイデンティティ」を設定しており，欧州やアジアといった広域地域の構成員としてのアイデンティティを想定している（小林［2019］）。「アジア」とひと口にいっても，その歴史はもちろん，民族や言語，宗教，政治・経済的な体制など，国や地域によって多様性に満ちている。主に日本の読者を想定している本章では，日本とその隣国である韓国に焦点を当て，東アジアという文脈でのグローバル市民の形成のあり方について論じる。

韓国において「世界市民」という用語が政策の場で使われはじめたのは，1990年代に入ってからである。1995年5月31日に大統領直属の諮問委員会によって公示された「世界化・情報化時代を主導する新教育体制樹立のための教育改革方案」（通称「5・31教育改革方案」）は，その後の教育改革の基本的な方向性を定めた改革案として知られる。ここで「世界市民」とは，「開かれた心と文化意識を備えているだけでなく，国際的な意思疎通能力を備えていなければなら」ず，「世界のさまざまな人々と調和して生きることができる」者とされる。「国際的な意思疎通能力」とは，「全国民が少なくともひとつの外国語を駆使することができるよう外国語教育を強化しなければならない」と言及されていることからも分かるように，外国語，さらにいえば英語コミュニケーション能力をさしている。これらを手がかりとすると，韓国の「世界市民」とは，諸外国・地域の人々と協調し，協働することができる態度や能力を備えている者と捉えられるが，英語が強調されているという点では，日本のグローバル人材とも相通じる。非英語圏である両国が「グローバル社会」を意識する時，英語の運用力は必須の能力と認識される傾向がみてとれる。

こうした「世界市民」像が語られる背景には，「世界化・情報化時代」に直面した韓国が，国家競争力を維持し，持続的な経済発展を目指すために行っている教育改革がある。「世界市民」もこうした韓国の国際的な競争力の維持に貢献することを期待されているのであり，神田あずさはこうした「市民」の育成を「韓国的世界市民教育」と呼ぶ（神田［2019］）。「漢江（ハンガン）の奇跡」と称される急速な経済発展を遂げた韓国は，1996年に「先進国クラブ」とも呼ばれるOECDへの加盟を果たし，国家の国際的な地位向上を強く意識していた。そうしたなかで，「世界化」は，韓国が「世界水準」の国家になることを意味したのであり，「世界市民」が国際競争に通用する能力を備えた人材を意味することになったのは必定であろう。こうしてみると，韓国における「世界市民」のあり方をめぐっては，日本と類似した議論の傾向がみてとれる。したがって，グローバルな課題を意識して行動するグローバル市民の育成という観点では，前節まで述べてきたような課題を日本と共有しているといえるだろう。

もっとも，近年，「世界化」をめぐる議論にはやや変化もみられるようである。2000年代に入って韓国では，国際結婚や外国人労働者の流入にともなう問題が指摘されるようになった。具体的には，異なる言語や文化的背景による生活上の支障や就労および就学の問題などがある。こうした社会の変化が明らかになるにしたがい，韓国では「多文化」がにわかに政策のキーワードとなり，福祉分野を中心に異文化を背景とする人々への行財政的支援が重点化されるようになった。教育分野でも，主に「多文化教育」という名の下，異文化を背景とする児童生徒（「多文化学生」と呼ばれる）に対する各種支援策が打ち出され，学校教育において「多文化」は重要なイシューとなっている。ただ，多文化学生に対する施策は韓国語学習および韓国文化への適応支援が主な内容であり，むしろ多文化学生の「韓国人化」を進める性格が強い。韓国人児童生徒を含め，異なる文化に対する理解や尊重を深めるという点でグローバル市民の育成を目指す多文化教育にはほど遠いのが現実である。それでも，社会の多様化は確実に進行しており，多文化教育の見直しと充実は喫緊の課題といえる。

そのような課題を意識しているかどうかは定かではないが，2015年に公示された全国水準の教育課程基準である「2015年改訂教育課程」では，SDGs 4.7と親和性の高い内容の科目が新たに導入された。高校の必修科目として開設された「統合社会」は，人間や社会，国家，地球共同体および環境などについて，個別の学問の境界を越えて統合的な観点から理解し，これを基盤として基礎的な素養や未来社会に必要な能力を涵養することを目的とする。その内容は，「人生の理解と環境」，「人間と共同体」，「社会変化と共存」の大きく3つの領域に分けられ，自然環境や，人権，世界化，「持続可能な生」など，ESDやGCEDの内容と重なる部分も多い。SDGsの観点を教育に取りいれることは世界的なトレンドともいうことができ，韓国もその例外ではないが，国民国家の視点に立った教育からの変化の兆候と捉えることも可能であろう。

また，カリキュラムのあり方そのものの改革も見逃せない。「2015 年改訂教育課程」は，これもまた世界の潮流であるコンピテンシー・ベースのカリキュラムとして注目されている。習得した知識・技能の活用や主体的な学びなどに力点をおくカリキュラムでは，日本の「総合的な学習の時間」にも類似する「創意的体験活動」が，小学校から高校まですべての学年で必修となっている。主に「自律活動」，「サークル活動」，「ボランティア活動」，「進路活動」の 4 つの領域に関する体験活動の実施が想定されており，とくに「自律活動」には，自律的な問題解決能力の涵養や共同体の構成員としての主体的な役割の遂行，協調的な関わりを通した共同体の問題解決など，「市民」の資質として不可欠な要素の涵養が含まれる。こうした韓国のカリキュラム改革は，アジアの学校教育におけるグローバル市民の育成を充実させる可能性を有している。

ただ，東アジアという文脈でグローバル市民のあり方を検討しようとした場合，日本と韓国の間には，隣国ゆえに歴史的，地政学的に生じてきた重大な障壁があることは否定できない。そのうち，歴史認識の問題は最も大きな課題のひとつだろう。1982 年の歴史教科書問題や 2001 年の「新しい歴史教科書をつくる会」の教科書の検定合格による葛藤など，教科書問題は両国の歴史認識をめぐって生じる摩擦の端緒となってきた。

そうしたなかで，共同歴史教科書の編纂と活用は，歴史の多面性に関心を寄せ，国を超えた「地域」の歴史に対する理解を形成する試みのひとつであり，独仏などヨーロッパにおける共同歴史教科書が知られている。東アジアにおいても，学校で使用される教科書までには至っていないが，日中韓共同による歴史教育の対話が着手されている。前述の「新しい歴史教科書をつくる会」の教科書の問題に端を発する緊張のなか，2002 年に構想が始まり，2005 年に日中韓の歴史研究者らによって編集，刊行されたのが『日本・中国・韓国＝共同編集 未来をひらく歴史――東アジア 3 国の近現代史』である。同書はその冒頭で，「日ごとに近くなる“地球村”時代に，この本を通じて隣国の歴史と相互の関係をすこしでも深く理解してくれることを願う気持ちで，この本を準備しました」と呼びかけている。「地球村」，すなわちグローバルな共同体の構成員としてアイデンティティを形成するにあたり，ごく近しい隣国と歴史の共通理解を進めることの重要性が示唆されており，グローバル市民の育成において近隣諸国との歴史認識問題はたしかに重要な課題であろう。

東アジアの歴史認識の相互理解を図る試みは，上述の『未来をひらく歴史』で終わったわけではない。同書は，その刊行自体が一定の意義を有するものであるが，3 カ国の近現代史を平坦に並べただけなど，内容面ではいくつもの課題を残すことになった。そこで取り組まれたのが新たな共通歴史書の作成であり，『新しい東アジアの近現代史』として 2012 年に刊行された。同書においては，日中韓の 3 カ国の研究者が共同で作業・執筆にあたり，それぞれの国内の研究や認識を書籍に織り込むことを試みたことに特徴がある（大日方［2013］）。そして，日中韓 3 カ国の共通歴史書づくりは，さらなる発展を求めて新たな書籍の作成を進めており，いまや四半世紀におよぶ事業となりつつある。

このように，日中韓相互の歴史認識の理解を深める試みは，歴史研究者や教育者を中心に積極的に取り組まれている。日韓の歴史に対象を絞った書籍としても，日韓共通歴史教材制作チーム編［2005］『日韓共通歴史教材 朝鮮通信使——豊臣秀吉の朝鮮侵略から友好へ』（明石書店）や，その続編となる同編［2013］『日韓共通歴史教材 学び，つながる日本と韓国の近現代史』（明石書店）などが刊行されている。また，共通の歴史教材を作成してそれぞれの社会に問う取り組み以外にも，両国市民による対話や交流，学習の草の根的なネットワークの構築などの試みが展開されている。一方で，国家による歴史認識の共有を目指すアプローチははなはだ乏しいといわざるをえない。グローバル市民が国家の枠組みを超えた「市民」だとしても，その育成を担う第一の場として学校教育の役割は依然として大きく，国が学校教育に対して責任を負っていることに鑑みれば，国が積極的なイニシアティブをとる必要があることは明らかであろう。日韓両国の政治的摩擦は大きく，アメリカと中国，そして朝鮮民主主義人民共和国（北朝鮮）が絡む地政学的な影響も作用し，常に慎重な対応を迫られる困難はある。しかし，国家は民間の活動で得られた知見や経験も活用しつつ，東アジアコミュニティを構成する「市民」の育成の手立てを検討しなければなるまい。そしてその営みは，グローバル市民に求められるコミュニケーション能力や協調性，批判的な思考を培う過程と重なり合うだろう。

おわりに

これまでの考察から明らかになったように，従来「グローバル化」にまつわる言説には新自由主義にもとづく競争原理が根強くつきまとってきた（第 13 章 Taking Sides も参照のこと）。一方で，「グローバル化」にともなう地球規模の諸課題は，人々が協調的な活動を通して問題に対処する必要性を明らかにしている。こうしたことから，「グローバル化」は競争と協調という両義的な側面を有することを指摘することができるが，本章が検討してきたグローバル市民の育成は，競争的な環境を生き抜く能力よりもむしろ，協調性や批判的な思考力を土台としつつ，グローバルな諸課題に意識を向けて対処する責任感や道徳観の涵養に力点を置くものである。主体性ある「市民」の育成と，そうした「市民」の連携と協働を促すためには，国を超えた枠組みでの教育のあり方も模索されなければならない。その時，東アジアの「市民」という地域アイデンティティの形成過程は，地域に生きながらグローバルな課題への参与を可能とする視点を提供してくれるだろう。（松本麻人）

【さらに探究を深めるための読書案内】

北村友人編［2016］『グローバル時代の市民形成』岩波書店。
グローバルを視野に入れつつも地域の文脈に沿った「市民」の育成のあり方について，複数の事例にもとづいた視座が提示されている。

近藤孝弘編著［2008］『東アジアの歴史政策』明石書店。
日中韓の歴史教育と歴史認識問題について各国の専門家が比較教育学的な視点で考察するとともに，対話の可能性について論じている。

斎藤幸平［2020］『人新世の「資本論」』集英社。
主に環境問題を中心とする地球規模の課題に対し，マルクス主義に立った処方を提示している。SDGs に対しては否定的。

Taking Sides

グローバル市民にとって英語は必須能力であるか

諸外国・地域のさまざまな人々とのコミュニケーションを求められるグローバル市民にとって，英語は基本的で必須の能力であるといえよう。しかし，グローバル市民の資質として重要なのは諸課題に向き合う責任感や道徳観であり，言語運用能力は本質的な能力ではない，という意見もありうる。

英語が「国際共通語」として広く認識されていることは論を俟たない。日本のグローバル人材に関する議論でも英語能力の重要性が強調されており，英語能力はグローバル社会の必須能力のひとつとしてみなされているようである。隣の韓国でも「世界市民」はグローバル経済の競争的な環境に適応できる人材として概念化されており，英語は競争を勝ち抜くためのツールとしての側面が強い。韓国では「グローバル化」と英語が完全にリンクしており，英語はもはや身につけていて当然の言語として認識され，第二，第三の外国語を習得することが求められている。

このように，少なくともこの東アジアの両国では，「グローバル化」時代において英語能力が必須のものと捉えられているといってよい。周知のとおり，日本語や韓国語の話者は世界的にみれば少数派であり，それに対して英語が国際的な通用性をもっていることは否定しがたい事実である。商社はもちろん，IT 企業や大手製造業など幅広い産業分野で，TOEIC などの英語資格試験の成績を就職や昇進の際の参考資料のひとつにする企業が増えている。海外の企業との交渉や共同事業が当たり前になるなか，コミュニケーション・ツールとして英語の有用性は改めていうまでもなく，実用的な理由から英語を習得し，使わざるをえない場面もあろう。また，グローバル市民の育成でも，市民間の「連携」をより積極的な意味に捉えて実践的な活動に力点をおくならば，何らかの言語を共有することが，グローバル市民としてのアイデンティティの形成に寄与する可能性も否定できない。共通言語によるコミュニケーションを通して得られる一体感は，「共生」社会というキーワードとも共鳴するだろう。

一方で，必ずしも全員が英語能力を身につける必要はないという立場もありうる。ICT や AI 分野での技術革新により，モバイル機器が実用的なレベルの通訳や翻訳の機能を備えるまでに至っており，グローバルに活動する人材もこうした技術を活用することが可能であろう。英語の非ネイティブ・スピーカー同士であれば，通訳機器を使用したほうがより正確で適切なコミュニケーションになるかもしれない。また，グローバル市民にとっては言語能力よりもむしろ他者に対する理解，他者と協調する態度が重要なのであって，共通の言語は必ずしも必須の要素ではないという考え方もあるだろう。そもそも，大多数の人々にとって実際に英語を駆使して活動する機会はそれほど多くないのではないか。グローバルな課題に関する情報は日本語でも収集可能であり，日本国内で実践できる活動や連携も少なくない。グローバル市民としての責務を意識しつつ，身近な問題に取り組むことが肝要なのであり，英語を運用する力を問う必要はないだろう。さらに，新植民地主義の観点からは，英語の覇権的な側面にも注意しなければならない。英語の使用は，政治や経済，安全保障，学界など，あらゆる分野で絶大な力を持つアメリカを中心とする英語圏の影響下におかれることを意味する。「グローバル化」とは「アメリカ化」であるという捉え方があるように，英語の流通とアメリカ資本の浸透は無関係ではない。グローバル市民といいつつ，アメリカの利害を代弁するような状況も起こりうるのである。

このように，グローバル市民にとって英語が必須能力であるかどうかは議論の余地がありそうである。英語能力があれば実務的な面でもちろん有用であり，海外の多くの人々と豊かな連携をすることができるだろう。「国際共通語」としての英語の通用性を考えると，グローバル市民として所持していて当然にも思える能力である。しかし，グローバル市民に求められるコミュニケーション能力とは，端的に外国語運用能力を指すのではなく，他者および自身の考えを適切に理解し，伝える能力のことである。その点からすれば，言語能力としての英語力は必須ではなく，より豊かな他者理解と自己表現力に重点がおかれるべきでもある。グローバル市民にとって言語能力とは何かという議論にも結びつきそうである。

終 章

ポスト変革の時代の「教育の未来」

――よい教育とはなにか

はじめに

2020年1月以降，新型コロナウイルス感染症の拡大が私たちの生活を一変させ，私たちの価値観や生き方を根本から再考させる契機となっている。一瞬にして変容した世界を前に，私たちは自分がよって立つ土台がいかに脆く危ういものであるかを実感させられている。そして，これまで問題がないかのようにみえていた多くの事柄の裏側に，さまざまな矛盾や軋みがあることにも気づきはじめている。

21世紀以降の一連の変革を経たのちのポスト変革の時代の教育において，いかなる状況下でも変わらないもの，そして状況に応じて変化するものとは何か。未来を読み解き，実践につながる教育の原理はいかなるものか。近年の教育改革は果たしてこうした世界の危うさを前提に構想されているだろうか。そして，このような状況のなかで，私たちはどのような「教育の未来」を描くことができるのであろうか。本書は，教育の過去から学び，現在を分析し，未来を展望するという3部構成によって，こうした問いにそれぞれの専門領域から応えようとした。

終章では，それぞれの応答を無理にまとめることはせずに，「脆弱性」と「首尾一貫性」という2つの言葉をキーワードに用いながら，ポスト変革の時代の教育の未来について考えてみたい。具体的には，私たちが生きる現代世界が「脆弱」であり，そのことを前提に未来の教育を考える必要があることを示し（第 1 節），続いて，そのような脆弱な世界に生きる私たちにとって「首尾一貫感覚（Sense of Coherence，SOC)」を育てることが重要であることを取りあげ（第 2 節），最後に，進行する日本の教育改革を参照しつつ，「教育の未来」の方向性の課題（第 3 節）に考えをめぐらせてみたい。

1　脆弱な世界に生きること

「脆弱性（Vulnerability)」という言葉は多様な用いられ方をするが，近年この言葉は国際教育協力の分野においてもしばしば用いられている。同分野においては通常，発展から取り残された人々，社会の周縁に追いやられた人々，紛争地の人々，移民・難民など，さまざまなかたちで社会的に不利な立場におかれた人々の状態を念頭に用いられる傾向が強い。

よく知られているように，1990 年以降，国連の諸機関や世界銀行などを中心に，基礎教育の普遍化を目指す EFA（Education for All，すべての人に教育を）が推進され，多くの地域で基礎教育の充実が図られた。その結果，ユネスコが 2002 年から 2015 年まで毎年発行した『EFA グローバル・モニタリングレポート』では，世界の多くの地域が基礎教育の就学率を向上させ，不就学の子どもの数を着実に減少させたことが報告されている。その一方で，完全達成が目指された 2015 年時点においても，「最後の 5％，10％」といわれる最も「脆弱なグループ」に属する子どもたちの教育の機会についてはいまだ十分に保障されていない現実が指摘されている。そのため，『グローバル・エデュケーション・モニタリングレポート』（『EFA グローバル・モニタリングレポート』の後継として 2016 年以降，ユネスコが毎年発行）では，このような子どもたちをも包摂しうるインクルーシブな教育に向けてさまざまな問題提起がなされている。同レポートでは同時に，世界の紛争や災害は減るどころかむしろ増える状況にあり，それらの紛争や災害に巻き込まれる子どもたちが増えていることも指摘されている。

1998 年度にノーベル経済学賞を受賞したアマルティア・センは，『貧困の克服――アジア発展の鍵は何か』のなかで，上述した国際教育協力とは別の角度から世界の脆弱性を指摘している。センは，これまで人間が経験してきた危機からの教訓として経済の脆弱性を挙げている。センによれば，進歩を長期的な成長率の平均値や上昇傾向の確実性によってのみ判断しようとする発展の見方は，発展プロセスにとって何が真に中心なのかを見落とす恐れがあるとする。そして，悲惨な困窮状態と目覚ましい発展が同時に存在し，さらに困窮と発展がいつ訪れるかわからないという経済発展の脆弱性に鑑れば，危機を回避するための安全保障を発展の中心的課題に据えなければならない。とくに，経済が破綻をきたすとき，虚構の社会的調和の感覚は引き裂かれて解体する可能性があり，窮地に立たされる人々のための安全ネットの社会整備が発展にとって不可欠であると指摘している（セン［2002］）。

このような経済の脆弱性への対応について，センは，人間的発展あるいは人間の潜在能力の発展の重要性を指摘している。人間的発展とは，人々の生をさまざまな方法で支援してくれるものであり，一般的に考えられているような「人的資本」の形成といった狭い枠組みで捉えられているものをはるかに超える。さらに，人間的発展は，その国が豊かになって初めて手にすることのできる贅沢品ではないとし，その例として日本を挙げている。日本では近代的な工業化が緒についたばかりの19世紀半ばの明治維新当初から，識字率や書籍出版の水準でヨーロッパを凌駕しており，富裕層や社会階層の高い人々のためではなくむしろ貧しい人々のためになるような学校教育の普及と人間的発展を優先させていた。そして，人々の権利やエンタイトルメント（ある社会において正当な方法で，ある財を手に入れ，自由に用いることのできる能力・資格）を拡大させるための政策が，経済活動と社会変革に多くの人々を参加させることを可能にしたとする。このように，人間的発展は，世界の脆弱性を克服する力をもつものとして認識されている。

上述の2つの観点からの脆弱性を，今日の私たちの状況に照らし合わせたときに共通していえることは，世界の脆弱性は途上国だけの問題でなく，現在周辺化されている人々だけの問題でもない，私たち人類共通の問題だということであろう。いいかえれば，人類全体の生活や生存はきわめて脆弱な基盤の上に成り立っているということである。私たちは誰しも，いつウイルスの脅威にさらされるか分からない，災害に遭遇して現在の生活の激変を余儀なくされるかもしれない，いつどこで紛争が起こるかも分からない，そして現在優位な立場にいる人々と不利な立場にいる人々の関係性が逆転するかもしれないという不安定な世界に生きている。つまり，一見安定しているかのようにみえる私たちの生活や生存は，世界の不平等や不均衡からもたらされる脆弱性によって，あるいは人間の安全保障を省みない偏った経済発展の脆弱性によって，いとも簡単に崩れ去る危険性を常に内在させている。

2 「首尾一貫感覚」という視点

私たちはしばしば，社会が安定しているときは冒険心や大きな志を求め，社会が不安定なときは核となる内面的な安定性を求める。現代は，安定と不安定がどのような波で訪れるかを予測することが難しく，その意味では，その双方，つまり冒険心や大きな志と，核となる内面的な安定性が同時に求められるように思われる。

「首尾一貫感覚」は，医療社会学者のアーロン・アントノフスキーが1970年代から1980年代に提唱した健康生成論（サルートジェネシス論）の中心的な概念である。この概念は従来，保健や看護など健康科学の領域で用いられることが多い。ただし近年，医療・文化人類学者の波平恵美子が，被災した人々の健康の回復と保持を考えるなかでこの概念に着目し，個人を対象として提唱された健康生成論と首尾一貫性の概念が，被災したコミュニティを対象とする場合にも有効であることを論じている（波平［2019］）。

アントノフスキーは，第二次世界大戦中にユダヤ人強制収容所を経験した女性の健康調査をするなかで，4割近い女性が過酷な経験をしたにもかかわらず心身の健康を保っている理由を探り，健康生成論とその中心的概念である「首尾一貫感覚」を提唱した。アントノフスキーは「首尾一貫感覚」を，「人に浸みわたった，ダイナミックではあるが持続する確信の感覚によって表現される世界（生活世界）規模の志向性」であるとした。そして，それは次の3つの確信を核とする，と論じた。第一の確信は，自己の内外で生じる環境刺激は秩序づけられた，予測と説明が可能なものであるという確信（comprehensibility，把握可能感），第二の確信は，その刺激がもたらす要求に対応するための資源はいつでも得られるという確信（manageability，処理可能感），第三の確信は，そうした要求は挑戦であり，心身を投入し関わるに値するという確信（meaningfulness，有意味感）である（波平［2019］）。

今回のコロナのパンデミックは，人々に大きなストレスを与えている。感染への不安のみならず，日常生活の行動制限や経済的影響，社会的な距離が要請される対人関係の変化，日々大量に発信される情報（インフォデミック）の真偽など，近年まれにみる特殊な精神状況・社会状況のなかにおかれている。

このような不安定な状況を背景としながら，現在日本で進行している教育改革によって，果たして子どもたちは心身を健康に保つ「首尾一貫感覚」をもてるようになるのだろうか。「把握可能感」，「処理可能感」，「有意味感」をもって生きている子どもがどのくらいいるだろうか。

3　教育改革の方向性と課題

Society 5.0 に向けた人材育成に係る大臣懇談会・新たな時代を豊かに生きる力の育成に関する省内タスクフォースが平成30年6月5日に提出した「Society 5.0 に向けた人材育成 —— 社会が変わる，学びが変わる」では，到来する社会とそこで必要とされる力を以下のように説明している。

> Society 5.0 において我々が経験する変化は，これまでの延長線上にない劇的な変化であろうが，その中で人間らしく豊かに生きていくために必要な力は，これまで誰も見たことのない特殊な能力では決してない。むしろ，どのような時代の変化を迎えるとしても，知識・技能，思考力・判断力・表現力をベースとして，言葉や文化，時間や場所を超えながらも自己の主

体性を軸にした学びに向かう一人一人の能力や人間性が問われることになる。

特に，共通して求められる力として，①文章や情報を正確に読み解き，対話する力，②科学的に思考・吟味し活用する力，③価値を見つけ生み出す感性と力，好奇心・探求力が必要であると整理した。

この文章には心に響く言葉がない。本当に，どのような時代の変化があろうと必要とされる力，求められる教育は変わらないのだろうか。コロナ禍にある現在の日本では，子どもの自死が深刻な問題として浮上している（河合[2021]）。国立成育医療研究センターが 2020 年 11 月に実施した調査にもとづいた『コロナ×こどもアンケート第 4 回調査報告書』（2021 年）には，追い込まれる子どもと大人の断絶を示唆する表現が散見される。

学校の授業以外のイベントがなくなったり，友人との外出も控えるように学校から指導されているのに，なぜ大人は好き勝手してるのか理解不能

（女子，高校 2 年生・16 歳相当，愛知県）

大人は Goto［ママ］キャンペーンとかで出掛けているのになんで修学旅行や林間学校などの子供たちの重要なイベントはダメなんですか？

（女児，小学 6 年生，埼玉県）

なんで大人は旅行に行ってるの。なんで子供はこんなに世間から叩かれなくちゃいけないの。なんで子供のこととなると厳しい環境を作ってくるの。なんで大学生はずっと家にいなきゃいけないの。

（女子，高校 3 年生・17 歳相当，東京都）

これらの表現には，大人の行動や態度に対する率直な疑問が投げかけられている。ここからはもはや，子どもたちにとって大人が，子どもたちを守り模範を示す存在ではなくなっていることが示されている。そして，「なぜ（なんで)」という大人に対する率直な問いには，首尾一貫感覚の核となる 3 つの確

信，つまり，「把握可能感」「処理可能感」「有意味感」のいずれももつことができない子どもたちの困難が表れているように思われる。すなわち，①コロナ禍という予測と説明が困難な状況のなかで子どもたちは「把握可能感」の確信を失い，②子どもの目線からみると理解不可能な行動をとる大人への不信感ゆえに，大人は自分たちが困難から抜け出すために，信頼に足る支援の手を差し伸べてくれる（資源はいつでも得られる）という「処理可能感」の確信を失い，③コロナ禍で自分たちに突きつけられる挑戦は心身を投入し関わるに値する（乗りこえたさきに何らかの有意義なものが得られる）という「有意味感」の確信を失っている。

21 世紀型学力やグローバル人材，さらに AI 対応の教育といったキーワードに代表される教育改革の流れについていけない子どもの存在はしばしば等閑視されている。建前では平等主義に立ち，皆に同じメッセージが語りかけられているが，多くの子どもはそれが建前であることに気づいているのではないか。コロナ禍で次々と明るみになる種々のほころびは，逆説的なようであるが，物事の本質を見通す力を身につける契機となっているようにも思われる。そのような観点から日本の教育改革に必要とされるのは，脆弱な世界のなかで子どもが首尾一貫感覚をもてるような手立てを模索することではないかとも思われる。少なくともさきに引用した文章からは，子どもが上述の確信をもって生きるための力を育てようという視点は見受けられない。

おわりに

本書の各章ではいずれも，現在の教育をさらによいものにするための視点や具体策が専門的な見地から論じられている。各分野の最新の知見や深い洞察を通して，新しい教育を拓こうとするものである。

最後に，本章で副題として掲げた「よい教育とはなにか」について少しふれておきたい。ガート・ビースタは，『よい教育とはなにか』のなかで，何がよい教育を構成するのかという問いが現在世界で進行している教育に関する議論からほとんど消滅してしまったようにみえると述べ，よい教育についての問いが，別の言説に置き換えられてしまっていると指摘する。具体的な例を挙げれば，教育の効果性や教育における説明責任についての議論は，よい教育そのものについての問いには決して向き合っておらず，それらはむしろ，よい教育についての規範的な問いを，プロセスの効率性や効果性についての技術的で管理的な問いに置き換えているという。つまり，これらのプロセスが何のためにあるのかという問いではないということである。この背景には，多くの国の教育政策と教育実践において測定の文化が顕著に広まっている状況がある。測定が際立って重要な位置を占めている状況において，価値や目的という論点を教育に関する議論に取り戻すために，私たちは何がよい教育を構成するのかということに関する問いに再び取り組む必要があるとビースタは指摘している（ビースタ［2016］）。

よい教育とは何かという問いに対してはさまざまな応答が可能であろう。本章ではひとつの拙い試論を示したが，重要なのはビースタが述べているように，消滅してしまったかのような問いをいま，取り戻し，より深い議論へと展開させることにある。本書の各章には，これらの議論をさらに深めるための多様な視点が散りばめられている。

（服部美奈）

参考文献

序　章

デューイ，ジョン［1975］『民主主義と教育』松野安男訳，岩波書店。

ビースタ，ガート［2016］『よい教育とはなにか――倫理・政治・民主主義』藤井啓之・玉木博章訳，白澤社。

第 1 章

石川謙［1938］『近世日本社会教育史の研究』東洋図書。

カント，イマニュエル［2001］『カント全集 17 論理学・教育学』加藤泰史訳，岩波書店。

黒田日出男［1989］『絵巻 子どもの登場――中世社会の子ども像』河出書房新社。

コメニウス，ヨハン・アモス［1962］『大教授学』鈴木秀勇訳，明治図書出版。

デュルケーム，エミール［1976］『教育と社会学』佐々木交賢訳，誠信書房。

ビースタ，ガート［2016］『よい教育とはなにか――倫理・政治・民主主義』藤井啓之・玉木博章訳，白澤社。

ルソー，ジャン＝ジャック［1978］『エミール』今野一雄訳，岩波書店。

第 2 章

遠藤利彦［2017］『非認知的（社会情緒的）能力の発達と科学的検討手法についての研究に関する報告書』国立教育政策研究所平成 27 年度プロジェクト研究報告書。

大石学［2007］『江戸の教育力――近代日本の知的基盤』東京学芸大学出版会。

沖田行司［2017］『日本国民をつくった教育――寺子屋から GHQ の占領教育政策まで』ミネルヴァ書房。

鈴木久仁直［2015］『大原幽学伝――農村理想社会への実践』アテネ出版社。

高橋敏［2007］『江戸の教育力』ちくま新書。

辻本雅史［2012］『「学び」の復権――模倣と習熟』岩波書店。

原ひろ子［1979］『子どもの文化人類学』晶文社。

松下佳代・石井英真編著［2016］『アクティブラーニングの評価――アクティブラーニングが未来をつくる』東信堂。

柳田國男［1925］「青年と学問」『定本柳田國男集 第 25 巻』筑摩書房。

第 3 章

アリエス，フィリップ［1980］『〈子供〉の誕生――アンシァン・レジーム期の子供と家族生活』杉山光信・杉山恵美子訳，みすず書房。

落合恵美子［1989］『近代家族とフェミニズム』勁草書房。
柏木恭典・上野正道・藤井佳世・村山拓［2011］『学校という対話空間――その過去・現在・未来』北大路書房。
ショルシュ，アニタ［1992］『絵でよむ子どもの社会史――ヨーロッパとアメリカ・中世から近代へ』北本正章訳，新曜社。
中内敏夫・小野征夫編［2004］『人間形成論の視野』大月書店。
広田照幸［1999］『日本人のしつけは衰退したか――「教育する家族」のゆくえ』講談社現代新書。
ホイジンガ，ヨハン［1973］『ホモ・ルーデンス』高橋英夫訳，中公文庫。
ポストマン，ニール［1985］『子どもはもういない――教育と文化への警告』小柴一訳，新樹社。
ボルノウ，O・F［1973］『フレーベルの教育学――ドイツ・ロマン派教育の華』岡本英明訳，理想社。
松下晴彦［2002］「教育的関係の神秘性とリアリティ」『近代教育フォーラム』第 11 巻。

第 4 章

上田閑照［2000］『私とは何か』岩波新書。
ジュリアン，フランソワ［2002］『道徳を基礎づける――孟子 vs. カント，ルソー，ニーチェ』中島隆博・志野好伸訳，講談社現代新書。
マッキンタイア，アラスデア［1993］『美徳なき時代』篠﨑榮訳，みすず書房。
文部科学省［2012］「言葉の向こうに」(『中学校道徳 読み物資料集』)。
――［2017］『小学校学習指導要領解説 特別の教科 道徳編』。
横山利弘［2007］『道徳教育，画餅からの脱却――道徳をどう説く』暁教育図書。
リコーナ，トーマス［1997］『リコーナ博士のこころの教育論――〈尊重〉と〈責任〉を育む学校環境の創造』三浦正訳，慶應義塾大学出版会。
和辻哲郎［2007］『人間の学としての倫理学』岩波文庫。

第 5 章

倉田桃子［2017］「PISA とキー・コンピテンシーの形成過程――DeSeCo 計画における議論の検討」『公教育システム研究』第 16 号。
国立教育政策研究所［2013］『OECD 生徒の学習到達度調査――PISA 調査問題例』。
――［2019a］『OECD 生徒の学習到達度調査（PISA）――2018 年調査国際結果の要約』。
――［2019b］『OECD 生徒の学習到達度調査（PISA2018）のポイント』。
白井俊［2020］『OECD Education2030 プロジェクトが描く教育の未来――エージェンシー，資質・能力とカリキュラム』ミネルヴァ書房。
高口努［2015］『資質・能力を育成する教育課程の在り方に関する研究』国立教育政策研究所。

中央教育審議会［2016］『次期学習指導要領等に向けたこれまでの審議のまとめ』。
三菱総合研究所人間・生活研究本部［2015］『学力調査を活用した専門的な課題分析に関する調査研究業務［PISA（OECD 生徒の学習到達度調査）における上位国・地域の教育制度に関する調査研究］報告書』。
文部科学省［2009］『中学校学習指導要領解説』。
ヤック-シーヴォネン，リトヴァ／ニエミ，ハンネレ［2008］『フィンランドの先生――学力世界一のひみつ』関隆晴・二文字理明監訳，桜井書店。

第 6 章

重田園江［2003］『フーコーの穴――統計学と統治の現在』木鐸社。
――［2011］『ミシェル・フーコー――近代を裏から読む』ちくま新書。
グールド，スティーヴン・J［2008］『人間の測りまちがい――差別の科学史（上・下）』河出文庫。
田中耕治［2008］『教育評価』岩波書店。
デュルケーム，エミール［2018］『自殺論』宮島喬訳，中公文庫。
ドイル，コナン［1953］『シャーロック・ホームズの冒険』延原謙訳，新潮文庫。
ハッキング，イアン［1999］『偶然を飼いならす――統計学と第二次科学革命』石原英樹・重田園江訳，木鐸社。
フーコー，ミシェル［2007］『安全・領土・人口――コレージュ・ド・フランス講義 1977–78 年度』高桑和巳訳，筑摩書房。
本田由紀［2020］『教育は何を評価してきたのか』岩波新書。
Monroe, W. S. [1945] “Educational Measurement in 1920 and in 1945,” *The Journal of Educational Research*, Vol. 38, No. 5.
Tyler, R. W. [1986] “Reflecting on the Eight-Year Study,” *Journal of Thought* Vol. 21, No. 1.

第 7 章

阿部彩［2012］「子どもの格差――生まれた時から背負う不利」（橘木俊詔編『格差社会』ミネルヴァ書房）。
ウィリス，ポール［1985］『ハマータウンの野郎ども――学校への反抗・労働への順応』熊沢誠・山田潤訳，筑摩書房。
ゴールドソープ，ジョン・H［2005］「「メリトクラシー」の諸問題」小内透訳（A・H・ハルゼー／H・ローダー／P・ブラウン／A・S・ウェルズ編『教育社会学――第三のソリューション』九州大学出版会）。
サンデル，マイケル［2021］『実力も運のうち――能力主義は正義か』鬼澤忍訳，早川書房。
志水宏吉［2020］『学力格差を克服する』ちくま新書。
ブルデュー，ピエール［2007］『実践理性――行動の理論について』加藤晴久・石井洋二郎・三浦信孝・安田尚訳，藤原書店。

ヤング，マイクル［1982］『メリトクラシー』窪田鎮夫・山元卯一郎訳，至誠堂。
吉川徹［2018］『日本の分断——切り離される非大卒若者たち』光文社新書。
Brown, P. [1990] "The 'Third Wave' : Education and the Ideology of Parentocracy," *British Journal of Sociology of Education,* Vol. 11, No. 1.
Korn, M. and Levitz, J. [2020] *Unacceptable : Privilege, Deceit & the Making of the College Admissions Scandal,* Portfolio/Penguin.
Markovits, D. [2020] *The Meritocracy Trap : How America's Foundational Myth Feeds Inequality, Dismantles the Middle Class, and Devours the Elite*, Penguin Books Ltd.

第 8 章

イリッチ，イヴァン［1977］『脱学校の社会』東洋・小澤周三訳，東京創元社。
小川正人［1997］『近代アイヌ教育制度史研究』北海道大学図書刊行会。
教育思想史学会編［2017］『教育思想史事典 増補改訂版』勁草書房。
慎改康之［2019］『ミシェル・フーコー——自己から脱け出すための哲学』岩波新書。
田浦武雄［1984］『デューイとその時代』玉川大学出版部。
高橋哲哉［1998］『デリダ——脱構築』講談社。
デューイ，ジョン［1957］『学校と社会』宮原誠一訳，岩波文庫。
フレイレ，パウロ［2011］『新訳 被抑圧者の教育学』三砂ちづる訳，亜紀書房。
松岡亮二［2019］『教育格差——階層・地域・学歴』ちくま新書。
Giroux, H. A.［1992］*Border Crossings*, Routledge.

第 9 章

イリッチ，イヴァン［1977］『脱学校の社会』東洋・小澤周三訳，東京創元社。
井上義和・藤村達也［2020］「教育とテクノロジー——日本型 EdTech の展開をどう捉えるか？」『教育社会学研究』第 107 巻。
大崎功推［2004］「F・A・W・ディースターヴェークと「相互学校システム」(1)——近代学校システムの形成と教授・教育方法の改革（その二の 3)」『北海道教育大学紀要 教育科学編』第 54 巻第 2 号。
経済産業省［2019］『「未来の教室」ビジョン——経済産業省「未来の教室」と EdTech 研究会 第 2 次提言』。
佐藤卓己・井上義和編［2008］『ラーニング・アロン——通信教育のメディア学』新曜社。
佐藤昌宏［2018］『EdTech が変える教育の未来』インプレス。
宮地功編［2009］『e ラーニングからブレンディッドラーニングへ』共立出版。
文部科学省［2018］「学習者用デジタル教科書の効果的な活用の在り方等に関するガイドライン」。
——［2020a］『小学校プログラミング教育の手引（第 3 版）』。
——［2020b］「令和 2 年度補正予算概要説明——GIGA スクール構想の実現」。

――［2021］「デジタル教科書の今後の在り方等に関する検討会議中間まとめ骨子案」。

第 10 章

イリイチ，イヴァン［2006］『シャドウ・ワーク――生活のあり方を問う』玉野井芳郎・栗原彬訳，岩波書店。

越智康詞・紅林伸幸［2010］「教師へのまなざし，教職への問い――教育社会学は変動期の教師をどう描いてきたのか」『教育社会学研究』第 86 巻。

ギデンス，アンソニー［1993］『近代とはいかなる時代か？――モダニティの帰結』松尾精文・小幡正敏訳，而立書房。

中澤篤史［2014］『運動部活動の戦後と現在――なぜスポーツは学校教育に結び付けられるのか』青弓社。

野村駿・太田知彩・内田良［2021］「部活動問題の社会的構成――部活動の語られ方からみる部活動改革推進の背景」『名古屋大学大学院教育発達科学研究科紀要（教育科学）』第 67 巻第 2 号。

広田照幸［2020］「なぜ，このような働き方になってしまったのか――給特法の起源と改革の迷走」（内田良・広田照幸・高橋哲・嶋﨑量・斉藤ひでみ『迷走する教員の働き方改革――変形労働時間制を考える』岩波ブックレット）。

ベック，ウルリッヒ［1998］『危険社会――新しい近代への道』東廉・伊藤美登里訳，法政大学出版局。

第 11 章

市川伸一［2002］『学力低下論争』ちくま新書。

倉橋惣三［2008］『育ての心（上・下）』フレーベル館。

経済協力開発機構編［2018］『社会情動的スキル――学びに向かう力』無藤隆監訳，明石書店。

デューイ，ジョン［1957］『学校と社会』宮原誠一訳，岩波文庫。

――［1975］『民主主義と教育（上・下）』宮原誠一訳，岩波文庫。

西岡加名恵［2017］「日米におけるアクティブ・ラーニング論の成立と展開」『教育学研究』第 84 巻第 3 号。

ネフ，クリスティーン［2014］『セルフ・コンパッション――あるがままの自分を受け入れる』石村郁夫・樫村正美訳，金剛出版。

ヘックマン，ジェームズ・J［2015］『幼児教育の経済学』古草秀子訳，東洋経済新報社。

堀真一郎［2019］『増補 新装版 自由学校の設計――きのくに子どもの村の生活と学習』黎明書房。

松下佳代［2010］『〈新しい能力〉は教育を変えるか――学力・リテラシー・コンピテンシー』ミネルヴァ書房。

溝上慎一［2014］『アクティブラーニングと教授学習パラダイムの転換』東信堂。

第 12 章
金森修［2015］『科学の危機』集英社新書。
ガブリエル，マルクス／中島隆博［2020］『全体主義の克服』集英社新書。
ギボンズ，マイケル編［1997］『現代社会と知の創造——モード論とは何か』小林信一監訳，丸善ライブラリー。
篠原一［2004］『市民の政治学——討議デモクラシーとは何か』岩波新書。
シュワブ，クラウス［2016］『第四次産業革命——ダボス会議が予測する未来』世界経済フォーラム訳，日本経済新聞出版社。
多和田葉子［2017］『献灯使』講談社文庫。
鳥山敏子［1985］『いのちに触れる——生と性と死の授業』太郎次郎社。
内閣府［2021］「第 6 期科学技術・イノベーション基本計画（令和 3 年 3 月 26 日閣議決定）」
内閣府政府広報室［2017］「「科学技術と社会に関する世論調査」の概要（平成 29 年 11 月）」
ハイデガー，マルティン［2019］『技術とは何だろうか——三つの講演』森一郎編訳，講談社学術文庫。
平川秀幸［2005］「遺伝子組換え食品規制のリスクガバナンス」（藤垣裕子編『科学技術社会論の技法』東京大学出版会）。
廣重徹［2016］「問い直される科学の意味——体制化された科学とその変革（1969 年）」（金森修・塚原東吾編『リーディングス 戦後日本の思想水脈 2 科学技術をめぐる抗争』岩波書店）。
藤垣裕子・廣野喜幸編［2008］『科学コミュニケーション論』東京大学出版会。
宮澤康人［2011］『〈教育関係〉の歴史人類学——タテ・ヨコ・ナナメの世代間文化の変容』学文社。
村田純一［2009］『技術の哲学』岩波書店。
ユンク，ロベルト［2015］『原子力帝国』山口祐弘訳，日本経済評論社。
吉永明弘・福永真弓編［2018］『未来の環境倫理学』勁草書房。

第 13 章
飯塚文子［2020］「子どもが安心して楽しめる学校づくり——小学校におけるケアの実践」（柏木智子・武井哲郎編『貧困・外国人世帯の子どもへの包括的支援——地域・学校・行政の挑戦』晃洋書房）。
伊藤嘉余子［2012］「児童福祉施設で生活する子どもの学習権」（山野則子・吉田敦彦・山中京子・関川芳孝編『教育福祉学への招待』せせらぎ出版）。
柏木智子［2020］『子どもの貧困と「ケアする学校」づくり——カリキュラム・学習環境・地域との連携から考える』明石書店。
上村文子・武井哲郎［2020］「地域におけるケアの実践」（柏木智子・武井哲郎編『貧困・外国人世帯の子どもへの包括的支援——地域・学校・行政の挑戦』晃洋書房）。
ギリガン，キャロル［1986］『もうひとつの声』岩男寿美子監訳，川島書店。

国立特別支援教育総合研究所［2020］『特別支援教育の基礎・基本 新学習指導要領対応 2020』ジアース教育新社。

佐藤学［1995］『学び その死と再生』太郎次郎社。

中央教育審議会［2020］「令和の日本型学校教育」の構築を目指して——全ての子供たちの可能性を引き出す，個別最適な学びと，協働的な学びの実現（答申）」。

徳水博志［2018］『震災と向き合う子どもたち——心のケアと地域づくりの記録』新日本出版社。

ノディングズ，ネル［1996］『ケアリング』立山善康他訳，晃洋書房。

——［2007］『学校におけるケアの挑戦』佐藤学監訳，ゆみる出版。

福原麻紀［2020］「普通学校の医療的ケア児受け入れ」ダイヤモンドオンライン（https://diamond.jp/articles/-/258251 2021年4月30日アクセス）。

マーティン，ジェイン・ローランド［2008］『カルチュラル・ミスエデュケーション——「文化遺産」の伝達とは何なのか』生田久美子監訳，東北大学出版会。

山野則子［2017］「子どもの貧困対策をめぐる政府の動向とスクールソーシャルワーク」（関川芳孝・山中京子・中谷奈津子編『教育福祉学の挑戦』せせらぎ出版）。

吉永紀子［2020］「学習者の〈自律／自立〉を支え，育む授業づくりに関する一考察」『同志社女子大学学術研究年報』第71巻。

第14章

いのちリスペクト。ホワイトリボンキャンペーン［2014］『LGBTの学校生活に関する実態調査（2013）結果報告書』。

LGBT法連合会『性的指向および性自認を理由とするわたしたちが社会で直面する困難のリスト（第3版）』。

風間孝・北仲千里・釜野さおり・林夏生・藤原直子［2021］「大学における性的指向・性自認（SOGI）に関する施策及び取り組みに関する全国調査報告」『社会科学研究』第41巻第2号。

木村涼子［1996］「ジェンダーの再生産と学校」（井上俊他編『こどもと教育の社会学』岩波書店）。

谷口洋幸編著［2019］『LGBTをめぐる法と社会』日本加除出版。

橋本紀子［1992］『男女共学制の史的研究』大月書店。

ヒューマン・ライツ・ウォッチ［2016］『「出る杭は打たれる」日本の学校におけるLGBT生徒へのいじめと排除』。

眞野豊［2020］『多様な性の視点でつくる学校教育——セクシュアリティによる差別をなくすための学びへ』松籟社。

ユネスコ編［2020］『改訂版 国際セクシュアリティ教育ガイダンス——科学的根拠に基づいたアプローチ』浅井春男他訳，明石書店。

渡辺大輔［2019］「教育実践学としてのクィア・ペダゴジーの意義」（菊池夏野・堀江有里・

飯野由里子編著『クィア・スタディーズをひらく 1――アイデンティティ，コミュニティ，スペース』晃洋書房）。

第 15 章

カサノヴァ，ホセ［1997］『近代世界の公共宗教』津城寛文訳，玉川大学出版会。
久保田浩［2008］「ドイツ連邦共和国の公教育における宗教教育と宗教科教科書――バイエルン州とブランデンブルク州を事例として」（世界の宗教教科書プロジェクト『世界の宗教教科書（大正大学創立 80 周年記念出版）』大正大学〔DVD 版〕）。
伊達聖伸［2008］「現代フランス中等教育における「宗教的事実の教育」について――「歴史」教科書と「市民教育」教科書の分析を通して」（世界の宗教教科書プロジェクト『世界の宗教教科書（大正大学創立 80 周年記念出版）』大正大学〔DVD 版〕）。
トッド，エマニュエル／クルバージュ，ユセフ［2008］『文明の接近――「イスラーム vs 西洋」の虚構』石崎晴巳訳，藤原書店。
濱谷佳奈［2020］『現代ドイツの倫理・道徳教育にみる多様性と連携――中等教育の宗教科と倫理・哲学科との関係史』風間書房。
ハンティントン，サミュエル・P［1998］『文明の衝突』鈴木主税訳，集英社。
藤原聖子［2008］「イギリス宗教教科書解説」（世界の宗教教科書プロジェクト『世界の宗教教科書（大正大学創立 80 周年記念出版）』大正大学〔DVD 版〕）。
――［2015］「ポスト多文化主義とポスト世俗主義の接合――英国宗教教育の現在」『宗教研究』第 88 巻別冊。
メンディエッタ，エドゥアルド／ヴァンアントワーペン，ジョナサン編［2014］『公共圏に挑戦する宗教――ポスト世俗化時代における共棲のために J. ハーバーマス，C. テイラー，J. バトラー，C. ウェスト』箱田徹・金城美幸訳，岩波書店。

第 16 章

大日方純夫［2013］「日中韓 3 国の共同作業から見えてくるもの――『未来をひらく歴史』から『新しい東アジアの近現代史』へ」『歴史学研究』第 910 号。
神田あずさ［2019］「韓国における「地球市民」育成に向けた政策の変遷」『国際理解教育』第 25 巻。
北村友人［2016］「グローバル時代における「市民」の育成」（北村友人編『グローバル時代の市民形成』岩波書店）。
北村友人・佐藤真久［2019］「SDGs 時代における教育のあり方」（北村友人・佐藤真久・佐藤学編著『SDGs 時代の教育――すべての人に質の高い学びの機会を』学文社）。
グローバル人材育成推進会議［2012］『グローバル人材育成戦略（グローバル人材育成推進会議 審議まとめ）』。
小林亮［2019］「ユネスコの地球市民教育（GCED）が目指す共生型のグローバル人材育成の試み」『国際理解教育』第 25 巻。

産学人材育成パートナーシップ グローバル人材育成委員会［2010］『報告書——産学官でグローバル人材の育成を』。
松尾知明［2013］『多文化教育をデザインする——移民時代のモデル構築』勁草書房。
森田直樹［2016］「国際理解教育と関連諸教育」（日本国際理解教育学会編『国際理解教育ハンドブック——グローバル・シティズンシップを育む』明石書店）。
UNESCO [2014] *Global Citizenship Education : Preparing Learners for the Challenges of the 21st Century.*
—— [2015] *Global Citizenship Education : Topics and Learning Objectives.*

終　章

アントノフスキー，アーロン［2001］『健康の謎を解く——ストレス対処と健康保持のメカニズム』山﨑喜比古・吉井清子訳，有信堂高文社。
河合薫［2021］「激増する「子供の自殺」とマスクをしない大人たち」『日経ビジネス』(https://business.nikkei.com/atcl/seminar/19/00118/00129/ 2021年5月31日アクセス)。
国立成育医療研究センター［2021］『コロナ×こどもアンケート第4回調査報告書』。
セン，アマルティア［2002］『貧困の克服——アジア発展の鍵は何か』集英社新書。
Society 5.0に向けた人材育成に係る大臣懇談会・新たな時代を豊かに生きる力の育成に関する省内タスクフォース［2018］『Society 5.0に向けた人材育成——社会が変わる，学びが変わる』。
波平恵美子［2019］「災害時に注目されるべき健康生成要因——災害後の健康被害を予防するための私論」『保健医療科学』第68巻第4号。
ビースタ，ガート［2016］『よい教育とはなにか——倫理・政治・民主主義』藤井啓之・玉木博章訳，白澤社。
文部科学省［2020］『令和2年 児童生徒の自殺者数に関する基礎資料集』(児童生徒の自殺予防に関する調査研究協力者会議〔令和2年度・第1回〕配布資料)。

あとがき

本書は，2005 年の『新しい教育の原理——変動する時代の人間・社会・文化』，2015 年の『教育と学びの原理——変動する社会と向き合うために』の後継にあたる教育原理のテキストであり，2015 年版からは 6 年を経過しての改訂である。この間，政治経済，社会文化，自然環境などの教育をめぐる状況はますます予測困難で複雑なものとなり，現在の状況を把握し，将来を見通すことがきわめて困難になったように思われる。

すでに 2005 年版および 2015 年版においても，日本の社会や教育を取り巻く状況に急激な変化が到来していることを踏まえ，変動する社会に対して私たち教育者がどのように向き合い，課題解決に挑んでいくかをテーマとしていた。しかし，21 世紀の最初の四半世紀を過ぎようとする今日，私たちが経験している社会と教育の変貌はさらに急進的で，変革と呼ぶべき様相を呈している。その中心には，本書でも触れてきたように，地球規模の課題や，テクノロジーと人間の融合をめざす Society 5.0 の実現，そしてこの近未来社会の実現に貢献できる人材育成に向けた教育改革がある。問題は，教育に寄せられる期待はますます大きく広範囲にわたりまた漠然としたものとなりながら，他方では，たとえば，特定領域の学習の到達度や特定技能の獲得，役に立つ人材の育成など，短期的な視点に立つ成果と効率性が求められていることである。

このように，人々の教育への関心が多重化し錯綜するような状況において，私たちに必要なことは，問題状況がどのような要因に由来し，どのような性質をもって，どの方向に向かおうとしているのかについて可視化しその概念（考え方）を得ることである。この概念，状況把握の知は，人々に共有されさらに吟味されることで，やがて問題状況を克服する力へと転換されていく。

本書は，このような状況にある現代を変革の時代と捉え，第 I 部「変革の教育の時代の教育へ」第 II 部「変革のさなかにある教育」第 III 部「変化の時代の先へ」から構成されているが，各執筆者には，さまざまなテーマを取りあげながら，教育の過去から学び，変革の現在を分析し，未来を展望するという観点から論述を心がけるように依頼した。各章のテーマとしては，2015 年版で取りあげた話題を継承しつつ最新の教育政策と教育改革の動向を反映した内容に加え，本書では，「教育成果のユニバーサル・デザイン」「測定の科学と教育評価」「学校教育批判の系譜」「科学技術と人間」「性の多様性と教育」を新たに加え，複雑な教育の問題系をより豊かな地平において捉えられるような工夫を施した。

一般に教育政策や教育改革は，教育現象がどのような法則性において捉えられるかという科学的知見と，教育をどのように遂行するべきかという処方的知見を前提としている。つまり，誰にでも適用できる客観性と汎用性である。しかし，教育実践に携わる教育者であれば，教育に誰にでも当てはまる法則性などはなく，教育現象は一回性のもので，二度と同じことが起こらないことをよく知っている。これは，教育が構造的でない側面，流動的で予測しがたい，雲や気流のような「気象学的」な側面をもっていることを示している。気象現象とか天気の予報については，どれほど観測技術が向上しても，確率的にしか語れないことはよく知られている。教育現象のある側面についても，近似値とか蓋然性においてしか語れない次元がある。本書の 16 名の執筆者は，いわば教育の気象学的な側面をよく認識し，教育の処方には因果律によって導かれる確実な方法はないこと，教育問題の多くには単純な解決策などはなく，同程度に説得力をもつ拮抗する意見の対立のさなかにあることを理解している。各章に設けられた Taking Sides は，そのような知見の一端である。

本書の企画は，新型コロナウイルス感染症の感染拡大が認知された 2020 年春に着手された。その後，ポスト／ウィズ・コロナ期の新たな学びのあり方をめぐる議論や政策の動向を視野に入れつつ，変革の時代に浮き彫りとなった，どのような状況下においても変わらないものと変化していくものとをともに見据え，教育実践につなぐことのできる教育の原理を探究し，それを，未来を読み解くための方法として提示していくことを目指して，本書は作成された。本書が，教育の問題に広く深く関心を寄せ，教育の将来について展望を得ようという人々の入門書となり手引き書となることを願っている。

本書の制作については，名古屋大学出版会の三木信吾氏と井原陸朗氏に言葉には言い尽くせないほどお世話になった。本書の企画にはじまり，執筆者への依頼，全執筆者のWeb上での編集会議の開催，その後のコロナ禍での草稿間の調整，校閲・校正後の再調整など，細部にわたり忍耐強いご助力をいただいた。

これまでのご尽力に深く感謝したい。

2021年9月

松下　晴彦

索　引

ア　行

カ　行

サ　行

タ　行

ナ 行

ハ 行

マ　行

ヤ　行

ラ・ワ行

執筆者紹介（執筆順，＊は編者）

＊松下晴彦（まつした はるひこ）　→奥付参照［序章，第 1 章］

三尾真琴（みお まこと）　帝京科学大学総合教育センター［第 2 章］

塚原利理（つかはら さとり）　愛知学院大学教養部［第 3 章］

岩瀬真寿美（いわせ ますみ）　同朋大学社会福祉学部［第 4 章］

石倉瑞恵（いしくら みずえ）　石川県立大学生物資源環境学部［第 5 章］

虎岩朋加（とらいわ ともか）　愛知東邦大学教育学部［第 6 章］

＊伊藤彰浩（いとう あきひろ）　→奥付参照［第 7 章］

松岡　靖（まつおか やすし）　神戸松蔭女子学院大学教育学部［第 8 章］

内田康弘（うちだ やすひろ）　愛知学院大学教養部［第 9 章］

内田　良（うちだ りょう）　名古屋大学大学院教育発達科学研究科［第 10 章］

龍崎　忠（りゅうざき ただし）　岐阜聖徳学園大学教育学部［第 11 章］

生澤繁樹（いざわ しげき）　名古屋大学大学院教育発達科学研究科［第 12 章］

伊藤博美（いとう ひろみ）　椙山女学園大学教育学部［第 13 章］

藤原直子（ふじわら なおこ）　椙山女学園大学人間関係学部［第 14 章］

＊服部美奈（はっとり みな）　→奥付参照［第 15 章，終章］

松本麻人（まつもと あさと）　名古屋大学大学院教育発達科学研究科［第 16 章］

※各章のコラム，さらに探究を深めるための読書案内，Taking Sides についても各章執筆者が担当した。

《編者紹介》

まつしたはるひこ
松下晴彦

現　在　花園大学文学部教授，名古屋大学名誉教授
著　書　『〈表象〉としての言語と知識』（風間書房，1999年）

いとうあきひろ
伊藤彰浩

現　在　名古屋大学大学院教育発達科学研究科教授
著　書　『戦時期日本の私立大学』（名古屋大学出版会，2021年）ほか

はっとりみな
服部美奈

現　在　名古屋大学大学院教育発達科学研究科教授
著　書　『インドネシアの近代女子教育』（勁草書房，2001年）

教育原理を組みなおす

2021年10月10日　初版第1刷発行
2024年 3 月10日　初版第2刷発行

定価はカバーに
表示しています

編　者　松 下 晴 彦
伊 藤 彰 浩
服 部 美 奈

発行者　西 澤 泰 彦

発行所　一般財団法人　名古屋大学出版会
〒464-0814　名古屋市千種区不老町1 名古屋大学構内
電話(052)781-5027/FAX(052)781-0697

印刷・製本 ㈱太洋社　ISBN978-4-8158-1045-0